愛知大学東亜同文書院大学記念センター叢書

書院生、アジアを行く

東亜同文書院生が見た20世紀前半のアジア

加納 寛 ［編］

あるむ

まえがき

加納　寛

　東亜同文書院は、貴族院議長・近衛篤麿が会長を務めるアジア主義団体・東亜同文会によって1901年に上海に設立された、日本の海外高等教育機関である。その建学の精神は、日清戦争によって閉鎖となった荒尾精設立の日中貿易実務者養成機関・日清貿易研究所の志を受け継ぐものであり、東亜同文書院の初代院長には荒尾の盟友であった根津一が就任した。根津は、中断期はあったが1923年まで院長を務めた。1939年には大学に昇格して東亜同文書院大学となり、日本の敗戦によって閉校となるまでに、アジアを舞台に活躍する5,000人の学生たちを育てた。

　東亜同文書院では、実践的教育システムとして二つの特徴を持っていた。一つは実務的な中国語と英語の習得、もう一つが現実の社会を現地において体験し調査するフィールドワークとしての大調査旅行[1]である。とくに後者は、その成果が卒業論文として『調査報告書』にまとめられたように、東亜同文書院教育の集大成として機能した。学生たちは最終学年になると、数名から成る班に分かれ、数カ月にわたって調査を実施しながらアジア各地を旅した。東亜同文書院は、概ね1学年につき100名前後の学生がおり、それが20コ班程度に分かれることが多く、学生たちは北へ南へ東へ西へ、班ごとに様々な地域に散り、現地において経験を積み、見聞を広め、かつ深めていった。大調査旅行は、往々にして政情不安定な土地や、治安が乱れた地域をも進む冒険旅行でもあって、東亜同文書院生たちの若い血潮を

---

[1] 東亜同文書院においては、一般に「大旅行」や「調査旅行」、「学生調査大旅行」といった語が使用されていたようである。本書では、藤田佳久による先行研究『東亜同文書院中国大調査旅行の研究』（大明堂、2000）に敬意を表し、「大調査旅行」を用いることとした。

燃え上がらせるものであった。また、日本の教育機関におけるフィールドワークにもとづいた地域研究の草分けでもあった。

　大調査旅行については、これまで東亜同文書院の後継校である愛知大学の藤田佳久によって研究が蓄積されてきたが、2012年度以降、愛知大学東亜同文書院大学記念センターを中核とする研究プロジェクトが文部科学省の私立大学戦略的研究基盤形成事業に選定され、それによって五つの研究チームの一つとして大調査旅行研究プロジェクトが組織されたことにより、藤田の大調査旅行研究の足跡を追い、その成果をさらに拡大していこうとする研究者が飛躍的に増加することになった。とくにアジア各地を専門領域とする研究者によって、それぞれの地域における大調査旅行をまずは重点的に研究することとなり、中国本土のみではなく、アジア各地に及んだ東亜同文書院生の足跡を追うことになった。中国本土以外の大調査旅行については、藤田による『中国を越えて』が既に出版されているが、このプロジェクトでは、それぞれの地域を専門とする様々なディシプリンをもった研究者がそれぞれの地域における東亜同文書院生の足跡を追ったところに特徴がある。このプロジェクトは、2012年度から毎年国際シンポジウムを開催し、その内容を世に問うてきたが、本書は、その成果をまとめたものである。

　全体は4部に分け、第1部では総論を、第2部ではモンゴルを中心とした北方に対する大調査旅行を、第3部では四川・雲南から香港・東南アジアにかけての南方に対する大調査旅行を、第4部では満洲・台湾・朝鮮といった日本の勢力圏や植民地に対する大調査旅行を対象とした。

　第1部の第1章は、地理学研究者である藤田によって大調査旅行の中国本土地域以外への延伸を概観的に示したものである。第2章は、中国近代史研究者である荒武によって大調査旅行の記録である『大旅行誌』の史料的価値を論じたものである。

　第2部の第3章は、モンゴル近代史研究者であるウリジトクトフによって、明治末期のモンゴル大調査旅行の成果が近代日蒙関係史やモンゴル近代史研究に位置付けられており、第2部の概説的意味をもつ。第4章は、モンゴル近代史研究者である暁によって、内モンゴル中部における大調査旅行にもとづいた商業経済調査について、その特徴が具体的に明らかにさ

れている。第5章は、地理学研究者である高木が、書院生による赤峰市街地の記録と現在の状況とを対比させることによって都市構造の変化を検討し、書院生の観察を現在の地理学的研究に活用する実例を示している。

　第3部の第6章は、中国民俗学研究者である松岡によって、四川辺境の「略奪殺人集団」として漢族たちに恐れられた黒水チベット族に関する伝承の成立過程について、20世紀前半における唯一の外国人による記録としての書院生の大調査旅行報告をも参照しながら検討されている。第7章は、食文化史研究者である須川によって、大調査旅行における食料事情が分析され、雲南ルート選択の意味が食文化の側面から理解される。第8章は、中国語学研究者である塩山によって、言語的側面も含めて書院生たちの香港における足跡が分析され、彼らの特徴が明らかにされている。第9章は、東南アジア近代史研究者である加納によって、書院生の東南アジアにおける足跡の特徴が分析され、また書院生が現地で遭遇した在留日本人や東南アジアの対日関係の変化が跡付けられている。

　第4部の第10章は、中国近代史研究者である荒武によって、書院生の眼に映った満洲における日満関係や日本人の変化が詳細に紹介されている。第11章は、観光人類学研究者である岩田によって、書院生の植民地台湾経験のあり方が彼らの視線の特徴を含めて明らかにされている。第12章は、近代日中・日朝関係史研究者である武井が、日・朝・中の関係性の複雑な交錯のなかにおける書院生の植民地朝鮮に対するまなざしの特徴を確認している。

　このように本書は、様々なディシプリンにもとづいた様々な地域を専門とする研究者が、東亜同文書院の大調査旅行をそれぞれの観点から見直し、書院生の目と足を通して20世紀前半のアジアを具体的に描き出そうとしたものである。これによって、アジアにおける日本のあり方を振り返り、新たな一歩を考える一助となれば、望外の喜びである。

凡例

・引用文については、旧漢字は新漢字に改めた。旧かな遣いはそのままとしたが、促音は「っ」に改めた。また、句読点は適宜補った。
・引用史料には、国名、民族名、地名等について、現在では不適切と思われる表現もあるが、あくまで当時の視点を示すものとして、そのまま引用した。また、本文では説明上、上記のような当時の語句を用いて記述した箇所もある。
・本書において主な史料として使用している『大旅行誌』は、愛知大学によってオンデマンド版が復刊されている（次頁参照）。本書では、『大旅行誌』を出典として示す際に、［大旅行誌　オンデマンド版巻番号：ページ番号］として表記した。たとえば、［大旅行誌11: 422］は、大旅行誌オンデマンド版11巻の422ページに出典があることを示す。

まえがき

史料

東亜同文書院『東亜同文書院大旅行誌』
愛知大学（発行）、雄松堂出版（制作）、オンデマンド版 2006

巻番号	書　名	執筆期	刊行年
第1巻	踏破録	第5期生	1908（明治41）
第2巻	禹域鴻爪	第6期生	1909（明治42）
第3巻	一日一信	第7期生	1910（明治43）
第4巻	旅行記念誌	第8期生	1911（明治44）
第5巻	孤帆雙蹄	第9期生	1912（明治45）
第6巻	楽此行	第10期生	1913（大正2）
第7巻	沐雨櫛風	第11期生	1914（大正3）
第8巻	同舟渡江	第12期生	1915（大正4）
第9巻	暮雲暁色	第13期生	1916（大正5）
第10巻	風餐雨宿	第14期生	1917（大正6）
第11巻	利渉大川	第15期生	1918（大正7）
第12巻	虎風龍雲	第16期生	1919（大正8）
第13巻	粤射隴游	第18期生	1921（大正10）
第14巻	虎穴龍頷	第19期生	1922（大正11）
第15巻	金声玉振	第20期生	1923（大正12）
第16巻	彩雲光霞	第21期生	1924（大正13）
第17巻	乗雲騎月	第22期生	1926（大正15）
第18巻	黄塵行	第23期生	1927（昭和2）
第19巻	漢華	第24期生	1928（昭和3）
第20巻	線を描く	第25期生	1929（昭和4）
第21巻	足跡	第26期生	1930（昭和5）
第22巻	東南西北	第27期生	1931（昭和6）
第23巻	千山萬里	第28期生	1932（昭和7）
第24巻	北斗之光	第29期生	1933（昭和8）
第25巻	亜細亜の礎	第30期生	1934（昭和9）
第26巻	出廬征雁	第31期生	1935（昭和10）
第27巻	翔陽譜	第32期生	1936（昭和11）
第28巻	南腔北調	第33期生	1937（昭和12）
第29巻	嵐吹け吹け	第34期生	1938（昭和13）
第30巻	靖亜行	第35期生	1939（昭和14）
第31巻	大旅行紀	第36期生	1940（昭和15）
第32巻	大陸遍路	第38・39期生	1942（昭和17）
第33巻	大陸紀行	第40期生	1943（昭和18）

v

目　次

まえがき……………………………………………………………加納　寛　i

第 1 部　総論

第 1 章　東亜同文書院生の大調査旅行における辺境地域調査……藤田佳久
　はじめに　3
　1　20世紀前半期における東亜同文書院の開設と東アジアの辺境地域　3
　2　東亜同文書院生による辺境地域調査の展開　9
　3　記録された辺境地域像とその地域認識　23
　おわりに　33

第 2 章　満洲地域史研究における
　　　　　『東亜同文書院大旅行誌』の史料的価値……………………荒武達朗
　はじめに　37
　1　史料の主観的記述　38
　2　社会に対する観察　40
　3　『大旅行誌』相互の比較　43
　おわりに　48

第 2 部　北方の大調査旅行

第 3 章　明治末期における東亜同文書院のモンゴル大調査旅行
　　　　　……………………………………ウリジトクトフ（烏力吉陶格套）
　はじめに　53
　1　東亜同文書院のモンゴルにおける大調査旅行の発端　54
　2　本格的な大調査旅行の始まりと内モンゴルでの調査旅行　61
　3　調査内容および調査資料の利用　64
　おわりに　67

第4章　書院生の内モンゴル中部の商業経済調査について……………暁　敏
　　はじめに　71
　　1　書院生の内モンゴル中部調査について　72
　　2　第32期生の「察哈爾省・蒙古旅行班」による内モンゴル中部の調査　74
　　3　多倫調査報告書について　77
　　おわりに　82

第5章　内蒙古自治区赤峰市街地の都市構造
　　　　——1910、20年代と現在の比較………………………………高木秀和
　　はじめに　85
　　1　赤峰市の概況　89
　　2　赤峰市の地理的条件　92
　　3　大調査旅行の記録からみた1910〜20年代の赤峰の都市構造　95
　　4　現在の赤峰の都市構造と1920年代との比較　103
　　おわりに　106

第3部　南方の大調査旅行

第6章　四川の黒水チベット族と「獹猓子」伝承………………………松岡正子
　　はじめに　111
　　1　民国期の岷江上流の土匪　112
　　2　小黒水と「獹猓子」伝承　116
　　3　大黒水の社会　123
　　おわりに　129

第7章　『大旅行誌』の食記述にみる書院生の心情変化
　　　　——「雲南ルート」選択の意義を探る………………………須川妙子
　　はじめに　137
　　1　書院生の食文化背景　137
　　2　『大旅行誌』の食に関する記載と書院生の心情の関わり　140
　　3　雲南ルートにおける食の記載からみた書院生の心情　143
　　おわりに　148

第8章 『大旅行誌』の思い出に記された香港
　　──大正期の記述を中心に ……………………………… 塩山正純
　　はじめに　151
　　1　見どころと街並み　152
　　2　宿泊と飲食　154
　　3　乗り物　156
　　4　訪問と面会　158
　　5　日本人・中国人への視線　159
　　6　イギリス・イギリス人への視線　161
　　7　ことばについての記述　163
　　8　総体的印象と感想　164
　　おわりに　164

第9章　書院生、東南アジアを行く!!
　　──東亜同文書院生の見た在留日本人 ……………………… 加納　寛
　　はじめに　167
　　1　20世紀前半期日本から見た東南アジアの位置付け　169
　　2　東南アジアへの大調査旅行の拡大初期（1910–19）　171
　　3　東南アジアにおける大調査旅行の充実期（1920–31）　173
　　4　東南アジア調査の縮小（1932–）　179
　　おわりに　181

第4部　日本の勢力圏における大調査旅行

第10章　書院生のまなざしに映る20世紀前半満洲地域の日本人
　　………………………………………………………………… 荒武達朗
　　はじめに　187
　　1　日本の満洲進出と調査旅行の変容　190
　　2　書院生の眼に映った満洲の日本人──娘子軍を中心として　197
　　おわりに　206

第11章　大調査旅行における書院生の台湾経験
　　　——"近代帝国"を確認する営み ……………………………… 岩田晋典
　　はじめに　219
　　1　台湾ルート　222
　　2　台湾に求めた"日本"　227
　　3　本島人の描かれ方　231
　　4　近代化への関心　235
　　5　憧れの"蕃人"　240
　　おわりに　247

第12章　日本統治下の朝鮮半島へ入った大調査旅行の書院生たち
　　　——彼らの意識と経験を中心に ……………………………… 武井義和
　　はじめに　251
　　1　書院生たちの朝鮮半島への移動　252
　　2　書院生たちによる朝鮮半島をめぐる記述　258
　　おわりに　267

あとがき　269

総　論

第 1 章

東亜同文書院生の大調査旅行における辺境地域調査

藤田佳久

はじめに

　本章は、20世紀の前半期に上海にあって、当時の清国、中華民国の領域を中心にしながらも、東南アジアから旧満洲にかけての東アジア一帯を対象に行った東亜同文書院生による約700コースに及んだ大調査旅行のうち、とくに辺境地域の調査について取り上げ、その大調査旅行の全体像とそこに描かれた地域像の一端を明らかにしようとするところに目的がある。方法としては、書院生が記録し、卒業論文となった調査報告書と調査旅行中の日誌の記録をふまえ、それぞれの旅行コース沿い及び調査目的地域の調査テーマの内容から浮かび上がる様々な事象から構成される地域特性について概観的に展望する。

1　20世紀前半期における東亜同文書院の開設と東アジアの辺境地域

(1) 東亜同文書院の誕生

　1901（明治34）年、まさに20世紀開幕の年に上海に開学した東亜同文書院は、1890（明治23）年、荒尾精（1859–1896）によって上海に開学した日清貿易研究所というビジネススクールの前史をもっている。この時代、荒尾精が開設した日清貿易研究所では日本人男子学生を、東亜同文書院においては清国人学生も含めた両国の男子学生を教育しようという構想をもち、その背景には当時の東アジアにおける列強の相次ぐ進出による植民地

3

図1　19世紀末の東アジアの列強進出状況

化の強化への危機感があった。

　すでに、東南アジアはポルトガルから始まり、スペイン、そしてオランダとイギリスの両東インド会社間の植民地の奪い合い、それにフランス、さらにドイツも加わり、互いの競合の中で、植民地獲得競争を激化させ、その矛先が清国に集中するようになりつつあった（図1）。一方、北方ではロシアが南下し、清国の聖域である満洲の領域周辺部から次々と領土と利権を奪い取り、さらには朝鮮にまで及び始めた。日本は次第に強まる列強の囲い込みの中で、それまでの欧米指向中心主義から東アジアへの視点の変更が余儀なくされた。直接的には隣国朝鮮の開港をめぐり、朝鮮の後見国である清との間で戦争となり、日清戦争の戦勝により遼東半島の割譲を求めた日本に対して、ロシア・ドイツ・フランスによる三国干渉から、さらには南下を狙うロシアとの日露戦争につながっていくことになった。

　その「東アジアへの変更」を体を張って実現しようとしたのが前述の荒尾精であった。荒尾は大国であったはずの清国が次々と列強の前にくずれ

ていくのを目の前にして、その背景に清国の経済的基盤が脆弱であり、それを立て直す方法は軍事ではなく、経済貿易であるとし、日清間の貿易強化で列強に対抗する方策を生みだした。それは、それより前の漢口楽善堂時代（岸田吟香の援助により、1886（明治19年）開業）、荒尾は大陸浪人風の日本人を集め、各地の貿易用情報収集を図るための私塾を開いたが、うまくいかず、本格的な学校が必要として日清貿易研究所を上海に開学させたことに始まった。90人ほどの卒業生を世に送ったが、運悪く折から日清戦争がはじまり、卒業生の中にはビジネスマンではなく、軍の通訳として命を落とした者もいた。中にはそののち日清汽船を経営したほか、その後に設立された東亜同文会の理事などで手腕を発揮した白岩龍平などの実業界で活躍する人物も出たが、荒尾としては通訳従軍で有能な学生を失い、当初の日中間でのビジネスマン養成をめざす意図が十分に発揮できたわけではなかった。そこで、日清戦争で清国側に賠償金を要求することに反対する一方、清国とのあらたな協調を図るためにも、本格的なビジネススクールが必要として、その設立を目指したのである［藤田2012: 25-41］。

一方、日清戦争後日本国内においては対清国をめぐる諸団体が結成され、1898（明治31）年、有力団体の東亜会と同文会が合併して東亜同文会（会長：近衛篤麿）が誕生した。近衛篤麿（1863-1904）は独学で学問をおさめ、1885（明治18）年にヨーロッパに留学し、ボン大学やライプツィヒ大学で学んだ。1890（明治23）年帰国後貴族院議員となり、1895（明治28）年には貴族院議長、学習院院長に就いた。近衛篤麿はヨーロッパ留学で、列強のアジア戦略を学び、荒尾と同様の日清協力の必要性を痛感し、とくに清国との教育文化交流が両国の発展につながると考え、清国の劉坤一や張之洞の賛意を得て、南京に日清学生の両方の教育機関として、1900（明治33）年、前述の日清貿易研究所をも引き継ぐ「南京同文書院」（院長：根津一）の開設にこぎつけた。しかし、早く清国学生に勉学の機会を与えたい清国側は、すぐに留学生を日本に送りたいということで、近衛は彼らを早急に受け入れるために1899（明治32）年自宅邸内に東京同文書院を開設し、清国留学生を受け入れた（日清両国の学生をともに教育しようとする当初の計画は、1918（大正7）年東亜同文書院に中華学生部設置まで延期された）。南京同文書院は、日本の学生だけで出発することになり、

1901（明治34）年、義和団の攻撃を恐れ、上海へ移転し、「東亜同文書院」の誕生となった［藤田2012: 43-63］。

(2) 東アジアの辺境地域

　以上のような東アジアの中の、日本をめぐる急激な変化の中で、日本人の関心も清国や朝鮮を主に東アジアにそそがれるようになっていった。戦場になった朝鮮や満洲、華北から華中への沿岸部などは、軍部や兵士、従軍記者による紙面で、日本とは異なる文化、民俗が地域情報として断片的とはいえ流され、実際の兵士や関係者を通じてその実態が日本人に直接伝えられ、そんな中からそれに好奇心を持つ研究者も現れた。特に満洲では狩猟民の存在も知られ、戦場だけでなく、さらに奥地の存在とそこへの好奇心も生まれた。また、この両戦争を通じて日本の領土になった台湾、樺太、千島、のちに日本へ併合された朝鮮への好奇心も育った。こうして軍人だけでなく、萌芽期の研究者、さらには民間人の中からもまさに探検家が現地踏査を企てた。

　そのような代表に、すでに総合的な人類学者として有名な鳥居龍蔵（1870-1953）を挙げることができる[1]。

　鳥居は1870（明治3）年、現在の徳島市東舩場町に生まれ、若い時から国内、のちに国外の考古や民俗に関心を持ち、東京帝国大学人類学教室の坪井正五郎教授のもとで資料整理を手伝い、幸運にも1895（明治28）年に予定者の代役として遼東半島の調査に同行でき、そこでドルメンを発見し、これがその後の道を決定した。翌年には台湾、そののちシベリア、清国の貴州と四川、沖縄、さらに満蒙、大興安嶺一帯、同西部、朝鮮、西シベリア、千島列島などへと調査地は拡大した（図2）。そのきっかけになった1895年の調査は、後述する書院生の本格的な調査旅行開始よりもほぼ10年早かった。そしてその後も毎年のように現地調査で各地を歩きまわった。繰り返される戦争の時期にも調査は続けられ、戦後は執筆中心になったが、考古、民俗、民族などの広い分野をカバーする膨大な文化人類学の成果をすでに戦前の段階でまとめ挙げたことは特筆される。文化人類学が

---

[1] 全体を紹介した書として中薗英助（1995）『鳥居龍蔵伝——アジアを走破した人類学者』岩波書店、442頁。

第1章　東亜同文書院生の大調査旅行における辺境地域調査

表舞台に出てくるのは戦後であり、戦勝国アメリカから派出した学問であったからである。そして鳥居は人類文化の原型を求めたこともあって、その調査地域は文明化されたメインランド地域ではなく、その周辺地域に焦点化され、結果的にメインランドからは離れた東アジアの少数民族が卓越する辺境地域に焦点が当てられた。その調査研究地域は当時の東アジアの鳥居が考えた辺境地域だといえる。

またもう一人挙げれば、明治時代の漢詩人であり、漢学者であった竹添井井（1842-1917）がいる。竹添は1842（天保13）年、熊本の天草で生まれた。広瀬淡窓の門下生でもあった父の影響もあり、

図2　鳥居龍蔵による東アジアの主な調査地の分布

漢学に親しみ、やがて熊本藩の藩校で学んだ。そして幕末には非公式に上海を訪れ、憧れの「唐」を垣間見ている。明治になって修史御用係を経て、森有礼の清国全権特命大使に随行し、やがて北京公使館の書記官になった。こうして、あこがれの「唐」を味わう旅を実行するチャンスが生まれた。その目的地は三国志など歴史の宝庫である蜀（四川地方）への実地踏査であった。なんと1876（明治9）年という早い時期の5月2日に津田君亮と二人で北京を旅立ち、保定へ南下、そこから西方へ向かい、石家荘から洛陽、そして長安に近い西安を経、その南に東西に横たわる秦嶺の峠を越えて南下し、いよいよ核心地の成都と重慶へとたどり着いている。そしてその後は長江を船で下り、三峡から湖南、8月21日には上海へ到着している。

この3カ月余りの大旅行は後に書院生がやはりもっともあこがれた旅行

7

コースでもあった。竹添はこの旅の記録を『桟雲峡雨日記』［竹添、岩城2000］として著している。その中で憧れの史跡に触れ、風景を愛で、臨場感ある漢詩を読み、三国志の舞台の実感、古典の一説を引用し、黄河や道中の様子、桟道の厳しさ、太平天国の影響、集落の様子、アヘンの広がり、盗賊の跋扈状況、多くはないが出会った人々との交流、等を丁寧に記録し、初めての土地の特に地名については克明である。そして奥地である蜀の国は桟道でしか中原とはつながれず、軍隊の後方物資の輸送が困難で、蜀は歴史的にも天下は取れなかった、と地理的条件の厳しさがその背景にあったことを実感し、一般化している。また旅行時期が書院生と同じ5月から8月であり、秦嶺山脈以南の四川省の旅は、雨季の雨にたたられ、山間地に多い泥の道に苦労し、道路ネットワークが不十分であるうえに、通行税をとる関所が多いこと、長江等河川沿いは常に洪水に脅かされ、それは船舶交通の不安定さとともに生活も安定しない実感としての辺境地域の特徴を記録からうかがわせている。

　また、中国では南宋の時代、詩人でもあり、地方行政官でもあった陸游（1125-1210）が、1170年、任地である今日の重慶へ長江を5カ月かけてさかのぼった道中日記である『入蜀記』［陸游、岩城1986: 240p］が奥地への旅行記として有名である。それが有名になったのも、多くの人が知らない長江の難所である三峡を越えて奥地に至る旅の日記に描かれた彼地の状況が、苦労した長旅とともに伝えられたことにあった。しかも詩人である陸游が各地で詠んだ詩も注目され、同じ詩人で中央行政官である范成大との出会いとドラマチックな別れの詩での交わりなども注目された［三野1999: 73-93］。奥地は辺境であり、多くの人びとが容易に近づけない世界であった。そこにまたロマンもあったのだろう。

　それがさらに東南アジアやロシアへの広がりになると、宗教の布教や商業の販路拡大活動などに表れる。そのうち、宗教では、たとえば東本願寺の海外布教がある。1873年には上海東別院が設立され、そこを拠点に南京、漢口などメインランドへ布教し、さらに大谷光瑞がリーダーになると、台北など台湾、シンガポール、大連など満洲へと活動を拡大したことが知られている［柴田2014: 365］。東本願寺はメインランドの上海に拠点をおき、そこから周辺の辺境地へと布教をはかった筋が見える。

以上、若干の事例から、陸游を除けば書院とほぼ同じ時代の旅行を通しての辺境地域が浮かび上がってくる。そこはメインランドから遠く、地理的条件により遮断されがちで、情報も少なく、未だ探検の対象になりそうな地域であった。そしてそこにはまだ十分に知られていないと思われる民族やその民俗文化、あるいは資源、自然環境があるのではないかという期待、ロマン、好奇心がとくに探検者としての人々を惹きつけた。書院生も同様に惹きつけられた。しかし、この時代、すでに列強の植民地支配が進み、辺境は孤立した独立地域ではなく、中央や本国とは搾取、被搾取の関係の中で存立している地域もみられた。書院生がめぐった植民地下の東南アジアはそれが最もみられる地域であったし、後には日本もその一端を担うことになったケースもあった。問題はそのような地域がどのようなシステムによって形成されつつあったかということである。東南アジアや旧満洲についてはそのような視点も必要であろう。その詳細は後述の各論で触れられる。その意味で、辺境地域は置かれた地理的位置や開発史との織りなす座標の中で、多様性を秘めた地域であり、それをいかに統一的に見るかが大きな課題になろう。

2　東亜同文書院生による辺境地域調査の展開

(1) 東亜同文書院と大調査旅行

　東亜同文書院の現地での教育は、徹底的な清国語と英語教育、商業取引などのビジネス教育のほかに、現地での商業慣習の実地調査があった。この実地調査は当初書院に財源が乏しく、一年生での紹興など浙江省での見学旅行に次いで上級の修学旅行的な集団での実地調査を地元上海や漢口、天津、北京など主な都市で行った。しかし、そこでは、5～6人ずつの小班に分かれ、各都市で複雑な商業慣習の調査を行い、やがてそれにテーマも色々な職種、さらに業種に広がり、それらがやがて集大成して、『支那経済全書』全12巻［根岸1907-1908］の刊行になった。

　そんな折、1902年に日英同盟が結ばれ、英国から日本外務省に清国西部・新疆一帯におけるロシア勢力の浸透状況についての調査依頼があった。しかし、日本政府にはその手段がなく、仕方なく書院の根津院長へ協力を依

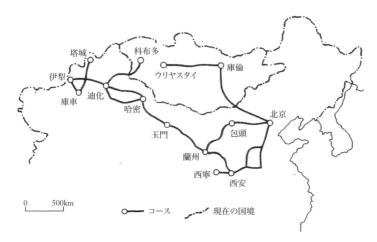

図3　東亜同文書院第2期卒業生5人の西域と蒙古方面への大調査旅行コース
注：地名は当時のもの。庫倫はウランバートル、迪化はウルムチ。

頼した。書院を開設した一人の近衛篤麿は藩閥政治と軍が嫌いで、藩閥からなる明治政府とは緊密ではなかった。それだけに政府はそれを乗り越え、最後のよりどころとして書院を選んだといえる。

　根津院長は早速卒業したばかりの第2期生（1902年入学）5人を選び、調査依頼をした。一人がほかの一人と入れ替わるが、5人は全員承諾し、往復2年を要する西域への旅へ別々に踏み出した（図3）。突然の思ってもみないまさに辺境への調査旅行の実現であった。5人はマラリアなどで体調を崩したり、病気になって死ぬ思いをしたり、気候の変化に驚き、早くもロシア兵に付きまとわれたり、と大変であったが、最奥の清露国境まで出かけ、調査を完璧に行った。これが日本人による西域調査の最初となった。このような苦しい中で、なんとかクリアした大調査旅行であったが、無事帰校した5人を書院の在校生たちは大歓迎し、自分たちもこのような大調査旅行をしたいと書院側に強く要求した。しかし、財源の乏しい書院側はそれに対応することは無理であった。

　そんな折、外務省から西域調査への謝礼として、書院に3万円が贈られた。そこで書院はかねてからの書院生たちの要求を実現するよう概算した結果、全員参加で3年分の大調査旅行費用になることが分かり、第5期生

の最終学年である1907年に第1回の大調査旅行を始めることになった。こうして2〜5、6人の各班が結成され、徒歩で3〜4カ月に及ぶ大調査旅行がスタートした。調査地域と調査テーマは学生たちの自由な意志で選び、商業慣習や産業の実態調査が中心となり、日本人がまだ足跡を残していないコースが設定された。当時は日本人がまだ少なく、ましてや前述の竹添のような旅行者もほとんどいなかったので、どのコースも書院生にとって初コースになった。なるべく清国を広く見るために往復路のコースは異にし、見学地も増やして各地を回った。柔道部など身体強健な班は奥地を目指したりし、全学生がこの大調査旅行に夢と希望をかけた。憧れの「唐国」をしっかり見たいという志の表れであった。

こうして始まった大調査旅行の報告書はかなり力作が多く、その価値を認めた書院側は当初3年分であったこの大調査旅行の優先順位を格上げし、4年目以降も継続することになり、のちの大学昇格後も続け、学部では1942年、あらたに併設された専門部では1943年の戦況が悪化する時まで継続された。1943年の専門部の実施コースを含めるとその総コース数はほぼ700に達する（表1）。コースは当初、メインランド中心の日本人未踏の探検的コース（図4）から、次第に調査テーマ別コースへと発展し、対象地域も清・民国時代のメインランドはもちろん、さらにそれを越え、西側の乾燥地域、南側のチベット高原地域、四川や雲南の山岳地域にも及び、

表1　各期別コース数

期別	コース数
5	13
6	12
7	14
8	11
9	12
10	10
11	8
12	11
13	11
14	13
15	14
16	14
17	14
18	23
19	20
20	21
21	17
22	18
23	15
24	15
25	15
26	19
27	17
28	19
29	25
30	31
31	26
32	22
33	25
34	29
35	30
36	21
37	28
38	31
39・40	38
41	(11)
42	(3)
合計	662 + (14)

（各旅行誌より作成）

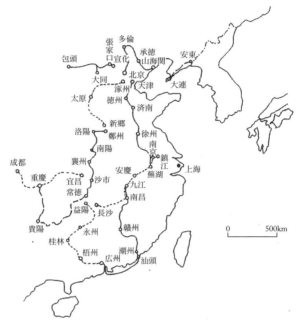

図4　第6期生の大調査旅行コースと主な都市
（コース以外に北京に1駐在班）
注：実線と破線は各コース別を示す。

　その南部に続く東南アジア地域、また北辺の旧満洲地域へと辺境地域をカバーするようになり、東アジア全体に拡大した。それは大規模でしかも継続的に行われた点で、世界最大規模の地域調査であり、この地域研究は、戦時中、アメリカが軍事目的で始め、戦後になりそれが世界に広がった「地域研究」よりも半世紀前に行われた先駆的な「地域研究」とその成果であった。この点は世界的にもっと知られてよい。
　図5は最も多く行われたメインランドとその近傍のコースについて第1回目（第5期生）から第21回目（第25期生）までのコースの図を示した。21年分ではあるが、かなりコース密度の高いことが分かる。そしてこの時期には既にメインランド外へあふれるように次第にコースが延び、辺境地域への大調査旅行へと展開しつつあった。
　これらのコースの広がりの背景には、書院生の好奇心のほか、各時代の

第 1 章　東亜同文書院生の大調査旅行における辺境地域調査

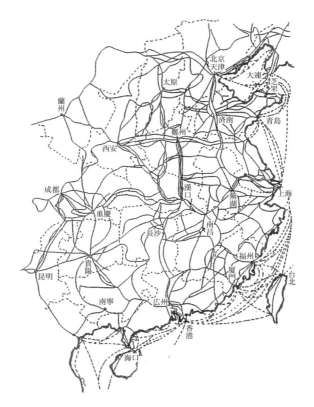

図 5　第 5 期〜第25期のコース図（実線）

日中関係や国際情勢によって変化がみられた。1920年から1930年代の中盤までは、1911年の辛亥革命があらたに民国を生んだものの、国内では軍閥間の戦争による政治的不安定や匪賊による社会不安が高まるが、書院としてはこの時期の大調査旅行がもっとも発展し、円熟した時期となった。そのさい、社会不安の強い地域への旅行では、調査地の各県知事が書院生に護衛兵をつけてくれ、旅行の安全を保護してくれた。しかし、1931年の満洲事変により、そのあと 2 年間は民国政府からビザが発給されず、書院生としては不本意ながら満洲内だけの調査旅行となった。その後、さらに日中戦争が激化すると、メインランドの中でも遠隔地へは行けなくなり、大調査旅行は大幅に縮小せざるを得なくなった（図 6 ）［藤田1989: 1–74］。

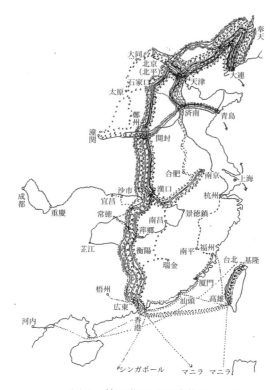

図6　第34期の大調査旅行コース
注：コースの種類を示すため実際は同一のコースであるのに帯状に広げて示した。

(2) 大調査旅行における辺境地域調査の展開

　以上、簡単に大調査旅行の展開過程を見たが、調査コースの拡大の中で周辺地域への拡大もみられ、それがいわば本章の対象とする辺境地域へのコースとなった。

　既にこれまでも触れてきたように、本章で扱う辺境地域は、分布的には清国・民国時代のメインランドの外縁地域とし、地理的には孤立独立的かつ外部との交渉は制約的で、その結果、内容的にはメインランドとは異なる歴史的、民族的、文化的な特性を内包している地域だとして性格づけて取り扱う。

　すでに、書院生の手で全体として700コースもの調査旅行が実施された

ことについては触れた。そのうち、ここで対象とする辺境地域を目的とした調査コースはどれだけあるかをまず検討する必要がある。そこでまず、それに該当する大調査旅行のコースをそれぞれ抽出する。

ところで、前述したように、書院の大調査旅行は、書院の開学から少し遅れてスタートした。最初は試行錯誤をしながら少しずつ慣れていき、やがて勢いをつけられるようになり、クライマックスを経験し、そのあとは日中関係の悪化の中で不本意ながら規模を縮小せざるを得なくなり、終焉を迎えた。それは書院の発展過程も反映していた。

そこでそのような動きの変化をふまえ、筆者はこの大調査旅行を、①試行から拡大期（1907〜1919年）、1919年は五・四運動の混乱で大調査旅行は一部延期。②円熟期（1920〜1931年）、③制約期（1932年以降）の3時期に分けてきた［藤田1989］。そこでここでもそれをほぼふまえながら検討する。

①は大調査旅行の始まりと試行の時期で、前述した第2期生の西域調査の成功の熱気がまだ残る時期に、初めての清国各地へ冒険とロマンを求め、日本人初のコースを踏査する大冒険旅行が試行された。そして共通目的の、商慣習や産業、交通調査、都邑調査等を行った。5月から出発し、3〜5カ月後の8月から9月にかけて帰校、徒歩中心の調査で、清国人に間違われぬよう、ヘルメットにゲートル、夏用の白色の上着とズボン、革靴、それに麻袋、ライカ製カメラ1台、といういで立ちのスタイルが標準化された。慣れるに従い、先輩から後輩へのノウハウの伝授も進み、少しずつ調査範囲も拡大し、メインランドを越えて、辺境部へのコースも増えていった。調査も商業慣習から地域情報調査も加わるようになり、地域特性の把握もできるようになっていった。

そして②の円熟期に入った。おりしもそれまで恵まれなかった校舎が、フランス租界の西側に瀟洒なたたずまいで完成し、書院も修業年限が4年になり、書院は最盛期を迎えた。大調査旅行は進化し、調査地域の拡大だけでなく、調査テーマがより明確化した。しかもテーマの幅が多様化して、民国については文化や歴史、教育などを含む全体としては地域総合研究の方向を強めていった。それがこの後、書院の大学昇格への基盤となり、契機となった。

しかし、1931年の満洲事変は②の円熟期の動きに水を差し、以降2年間は民国政府からのビザが発給されず、旅行先は満洲に変更され、メインランド方面へ旅行コースを自由に計画していた書院生たちを落胆させた。その2年後、ビザ発給は回復するが、1937年には第2次上海事変が起こり、旅行規模は縮小せざるを得なくなり、③の制約期に移行した。1939年に書院は大学へ昇格すると、大調査旅行は各ゼミ単位の中で行われるようになり、テーマはより専門的になった。しかし、自由に行動し、研究できる環境は弱まった。一方、大学昇格により難しくなった書院のそれまでの大調査旅行の伝統を保持するため、あらたに書院の専門部が付設され、専門部の書院生による大調査旅行が旅行範囲は縮小したものの継承された。

　以下、各時期別の大調査旅行コースの広がりを見てみる。

①試行・拡大期

　図7は①の試行・拡大期における辺境地域での調査対象地域を示した。

　大調査旅行コースはコース線になるため、表現しにくいところもあるが、ここでは各班の主要調査地域の分布として示した。この時期は、メインランドを加えた総コース数は200を数えるが、そのうち、辺境地域を対象にした調査はこの図に示した50余りと全体のほぼ4分の1を占める。全体としてみると、具体的には満洲と現在の内モンゴル、陝西と甘粛、四川、雲南と貴州及び広西、そして

図7　試行・拡大期における東亜同文書院生
　　　大調査旅行の各コースごとの主要調査地

海南島などに調査地域がみられ、東南アジアはまだ少ない。

　この時期の中で、第8期生でハノイから雲南の昆明、そして四川へ入り、峨眉山、成都、自流井、そして重慶から長江を下り、上海へ139日の旅をした「雲南四川隊」6人がいる。ほかのグループのように班ではなく、「隊」と称し、そこには明らかに探検隊としての自覚が読み取れる（図8）。日本人初の長距離コースの旅行であったが、その中心は峨眉山登山や四川各地をめぐっており、それらに象徴されるように、四川がメインであったといえる［雲南四川隊2011: 330-395］。当時日記は提出義務がなく、そのダイジェストが第8期生の『旅行記念誌』に簡潔に収録されているが、隊員の一人、賀来敏夫が記した日記ノートがあり、筆者はそれを翻刻したことがある［賀来1910: 161-256］。それによれば、成都から上海までの長江コースは前掲の竹添井井と同じコースであるが、その記述は圧倒的に賀来の方が詳細で、上回っている。このコースのパイオニア意識は強く、現地の日本人教師や商人を探し出し、情報を得たほか、現地の清国人の知県、企業人、学校、さらに宣教師も訪ね、彼らのネットワークとそのシステムに関心を持っている。そのほか、歴史上の遺跡や遺物を訪ね、漢書・古典を求めるなど、経済だけでなく、歴史や文化にも関心を示し、歌を詠み、風景や人物も描き、地図も作製するなど、まさに探検である。当時は反日の雰

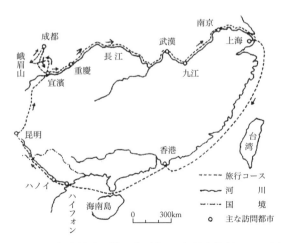

図8　賀来敏夫（第8期生）の大調査旅行コース図

囲気はなく、知県も極めて友好的であった。書院の卒業生はまだ現地で就業しておらず、自力で旅を切り拓いた点は書院生の魂がうかがえ、奥地のコース全域を自分の頭と体にしみこませたことが伝わってくる。そういう辺境の旅行であったが、珍しい事象の発見と体験の旅であった。

②円熟期

　1920年から1931年。1931年は9月に満洲事変が生じたが、ほぼその前に旅行が終了していたので、この年までを円熟期とした。しかし、民国政府は以降2年間のビザ発給を認めず、1932年と1933年は自由な旅行ができず、やむをえず満洲内へ行き先が制約された。

　図9はその時期の辺境地域における大調査旅行の中心的調査地域を示した。この時期全体で150あまりのコースが設定されたが、うち辺境地域へのコースは70ほどを数え約半数のコースを辺境地域が占めた。この時期になると、①の時期がもっぱらパイオニア的な調査旅行であったのに対し、その後半から重複するコースも現れ、そんな中で、次第に調査のテーマ性による専門化が具体化するようになった。表2はこの時期当初の5年間の大調査旅行における東南アジアを除いたメインランド及びその周辺でのテーマ別対象地域を示したものである。それによると、経済のテーマが最も多く、商業制度と

図9　円熟期における東亜同文書院生大調査旅行の各コースごとの主要調査地の分布

第1章　東亜同文書院生の大調査旅行における辺境地域調査

表2　第17～21期の大調査旅行コースのうち、
調査対象別調査地域数の一覧

調査対象／調査地域	満洲	内蒙古内陸	華北	華中	華南	四川雲南	合計
鉱業	1				1		2
塩業						1	1
油業					1		1
綿花			1	2			3
繊維原料						1	1
茶業				1			1
羊毛、皮		3	1				4
水産				1	1		2
工業				1	1		2
産業					1	1	2
経済		1	4	6	5	5	21
貿易			1	2			3
借款企業			1				1
金融			2	4	1		7
商業制度	2		4		1		7
水運	1			1			2
汽船			1				1
航運				2	1		3
移民					1		1
教育				1			1
飢饉				5			5
計	4	4	17	21	13	8	71

分類が可能な分だけ示したので、合計数は対象年次の総数コースとは一致しない。

　金融がそれに次ぎ、各産業のほか、交通関係、移民、教育、飢饉災害まで広く取り上げられるようになっている。うち辺境地域で見ると、内蒙古では土地柄羊毛に特化し、四川や雲南では経済や資源、満洲では商業制度と資源、河川交通というように地域の特性をテーマにしていることが見える。一方、メインランドではかなり幅広くテーマ設定が行われたことが分かる。
　図9によれば、辺境地域では山西、陝西、甘粛などの西部の乾燥地域と山の彼方の四川、さらに雲南への指向が強いことが分かる。また満洲へも毎年1～2班が出かけている。この時期、多くの書院生がより遠くの地域にて調査テーマを設定し、そこへ到達する際、途中でなるべく多くの地域に立ち寄って見聞も広めようとしている。東南アジアも主に安南（ベトナム）が中心となり、そこから今日のカンボジア、タイ、マレー半島、ジャ

ワ、フィリピンへと広がっている。仏領安南はメインランドに近く、上海からは船の航路もあり、東南アジアの中では比較的至便な地域であった。

たとえば、1925年（第22期生）の「山西陝西黄河流域調査班」では、内モンゴルの包頭から黄河下流の谷沿いの調査が中心であったが、図10に示すように、上海から漢口経由で北上し、北京、天津を見学したあと包頭へ向かい、そこから黄河河谷を南下し、さらに西安経由で帰校するコース設定をした。黄河河谷の調査が進んで間もなく、6月中旬、上海で生じた五・三〇事件が反英、反日デモとしてこの乾燥地域へも広がり、派遣された若いオルグや教員に指導され、小学生のデモ隊が各地で見られた。初の全土全域にわたるナショナリズムをじかに見たことになる。しかし、す

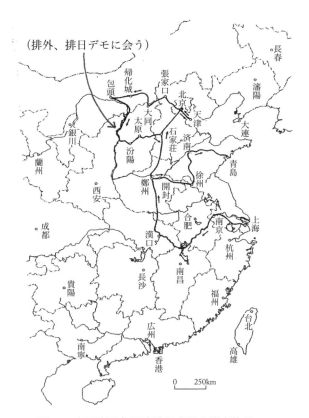

図10　山西陝西黄河流域調査班大調査旅行コース

ぐ班員にも影響が及び、討論会に出され、宿からは追い出され、買い物も拒絶に会い、結局、コース後半を中断し、太原、青島経由で上海に戻っている。そのさいも同じコースを通って帰らないところに彼らの見聞を広めようという意欲がみられた。

　この排外運動は発生から2週間後には、この辺境の乾燥地域の田舎で小学生を使ったデモを誘うなど、情報の伝播、波及があったことを示している。小学校のあるような町では、オルグの活動があったとはいえ、辺境であっても情報が届く状況にあったといえる。民国期の政府による小学校や郵便局などの整備がその背景にあったとも思われるが、このデモに遭遇した山西省は軍閥の閻将軍の支配下にあり、日本方式の独自の小学校の普及が進められていたことによる面が大きかったと思われる。実際、他の省では中心都市などでの運動が主であった［山西陝西黄河流域調査旅行班 1926: 560–662］。

③制約期

　1931年9月の満洲事変は、民国政府の態度を硬化させ、書院生に対してもビザは以降2年間発給停止となった。書院生の大調査旅行への全面的な制約措置となった。そこで書院としてはメインランドほかへの書院生の予定コースを中止し、急遽、行き先を全て満洲内に設定した。それしか方法はなかったのである。その結果、1年目の満洲では、調査コースの按配がうまくいかず、班同士が各地で鉢合わせをし、広い満洲とはいえ、交通網も限られた中ではかなり苦しい調査となった。それまでのような3～5カ月に及ぶ調査旅行は難しかった。そこで2年目は、コース中心ではなく、県ごとの一斉調査に切り替えた。各班はいくつかの県の調査を担当し、実施する形となった。この一部は3年目まで継続された。図11に示したこの時期の調査は満洲への集中が歴然としている。しかも前述したように、従来とは異なり、県レベルでのいわばミクロな調査が進められることになり、満洲調査に新しい方法が導入された。しかし、辛亥革命後、清朝に代わった民国政府が急遽満洲各地で支配組織などの整備を図ったが、20年たったこの時点でもまだその多くがほとんど不十分であり、書院生たちは公的データの収集に苦慮し、県による精粗の差は激しく、自分たちの観察

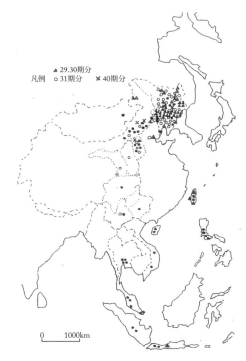

図11　制約期における東亜同文書院生大調査旅行の各コースごとの主要調査地の分布

でデータを造ってカバーしたり、不十分なままの形で調査を終えたりするケースもみられた。また、旅行日誌と調査報告が一緒にまとめられるケースもあった。この間に「満洲国」の成立があり、厳しい措置が予想されたが、2年後にはビザは給付され、再びメインランドやその周辺地域、東南アジアへの大調査旅行が可能になった。

　その結果、メインランドでの緊張を嫌った書院生の中には、メインランドを避けて辺境地域や東南アジアへコースを設定する班が増えた。前者では比較的日本の勢力が浸透していた山西省や今日の内蒙古に当たる地域が選ばれたりした。東南アジアではタイ、マレー、ジャワ、スマトラ、フィリピンなどに増加傾向がみられ、付加的に海南島や日本植民地下の台湾なども選ばれている。

　1939年に大学昇格となり、大調査旅行は指導する教授のゼミ単位となり、テーマもそれに即した。第40期生は、各班3〜5、6人の38班に分かれ、大調査旅行を実施した。既にその前の第38・39期生100余名は、東亜同文書院生の最後に当たり、31班に分かれ、地理、工業、生活、金融、教育、商業、民団、頼母子講、家族、財政、省政県政、などを分担し調査して9月に帰院すると、すぐ12月繰り上げ卒業と臨時徴兵検査があり、入営者も出て落ち着いて報告書を作成する時間的余裕が失われた。かろうじてダイジェスト誌『大陸遍路』［東亜同文書院第38・39期生1942: 326p］

に地域別1本の割で紀行印象記がまとめられたのが精いっぱいであった。したがって、第40期生も各班1本ずつの紀行文をなんとか調査報告風にまとめ、同じくダイジェスト誌『大陸紀行』[東亜同文書院第40期生1943: 452p]として刊行した。これが書院生によるダイジェスト版の旅行誌の最後であった。

　その中で、辺境地域は第38・39期は山西省と蒙疆省（今日の内蒙古）のみでそれもメインランドに外接する地域であった。また第40期も同じでしかもその中の主要都市だけが対象とされた。それだけメインランド以外で旅行のできる安全地域が減少したということであった。

3　記録された辺境地域像とその地域認識

　では次に事例として2地域を取り上げ、記録を見る。

(1) 北部辺境地域の特性とダイナミクス――満洲地域
①漢人の流入

　北部辺境地域はなんといっても旧満洲地域であった。この満洲については試行・拡大期や円熟期においても関心を持つ書院生がいて、各コースを設定している。この両期の満洲は満洲事変前に当たり、清国以来の伝統的な満洲が記録された。そして前述したように満洲事変に始まる制約期には、事変後の2年間は民国政府側からのビザが下りなかったこともあり、この満洲へ集中せざるを得なかったのである。そこで、以上の状況もふまえ、北部辺境地域の事例として満洲地域を取り上げる。

　書院生の調査対象になった20世紀前半の満洲は、19世紀はまだ満洲族の封禁の地であり、ロシアの南下や漢人の浸み出しはあったものの、比較的まだ平穏であった。それが、日露戦争での日本の勝利で日本の権益が満洲鉄道の経営権などに移ったこと、辛亥革命による清朝の崩壊、その後の満洲事変とそれに続く「満洲国」が成立したことなどによって、体制が次々と大きく変化した激動の時代となった。とりわけ、清朝の崩壊と辛亥革命による民国政府の成立は、あらたな地方軍閥の割拠を生むが、満洲では軍閥である張作霖の支配地域となり、民国政府直の手によるものではなく、

張作霖の手で支配体制が組まれ、しばらくは張作霖による満洲化がはかられた。しかし、その後、この張作霖が乗車していた車両とも関東軍に爆破され、それが満洲事変、さらには「満洲国」へと急展開し、激しく動いた。

　書院生の調査報告はその各時期の変化する満洲をそれぞれ記録しており、どの時期をとっても満洲のダイナミクスに触れることができる。そこで、ここでは、満洲族の聖地であり、封禁の地であった満洲が一気に開放へと進み、多くの漢人がなだれ込んできたことによるその状況と、そこに展開するあらたな農業、農民の再編成を描いた書院生の調査報告をふまえながら、北方にあらたに繰り広げられた新天地となった辺境の変質を見てみる。

　満洲の地は、清朝の時代、そこが満洲族の聖地であるとして、外からの異民族の流入を禁じ、とりわけ漢族の流入については厳しく制限していた。ところが1860年ごろより、黒竜江を越えて南下流入するロシア勢力の勢いが強まると、清朝は、チチハル等の防御基地を造るが、満洲族の多くは北京に居住し、満洲の防禦もままならなくなり、一部の県に漢人を入れて北方への守りにしようとした。既に古く漢人の入植もあったが、この時の満洲への漢人の受け入れがその後の漢人の満洲への流入の契機となった。さらに、日清戦争後の日本の遼東半島割譲にロシアが反対した見返りの権益としてロシアが確保した1897年から1901年にかけてのロシアによる東支鉄道建設による労働力の確保があり、多くの漢人労働力が流入した。こうしてなし崩し的に漢人の満洲への流入に筋がつくと、併せて農民が他の地域へも流入するようになり、彼らは満洲族や蒙古族の放牧地へ入り込み、勝手に農地開拓を始めるようになった。清朝はそのたびに協定を結ぶが、実効性は破られ、そして1911年の辛亥革命により、その壁もなくなると、流入はさらに加速した。

②農民と農業

　1920年代になると、流入はピークに達し、毎年50〜100万人もの漢人が流入した［藤田2011: 241-313］。流入の発生源は当初ほとんどが山東省であった。その後、直隷省（現・河北省）や山西省出身者も増えるが山東省

出身者が依然として多くを占めた。その背景には、折から山東省に飢饉が襲い、地元民が飢えに苦しめられたことと、山東省の軍閥が戦争を繰り返し、農民たちは食糧や兵士として徴発され、それから逃れるための流出であった。いわば難民であった。ほとんどは飢えた貧民であり、山東省の各港から出発する貧民のために日本の船会社は運賃を大幅ダウンし、到着した大連からの満洲鉄道は低運賃を設定して支え、港や駅では食料などの無料給付を行ったほどであった。書院生はそんな彼らとデッキパッセンジャーとして一緒になり、その現実を肌で感じ、また、満鉄に乗車した時、車窓に線路沿いを遠々と連なって歩いて北上する数え切れないほどの人々の姿を見て、その実態を報告書に実感の姿としてまとめた書院生が何人もいた［藤田2011: 241-313］。

　先発した流入者の中には、広い農地を確保する者も現われ、大地主の地位を確保し、新流入者を農業労働力として雇うようになった。早くも持つ者と持たない者とが形成されたし、中小規模の農民も生まれた。

　しかし、寒冷地である満洲での農業は容易ではなかった。そんな中で、蒙古人が牧畜で飼育している馬に着目して、まさに馬力で耕作する方法を工夫する者が現われ、たちまちそれが広がり、蒙古人の馬市は各地で活況を呈した。そのさい、馬耕のための犂が造られるようになったが、土壌が硬いところが多く、重量のある犂が好まれた。ここに、山東省での手作業を中心とした農業から馬耕を中心にした満洲農業方式が生みだされた［藤田2008: 225-247］。

　こうして多くの農民が流入し、当初農業労働者の中から小作人へ這いあがり、やがては小規模な自作農民になった者もいた。10町歩ほどの農地があれば自作農家として独立できた。しかし、多くは1〜3町歩の小規模な農家が多く自小作的存在であった。一方、大規模農家は50町歩以上であった。規模によって所有する犂の数に差がはっきり認められ、収益にもかなりのちがいが認められることを分析している。ある地区を調べた書院生の報告である［藤田2008: 225-247］。

　なお、農場規模からいえば、東支鉄道が開通した頃、ロシア人とアメリカ人による大農場もこの鉄道沿いに進出立地していた。アメリカ人の農場は2,000町歩もの規模であったとされる。これは北満洲のケースだが、そ

図12　書院生の記録から見た20世紀満洲事変以前の満洲における
農地利用の概念図（各記録より作成）

れが可能であった背景には、北満洲ほど肥沃で地力があったためで、ハルピン以西、以南がアルカリ土壌で農耕不適地なのと比較すれば対照的であった。早くも満洲一円を調査旅行した書院生は、北満洲での小麦栽培の広がりなどからそのことにも気づいている。それらの記録をまとめて示すと図12のようになり、農業地域が明確に浮かび上がってくる。しかしその時期の調査を行った書院生は、この地で日本人が農業を行うことには困難だとしている［藤田2008: 225-247］。それは厳しい気候環境のもと、遼東半島へ実験的に入植した農家の多くが失敗したこと、21カ条要求などの影響で少し前に入植した漢人が農地を売らないこと、日本人の満洲での農法が未確立であること、などがその理由だとしている。満洲国成立後、日本から多くの「満蒙開拓団」が各集団として北の守りも込めて送り込ま

れるが、1農家当たり10町歩の割り当ては、満洲での自立可能規模をふまえたものであり、馬耕方式の導入も満洲方式の導入であった。日本人の多くの入植地は、未だ漢人の入植地も少ない北満洲の、この肥沃地の開拓が中心であった。しかし、なかには先発した漢人の土地との調整が問題を残したりし、敗戦直前時のソ連の進攻もあわせ、現地や帰国時に大きな悲劇をもたらすことになった。

　しかし、書院生によるこの時期の満洲での調査記録は極めて少ない。ビザが発給されなかった2年間の満洲での集中調査のあと、ビザが発給されると、ほとんどの班はメインランドや東南アジア方面へ出かけたためである。そんな中、第34期生の2班は満洲へ旅立っている。しかし、盧溝橋事件で旅行は現地進行中に中止となり、しかも8月には書院の校舎が焼かれたこともあり、長崎へ引き揚げた。ところが、校舎が中国兵に焼かれたことから、そのあと志願する形で通訳従軍に参加するという思いがけない展開があった。参加者の一人は戦死し、戦争の実体験と想像以上の現実に困惑と苦悩が広がった。その状況下で調査報告書の提出は困難であったが、集まった原稿でダイジェスト版が編まれた。満洲へ出かけたうちの一人は、この中で満洲農業について冷静に論じ、「満洲国」が誕生して、満洲には建設の活況がみられるが、農業、農民は苦しい状況にあると指摘。その理由に、品種改良により増産体制をつくり、アメリカのように農家の上昇の可能性がある点は、日本内地の状況よりは良いものの、国際的な保護貿易の拡大の影響により代表作物の大豆と小麦の欧米への輸出が伸び悩み、また夏季の洪水等の災害が大きく影響したことを挙げ、とくに北満洲が厳しいと論じている［谷口1938: 414-422］。

　③都市の形成

　ところで、東支鉄道は大連にも延びるなど、鉄道建設が広がると、ハルピンを始め、町も各地に生まれるようになり、道路建設も必要になり、木材などの建築用資材、燃料、さらに砂利、石材の需要も生じ、多くの労働力が必要になっていった。それに呼応するように漢人も流入者が増えたが、当初は冬季の労働ができないため、春に入満し、秋に帰っていく出稼ぎ労働も多かった。それが次第に満洲に定住する比率も高まっていった［藤田

2011: 241-313]。

多くの農民は南満洲どまりであったし、北上してもハルピン周辺あたりまでにとどまった。仕事の関係で、それ以北はより気候条件も厳しかったからである。このように多くの農民を中心に少しずつほかの仕事の種類も増える中で、農業地域を目当てに商人たちがあとを追うように入満してくるようになった。すでにロシア人が造った町ハルピンにはやがて漢人も住みつくようになり、伝家甸という漢人地区が生まれた。そのほか、清朝時代の行政地や張作霖時代の地方行政地などに町が形成され、大連も当初ロシア風の町が造られた。日露戦争後、とりわけ「満洲国」成立後は、工業開発、都市計画による都市づくりが日本人の手で集中的に行われ、戦後、それらの投資は共産党政権の経済を長く支えることになる程であった。

日本の南満洲鉄道が設立され、日露戦争後、その多方面に及ぶ活動が本格化すると、その地区拠点や満鉄の付属地には日本人も入り込むケースが増え、町の中に満鉄関係機関のほか、日本の商社、銀行、新聞社、運輸、交通、電気、石炭、鉄鋼などの主力企業だけでなく、個人商売を営む者も増えた。1920年代から1930年代には次々と鉄道建設が進み、それまでの中心地が新結節点に新しい中心地を生み、町の盛衰も見られた。また航路の新設も河川沿いに新しい町をもたらした。もっとも遅く開発されたと思われるハルピンより下流の松花江流域では河川沿いに中心地の町が一定の間隔で規模を組み合わせながら配置を保ちつつ成長する様子が報告されている［藤田2010: 261-289］。この1930年代の新しい書院生の記録によると、地方の町では日本人が密売をするケースもあったし、娘子軍が未開地へのパイオニアとして先発している状況も記録されている。いわば新興地域での一旗揚げを狙った個人や組織の進出状況もうかがわれる。

(2) 西部辺境地域の民族統治──青海地域

以上のような長い眠りから覚め、急速に変容する満洲地域とは対照的な西部の辺境地域を青海地域を例にしてみてみる。

①青海への道
本章において対象とする辺境地域の中で、地理的にも最も辺境性がみら

第 1 章　東亜同文書院生の大調査旅行における辺境地域調査

れるのは、メインランドの西部地域である。徒歩旅行からすると、旅行期間が 3 〜 5 カ月では、到達しにくい地域が多いからである。前述した第 2 期生の西域地域の旅も同様である。これは特命を帯びた 2 年間という条件で可能だったのであり、書院生の大調査旅行と雖も一般化は難しい。とくに西部が砂漠の乾燥地であったり、高原山地であったりすると、宿営地の確保、安全性の確保から困難になるし、遊牧民の世界は、一日歩いてもメインランドのように町や村がなく、隊を組み幕営しなくてはならないからである。青海はそのような旅の形を変えなくてはならないぎりぎりの境界域にあった。

　ここへチャレンジすることになったのが第19期生の 6 人からなる、1921（大正12）年の「隴綏羊豚毛皮調査班」である。その記録［隴綏羊豚毛皮調査班1922: 1–64］によれば、甘粛省の蘭州一帯がその調査地域であった。そこへ至るまでに漢口から西安経由であり、それだけでも大旅行であった。班員には、のちに書院の教授になる小竹文夫もいたが、蘭州で体調を崩し、もう一人とともに青海へは行けず、蘭州で 4 人が帰ってくるのを待った。蘭州は黄河の中上流の砂漠地帯の交易の町で、一行がこの町で調査滞在中、町の歯科医である日本人前田氏から、青海湖を日本人で見たのは自分だけだからぜひ見に出かけたらどうだと誘われ、往復20日を予定して出かけることになったというのが発端である。突然のコースなのできちんとした調査はできていない。旅の途中に発生したオプションであった。

　そこで黄河の支流である西寧河をさかのぼり西寧に到着。ここで馬騏将軍を訪ねている。将軍は甘粛鎮守使兼蒙蕃宣慰使で、回教徒。 6 尺余りの大男で偉丈夫。書院生は新しい地域へ入るときは知県に挨拶をすることになっている。すると将軍は、自分も「秋の巡狩」があり、現地へ行くので一緒に行こうと誘ってくれた。幸運であったといえる。この「秋の巡狩」というのは、年 2 回、将軍が役目として青海をめぐって、チベットの各酋長に会い、礼を受ける、という儀式で、これによって中央政府が奥地の部族を支配するシステムであった。ところで、当時、この西寧は省都ではなかった。今日では「青海省」の省都であるが、当時はまだ青海省はなかったからである。青海省が甘粛省から省として独立するのは、このあと蔣介

29

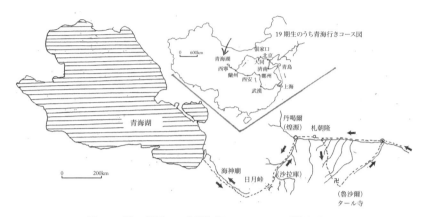

図13　第19期生の「青海行」コースの西寧からの
コース図（同コース記録から作成）

石時代の1928（民国17）年であった。当時、地域名を呼称する場合に「青海」という表現が使われており、甘粛省内ではこの奥地を示す地名として使われていた。青海省が新設されるさい、蘭州と西寧のほぼ中間の位置に南北方向に甘粛省との省境が設けられ、西寧が省都となった。この西寧では福音堂があり、宣教師にも会っている。宣教師は10年間献身的努力をしても、信者は一人もできなかったが、いまは170人あまりに信者が増えたという話を聞いている。宣教師の地域貢献は大きく、この近く、黄河のユートピア三導河一帯の開発も宣教師が行ったと、この後に続けて行った調査旅行で記録している［隴綏羊豚毛皮調査班1922: 1–64］。

　そこで西寧を出発し、当時のこの地域の中心地であった丹喝爾で用具を購入、そこで南西方へ向きを変え、日月峠へ向かった（図13）。ここは唐の時代に唐とチベットとの国境になり、この峠にそれを示す碑を建てた歴史的な峠である。しかし、清朝中期の18世紀、チベット内部の対立に乗じ、雍正帝の軍がチベットへ侵入し、この地のチベット族と蒙古族を支配した。この手前までは山地と谷、ここから奥は高原となり、地形、気候、生業等を一変させる峠である。この峠でネズミがたくさんいるのを観察している。今も同じである。そして馬で進む一行はともすれば草の高さが邪魔をして、前の馬が見えなくなりそうだったが、実際迷子になってしまっている。苦労した後、その夜、廟の灯りを見つけ、将軍の付き人に会え、命を救われ

第1章　東亜同文書院生の大調査旅行における辺境地域調査

涙したとある。しかし、今はそんな背の高い草は姿を消し、草原になっている。途中で羊毛を求める商人に会い、青海には貨幣がなく、物々交換で、商人側は茶を用意していると聴き取っている。これは貨幣経済外の世界であったことが分かる。

　ついに見た青海湖は、コバルト色に輝き、最高の気分になっている。なお、この青海湖、そしてそこに生息する鱗のない煌魚はチベット族にとって聖なる神で、今も同様である。戦後漢人が入り込み、この魚を乱獲したので、チベット族と対立した。

②チベット族の支配方式
　ところで、単なる青海湖めぐりが思わぬ将軍との出会いとなり、しかも「秋の巡狩」に同行することで、その儀式を見るチャンスを得、従来知られていなかったチベット族の一部ではあるが彼らに対する清国の管理支配方法を知ることになったのは大きな副産物であったといえる。
　「秋の巡狩」は出かけてきた将軍が青海湖の近くに沢山の大きなテントを張り、夜中も火を焚いて滞在し、そこへ馬に乗った地元の各チベット族が順に来始まる。赤、青、紫等の色鮮やかな衣装で着飾った酋長もおり、将軍はテントから厳めしい騎士達を連れて姿をあらわすと、その周りを一族が一隊ずつ取り囲み、彼らが将軍の前で跪座して順次礼をする。これを「朝宋の礼」という。そのさい、将軍は彼らからこの一年間の状況を聞いて、

写真　「朝宋の礼」に集まってきたチベット族の兵士たち
出典：「青海行」[大旅行誌14]

それを後に北京へ報告するという次第である。そこには、支配者と被支配者が明確に示される儀礼がみられ、辺境地域であり、熱心なラマ教信者でありながら文字の書けない遊牧民を北京政府が遠隔的な方法で管理、支配する方法を確立していたことがわかる。

チベット族にも色々な族種がある。いずれも遊牧生活のため移動し、固定した住居はない。彼らは、羊、ヤギ、ラクダの家畜とともに移動生活をし、5月から7月に山へ移動し、8月に早くも降雪をみると山を下る。したがって、このようなチベット族を管理するには、彼らが山から下山したこの時期に「秋の巡狩」のような方法によって、下山してきたチベット族を管理支配する知恵が編み出されたのであろう。

青海省の独立とともに、この「秋の巡狩」のような現実に即した管理支配方法はなくなったという。教育や税制等の導入で、遊牧民にとってはこれ以降、受難の時代が始まることになる。

③地域の変容

筆者らは2008年8月下旬、及びその後も含め、青海省の環境調査を行うチャンスがあり、90年前に行われた書院生の青海コースを追体験することができた。折しも中央政府の西部大開発で青海省にも多くの投資が行われ、西寧の町も高層建築が増え、高速道路、さらにはチベットのラサを結ぶ鉄道も開通したばかりであった。経済開発は奥地へも及び、かつて背の高さを上回るほど生育し、書院生が馬に乗りながらも道に迷ったほどであった日月峠付近は、経済発展優先の家畜増のため、芝草のような短草に変わっていた。遊牧は政策的に禁止に近く、生態保持の目的でかれらに集合住宅が建設され、遊牧民は姿を消そうとしていた。チベット高原にも漢人が押し寄せ、集落を造り、農地開発を勝手にやったあとの荒れ地が目立った。また、青海湖も観光化が進み、岸には打ち上げられたごみが目立ち、チベット族の聖魚である煌魚は乱獲され、自然と一体化してきたチベット族の世界は消えようとしていた。そのような中で地方政府もようやく煌魚の養殖に乗り出し、草原の復活を目指す取り組みを開始するなど自然保護の模索を始めていた［藤田2009: 339–354］。

青海省の面積は72万km²で日本の2倍、高原の標高は2,600m以上、人

口は540万人（2004）、漢人の流入が顕著で、その54パーセントを占めるに至っている。厳しい自然環境下で、壊れやすい青海の生態系の保持は今後も重要な課題に違いない。

おわりに

　以上、20世紀前半期の700コースに及んだ東亜同文書院生による東アジアの大調査旅行のうち辺境地域についての調査展開とその成果について概要的に示した。1907年から始まった大調査旅行は、試行・拡大期を経て円熟期に向かい、満洲事変を経て、日中戦争により次第に縮小するという過程を経た。しかし、そこでの記録は膨大であり、事実をベースにする手法により、近代東アジアの状況を描き出しており、今日のこの地域の基盤を把握する上で大変貴重であり、重要である。

　今回そのうち辺境地域を対象にしたが、ここでの辺境地域は、清国、民国時代のメインランドを取り巻く東南アジアも含めた地域で、メインランドとの関係でいえば、中心と周辺関係の周辺地域に当たる。従来、メインランドは歴史的な中核地域であり、それだけに研究も進み、一方、辺境地域はその影響も受けつつ、なお独自の文化、伝統をもっていた。しかも、この20世紀の前半期は、東アジア全体で見れば、東南アジアはタイを除きほとんどが列強の植民地となり、19世紀後半からは清国自体も列強に浸食され始め、19世紀末に日清戦争で清国が敗れると、20世紀の前半期にはさらにそれが一段と進んで、半植民地化状態となり、清国のメインランドは中心性を失い、辛亥革命で清国は滅びた。しかし、そのあとも、軍閥による群雄割拠が続き、誕生した民国も形式的な支配にとどまり、指導性を発揮できなかった。したがって、辺境地域は19世紀の姿で温存され、空白的地域になったといってよい。事例に示した青海の管理支配方式はまさにその典型であり、前近代的であった。

　また東南アジアに進出した列強は、イギリスが東南アジア産のアヘンにより、清国へ進出し、さらに鉄道権益などの確保で民国に入り込んだ。フランスは対イギリスを意識して安南をベースに南部からメインランド内に利権を確保しようとした。日本も列強に対抗するように利権を確保しよう

とし、事例に示した満洲の急激な変化は、その前からの漢人の浸み出しが、清朝の聖地を消してさらに激しくなったこともあるが、それに、日本が進出することで大きな変化がもたらされたケースである。

このように見てくるならば、かつて清朝時代、清朝が中心になって周辺の辺境地域との間で朝貢システムをとり、メインランドがメインランドで存在していたが、この書院生による大調査旅行時代は、そのシステムは消え、逆に辺境地域であった地域は列強や日本が政治主体となり主導権を握ったことから、中心と辺境の地位は逆転した面もあった。それにもかかわらず辺境地域は、地域の基盤になお伝統的文化や生活を保持しつつも、全体的に見れば、東アジア全体があらたな地域秩序を求めるようにダイナミックな動きを示した時代であり、単なる地理的位置から見た辺境地域ではなくなっていたといえる。

そのような中で、地域を足で歩いた書院生の記録は、地域の基盤からの視点で、伝統性も見抜きながら、あらたな揺れを実感する形で、今日および今後この地域を理解する上で、極めて重要なヒントを内包しているといえる。

参考文献

藤田佳久（1989）「東亜同文書院学生の中国調査旅行コースについて」『愛知大学国際問題研究所紀要』90

藤田佳久（1993）「「幻」ではない東亜同文書院と東亜同文書院大学」愛知大学東亜同文書院大学記念センター編『東亜同文書院大学と愛知大学——1940年代・学生たちの青春群像』六甲出版、所収

藤田佳久編著（1998）『中国を越えて』（注　東南アジア中心）（東亜同文書院　中国調査旅行記録、第3巻）大明堂

藤田佳久（2000）『東亜同文書院　中国大調査旅行の研究』大明堂

藤田佳久編著（2002）『中国を記録する』（東亜同文書院　中国調査旅行記録、第4巻）大明堂

藤田佳久（2008）「東亜同文書院生の記録から見た20世紀初期の満州における農地開発に関する研究」『愛知大学東亜同文書院大学記念センター　オープン・リサーチ・センター年報』2

藤田佳久（2009）「東亜同文書院生が記録した90年前の中国・青海の地域像」『愛知

第 1 章　東亜同文書院生の大調査旅行における辺境地域調査

大学東亜同文書院大学記念センター　オープン・リサーチ・センター年報』3
藤田佳久（2010）「東亜同文書院生による満洲大調査旅行のうち「松花江沿岸都市調査」について」『愛知大学東亜同文書院大学記念センター　オープン・リサーチ・センター年報』4
藤田佳久（2011）「20世紀前半期における満州地域への漢人の流入について」『東亜同文書院生が記録した近代中国の地域像』ナカニシヤ出版、所収
藤田佳久編著（2011）『満州を駆ける』（東亜同文書院　中国調査旅行記録、第 5 巻）不二出版
藤田佳久（2012）『日中に懸ける――東亜同文書院の群像』中日新聞社
賀来敏夫（1910）「河内・雲南・四川コース日記」藤田佳久編著（1994）『中国との出会い』（東亜同文書院　中国調査旅行記録、第 1 巻）大明堂、所収
三野豊浩（1999）「淳熙 5 年の陸游・范成大・楊万里」『愛知大学文学論叢』118
中薗英助（1995）『鳥居龍蔵伝――アジアを走破した人類学者』岩波書店
根岸佶編（1907～1908）『支那経済全書』全12巻、東亜同文会
陸游、岩城秀夫訳（1986）『入蜀記』平凡社
隴綏羊豚毛皮調査班（1922）「青海行」東亜同文書院第19期生『虎穴龍頷』所収
山西陝西黄河流域調査旅行班（1926）「山西陝西黄河流域調査旅行日誌」藤田佳久編著（1995）『中国を歩く』（東亜同文書院中国調査旅行記録、第 2 巻）大明堂、所収
柴田幹夫（2014）『大谷光瑞の研究――アジア広域における諸活動』勉誠出版
竹添井井、岩城秀夫訳注（2000）『桟雲峡雨日記』平凡社
谷口武文（1938）「満州農業瞥見」東亜同文書院第34期生『嵐吹け吹け』所収
東亜同文書院第38・39期生（1942）『大陸遍路』
東亜同文書院第40期生（1943）『大陸紀行』
雲南四川隊（1911）「滇山蜀水」東亜同文書院第 8 期生『旅行記念誌』所収

第 2 章

満洲地域史研究における
『東亜同文書院大旅行誌』の史料的価値

荒武達朗

はじめに

　東亜同文書院生の遺した『中国調査旅行報告書』『東亜同文書院大旅行誌』（以下それぞれ『調査報告書』『大旅行誌』と略記）の書誌的情報についてはこれまでも繰り返し語られている[1]。『調査報告書』は書院生が大調査旅行の中で得た知見や資料を基に執筆した卒業研究として位置づけられている。時期が下るに従って個別テーマを設定した詳細な調査が実施され、それに依拠した報告書が作成されるようになった。現在、マイクロフィルム版が愛知大学附属図書館をはじめ国内の幾つかの機関に収蔵されている。後者の『大旅行誌』は大調査旅行の記録を文集として発行したもので2006年に雄松堂出版よりオンデマンド版として影印出版された。執筆者によっては日誌、評論、散文、手紙など様々な文体を取っており読み物としてもおもしろい。書院生の遺した史料は、刊行物の引用にとどまる記述、或いは不完全な聴き取り調査による分析があることは否めないのだが、他に記録の残されていない事柄に言及していることがある。利用方法次第では非常に重要な情報を与えてくれるのである。
　本書所収の各論文の議論は、全てではないにせよ、この『大旅行誌』の記述に依るところが大きい。本章の目的は、まず前提として当該史料を使

1　前者『調査報告書』は［東亜同文書院1997］の総目次に附された藤田佳久の解題「東亜同文書院・中国調査旅行報告書（原題「支那調査報告書」）について」、後者『大旅行誌』については本書第1章並びに［藤田2000: 第七章; 藤田2011: はじめに、第四部第一章］を参照されたい。

用するに当たっての留意点を確認することにある。ここでは筆者が専門とする満洲地域とその周辺を題材として、3点実例を示しながら検討したい。なお満洲は時期によってその範囲が拡縮する地域概念である。本来は民族名、国号であった満洲が地名として定着していく過程は［中見2013:序論及び第一章］の議論を参照されたい。満洲という地域概念は19世紀以降の歴史的展開の中で日本、そしてヨーロッパへと拡がっていった。また本来、満洲は本書第3章、4章、5章で考察されるモンゴルとは別の領域であった。ところが清朝の崩壊後、またロシアと日本の勢力が当地へと及んでくる中で、そこに住む人びとの意向とは無関係に、東部蒙古を満洲へと接続させる地域概念が拡がっていった。その当時の日本人はそれを「満蒙」と呼んでいる。実際の大旅行においても、次第に満洲と蒙地とを厳密に分けることはできなくなっていく。本書第5章は満蒙とは満洲と蒙古という括りではなく、満洲国に取り込まれた東部蒙古という理解で使わねばならないと述べている。以上をふまえて本章の満洲は内モンゴルの東部とも重なり合っていることを予め断っておきたい。

1 史料の主観的記述

『大旅行誌』にはその折々の政治・社会情勢、事件に対する書院生の印象が記されている。これらの記述は旅行者の主観に基づいており、その時の一人の日本人の著した記録としての価値を有している。だが一方でその事柄を客観的に表したものとして扱うことは可能だろうか。満洲国に隣接する河北省冀東地区の通州の状況と通州事件に対する書院生の印象はその好例である。冀東防共自治政府の置かれた当地を1937年に訪れた旅行班は「北支の感覚」において

> ……、やはり通洲に来て見ると、日本人向の安心さに我を忘れた。城内の入り口に立つ公安隊員が、私が日本人とわかって検査なしに入城許可をくれた所など、安価な安心にた易く酔ってしまった
>
> ［大旅行誌29: 166］

と通州の"親日"について述べている。

　その後、盧溝橋事件を経て日本軍と中国軍の戦闘が本格化、日中の全面衝突へと事態は進んだ。1937年7月29日に冀東政権保安隊による日本人居留民殺害事件が発生した（通州事件）。1938年に当地を訪れた別の班の記録「冀東の旅」によれば

　　　道ゆく洋車夫を見ても、此奴等が或ひはあの保安隊かも知れない、と疑ってみたくなる。そう思って見ると此奴等の眼には確かに妙な鋭さと陰険さとがある。思ひ切り撲りつけてやり度い。
　　　荷物を新民会に預けて、遭難邦人墓地へ杖をひく。墓地の入口に花や線香を売って居る支那人が居る。此奴もひょっとするとあの保安隊かもしれないぞ。これ位の事はし兼ねない彼等だ　［大旅行誌30: 195］

と事件に対する憤激と中国人に対する敵意を隠さない。両者とも旅行者という制限の下での記述であるけれども当時の日本人の感覚を反映した一例として貴重である。そして通州事件が後の南京事件の遠因となったのだと論ずる人びとにとって、これはまさに好個の記述である。ただし言うまでもないことだが、その個人の感想をそのまま即、全体の状況を反映した史実、あらゆる日本人に共通する感想と読み替えることはできない。これらは一つの証言記録として扱った上で他の記事、或いは別種の史料との対照をすることが求められる。

　一方、『大旅行誌』には各処に中国人への共感、日本人の進出に対する批判的な論調が散見される。これらの記述に基づいて、東亜同文書院の書院生のリベラリズム、独立・自主の気風等々を見出すことも可能である。当該書院生がそのように書いたことは事実であり、現代の私たちもここに一種の清涼感やロマンを感じるかもしれない。ただそれは全ての書院生に共有されていたものではない。同時に日本帝国の大陸政策への絶対的な肯定、アジアに対する日本人の優越感を表現する論調があることも事実である。本書第11章、12章の描く植民地台湾と朝鮮に対する意識からも書院生の入り交じる想念を見て取ることができる。香港と東南アジアをそれぞれ扱う第8章、9章には現地人、宗主国、そして日本人それぞれに対する

感情が看取され興味深い。もし書院生の感想の中から一部分のみを抽出して書院を論ずるならば、所謂「スパイ学校」説[2]を肯定することも難しくない。肯定、否定のいずれにせよ論者の目的が先行した史料の取捨選択（断章取義）は堅く戒めるべきである。

例えば［大旅行誌24: 453-523］所録の「満洲国印象記」には27人の書院生が自らの旅行で得た印象が記されている。無論、叙述に対する規制とそれを見越した自制の中では、その記事が書院生の本心をどこまで映し出していたかには検討の余地がある。彼等の満洲国及び日本に対する論調は"絶賛"からシニカルな視線まで様々である。この中から一部の記事を取り出して、「書院とは」「書院生とは」「当時の日本人は」という議論を行うことはできないのである。

2　社会に対する観察

『大旅行誌』には当時の政治、社会、経済についても豊富な記述が含まれている。時としてこれらの記述は非常に有用な証言となり得る。例えば筆者の専門とする漢民族の満洲移民に関しても、優れた観察記録を見出すことができる。この満洲移民については本書第1章及び第10章が言及するところであるが、それとはまた違った角度から実例を提示したい。

1910年に現在の遼寧省北西部から吉林省西部へと旅した旅行班は「蒙古遊記」に次のような記述を残している。

〔八月一日〕彰武県城の一隅に一つの大きな廟がある。其の廟の中に、湘北流民が八十何人住んで居る。彼等は雨に打たれ、風と戦って此の地まで来たものゝ糊口の道だに得るを得ずして、日夜野に出でゝは夏草を摘み来りて食ってゐる、されば死人も一日二三人もあると云ふ、悲惨とも何とも云へぬ哀れなものだ。

〔八月九日〕茲にも黒龍江行の湖北移住民が四五十人もゐた。

飢に泣く子や、疲れに悩む棄女の痩せ衰へた青い顔が今尚ほ眼に

2　このスパイ学校説については多くの論者が言及している。さしあたり、最新の整理として［野口2015］を参照。

第 2 章　満洲地域史研究における『東亜同文書院大旅行誌』の史料的価値

残ってゐる、哀れな人々であった。……。
　遼陽窩棚より班井子に至る
〔八月十日〕其所に哀れな湖北移民が群をなしてゐたが、吾々の車の来るのを見て、四五人の女が一生懸命に車上に攀ぢ上ろうとしたので、吾々も不意打に一時狼狽したが、さりとて有るべきにもあらねば力を極めて突き落した。後にて聞けば彼等は飢へと疲れの為め一歩も歩むことさへ出来ずして路上に斃れてゐたとの事であった。……
[大旅行誌4: 277, 285-286]

これらは湖北省・湖南省からの難民の具体的な記述である。彼等については1916年に黒龍江省の斉斉哈爾(チチハル)からさらに北の穀倉地帯へと赴いた旅行班も「日長夜短記」に記している。

〔八月十日〕陳家店に着いたのは日没頃でやはり移民(山東)の家に宿乞ふた。外に湖南辺りの移民もあって、水請ふとて立ち寄り漢口天津などの話をすると流石故郷恋しの嘆声を漏してゐる様は他人乍ら哀れである。
[大旅行誌10: 288]

この時期、この地域において中国各地の出身の移民が混在している様が見える。漢民族の満洲移民の具体例として大変面白い。
　これらの記事だけに基づけば、災害を逃れた難民達の流入が満洲での漢民族の人口増をもたらしたという図式を描ける。災害の度に続々と押し寄せる難民の群れ——おそらく書院生はこれに衝撃を受けて記録を残したのであろう。事実、そのような観察はその当時の中国では珍しいものではなかった。しかしその書院生が目睹した情景とそれを表す筆致は、その時点、その場所での貴重な観察ではあっても、全体の状況を客観的に分析したものとは限らない。[荒武2008]において論じた通り、膨大な難民の流れとは別に、清朝中期より続く出稼の流れも存在していた。満鉄の作成した[南満洲鉄道株式会社庶務部調査課1927; 1929; 南満洲鉄道株式会社調査課1930; 1931]という史料は満洲移民史研究の基本文献と位置づけられる。ただしこれを含む一連の史料はその"出稼"という題名とは裏腹に、1927

年から30年にかけての大災害によって発生した難民を対象に含めた分析である。これを無批判に平時の満洲移民を表したものと考えることはできないのである[荒武2008: 第四章はじめに]。そのことを意識するならば『大旅行誌』にもまた難民とは異なる性格の出稼に関する記録が含まれていることに気づく。先の史料のほぼ同時期の1908年に満洲へと向かった旅行班は「遼東行署記」に青島での情景を記している。

　　〔七月七日〕船は二時出帆、山東苦力の出稼の盛なる幾度か耳にもし口にもせしが未だ想像の遠く及ばざりしを愧づ。此船上海を出づる時は、三等客は吾同行の外支那人僅に三名なりしに、今は幾百人乗り込みしか、処せき迄押しつめて、通行の道さへ塞り、人踏み越えて通るなりけり。　　　　　　　　　　　　　　　　　　　[大旅行誌2: 67]

想像の域を超えた出稼たちの混雑の様がそこにあった。1911年ある旅行班は山東半島北岸の芝罘の近くで、帰郷する出稼の姿を見ている。「呉水魯山記」によれば

　　八月二十六日。晴。路は平坦景色は単調であった。途中屡々南へ帰る出稼苦力を見る。手に僅の小荷物を携ひ欣々然と語りつゝ過ぐ。是れ永き月日の間或は西比利亜の荒野に或は北満の奥に、苦心惨憺遂に財を蓄へ今や懐しき故郷を指してぞ帰る身。彼等は胸中に最愛の妻や子を画きつゝ急ぐのである　　　　　　　　　　　[大旅行誌5: 173]

という。彼等の移動方向は難民が呈するような満洲への一方通行ではなかった。このようにやがては故郷へ還流していく出稼たちが本来は基調であって、ここに突発的な難民による数量増加が発生したと筆者は考えている。書院生の『大旅行誌』は詳細な細密画のような記録の断片を遺しているが、これらを蓄積しても全体像を描き出すことは難しい。むしろ全体像を理解した上で、その細部の記述をより豊かにするという点で、その強みを発揮する史料であると言えるだろう。

　一方、書院生が旅行中に調査した、気候、地形、土質、植生、栽培作物

などについてはその記事単独では意味をなさないが、集積することで地理的情報として重要なデータとなる。この他、訪問した場所、機関、観光で訪れた場所、支払った金額、食べたものなどにも虚偽が介入する可能性は低い。これらを旅行ルート上に再配列していくことで、他の史料では見ることが困難な姿を面的な拡がりをもって再現することができる。それは本書第5章の赤峰の都市構造の変遷、第7章の大調査旅行中の食糧事情、第8章、11章、12章の紹介する香港、台湾、朝鮮での観察が具体例と言えるだろう。内モンゴルの第4章は書院生の遺した史料の形成過程を踏まえた論述を行っているが、そこからある時点を切り取った調査記録としての『大旅行誌』の史料的価値を読み取れる。第6章が対象とする所謂"少数民族"は漢民族の史料にはあまり出てこないのだが、『大旅行誌』からその片鱗を窺い知ることができる。外国人の観察者ならではの記述であると言えよう。おそらく議論の余地が無いのは在留邦人の概数などである。第9章が東南アジアの邦人の具体像を示しており興味深い。筆者が第10章で述べるように、娘子軍（海外売春婦）の各地での実態を考察する上でも『大旅行誌』は優れた情報を提示してくれる。

3　『大旅行誌』相互の比較

　以上の1と2の2点は、『大旅行誌』の提供する生々しく具体的な情報の使用に当たっては、その客観性が必要とされるという当然の姿勢を述べている。これは常識的な指摘に過ぎず、大層なことのように述べるまでもあるまい。検証する項目次第では『大旅行誌』相互の比較や他史料の併用を行うことが望ましい。しかしながら、たとえ『大旅行誌』だけを用いるにしても、複数の著者が同じように述べているのであれば、ある程度信頼できると考えられないだろうか。そうであれば『大旅行誌』の史料的価値はさらに高くなるはずである。

　例えば洮南（当時の蒙地、現在の吉林省西部）は複数の旅行班が繰り返し通過、訪問している都市である。数多くの旅行班が当地に関する記述を遺しているため、その相互比較によって客観的な分析が可能であるように思われる。表1は市街の形状や沿革を表した旅行記をピックアップしたも

のである。

表1　洮南市街に関する記事

	事　　　項
①	1920年「東蒙第一の市街たる洮南は流石に我々の眼を驚かした。この奥地によくもこの様な市街があるものとまるで田舎者が都に出た様な見物振り。人口三万を越えて居る。市街は馬車を通じて居る。上海等にある馬車と変りはない。呉俊陞の兵営も立派なものである。」
②	1921年「洮南には日本人の家が三軒で人口大小併せて八人女三人男五人である。……神本氏は陸軍の特務機関を務めてゐる。五六年前洮南に入り来って邦人の為め努力している。昨年の内蒙古班も今年の私等も此処で扼介になった。」
③	1927年「洮南は嫩江の支流洮兒河の南岸にあって、四洮鉄道の終点、洮昂鉄道の起点で、洮南県公所の所在地である。光緒三十一年から、漸次畜産市場として発達してゐた。即蒙古地帯からする畜産殊に、生牛が、哈爾賓其他北満地方へ吸収さた関係上、洮南がその仲継地となり、対蒙貿易市場として、頓に急速の発達を遂げた。現在奉天省洮昌道の管下である。」
④	1928年「駅前から見た洮南は土塀許りで家が無い。昂昂渓まで濃厚だった露西亜味も此処まで来るとすっかり縁が切れて露程もない。城門で巡警に留められたが護照を出して無事パス。雨後の泥路は遠慮なく車輪を食って馬車を困らせる。……。」
⑤	1928年「着いた。成程立派なものだ。大満洲大蒙古連絡の要洮南の停車場は。だがだ、此の古い内蒙古の大市場や何処？　停車場のみが余りに像はしからぬ新しさを誇ってゐるではないか？……。城壁の中も同じ様な道。温突式の丸い家があるだけの違い、『あれが満鉄公所です』と教へてくれる、どうも街には思へぬ、町であったとも思へぬ。いくら依姑目に見ても之を古色蒼然たる旧都市とは云へぬ、汚い家の連続に過ぎぬ、敗惨の兵がゴロゴロしてゐる。……。」
⑥	1930年「無辺際に続く野の只中に一もとの楡の老樹が立ってゐた。この野の中を行く旅人達にとってはそれがこよなき目標となって、自然にその樹蔭に集り憩ひ、又物々交換も始った。夜になると樹上には鵲が群宿した。何時となくこの地が沙鶏街莫多（蒙古語鵲の樹の義）と呼ばれるやうになったと。<u>こう云ふ詩的な伝説を持ってゐる</u>。その淋しい一部落が次第に成長し農産中心地となり、四洮洮昂両鉄路の開通から今日の洮南となったのである。現在地方の交通、行政、産業の中心地は動かせない処だ。」
⑦	1931年「此の辺りは満目荒涼として、時に牛や馬の放牧が実に長閑に見える切りで、後は何一つない大原野である。洮南の停車場と云ふのは其の原野にぽつんと立ってゐるだけで遙か彼方に町らしいものが見える切りだ。……。……。此の公所には日本人が二十人居るか居ないか位だ。」
⑧	1931年「曠原の中にこんな大きな都会が一つ出現して居ることは旅人にとっての驚異である。洮兒河の南五支里の処、其処に方五支里、高さ一丈余の土城廓が

第 2 章　満洲地域史研究における『東亜同文書院大旅行誌』の史料的価値

	廻らされて居る。どことなく空漠とした大きな城邑であるが、町家の大部分が泥土で出来上って居るから全く『泥の町』の印象を刻ませる。 　此の『泥の町』の聚落的発生を顧ればまことに詩的である。無辺際に続く野の只中に一もとの楡の老樹が立ってゐた。この野の中を行く旅人達にとってそれがこよなき目標となって、自然に其の樹陰に集ひ憩ひ又物々交換も始った。夜になると樹上に鵲が群宿した。何時となしこの地が薩鶏街茅土（蒙古語、鵲の樹の義）と呼ばれるやうになった。此の記念の木は今は枯れたまゝ小北門に近く立ってゐる。土地は札薩克図旗に属し光緒二十八年開放せられて双流鎮と呼ばれた。その淋しい一部落が次第に成長し農産中心地として勢力を得、民国十二年には鄭洮線、十五年にはこゝに鉄路局を置く洮昂鉄道が開通して著しく繁栄を来たし、地方の交通、行政、産業の中心地として躍進を続けたのである。……。 　町を歩いてみても僅か二十九、三十年来の新開地だけに著しく荒々しい粗野な気分がする。目抜の街は興隆大街で大きな商店が並んでゐる。町の北部に官公署がかたまってゐる。この都会に地方色を濃く出してゐるのは先ず畜産加工業であらう。製革業、製靴業、製鞍業、毯子舗、氈子舗が即ちこれである。通りを歩いても町にかうした品物を見受ける事が多い。甘草を売る店なども目立つ。……。」
⑨	1931年「観念上に於ける洮南は駅を中心として発展してゐるであらうと思ってゐたのに、さて降りて見ると駅からは、客引と露式幌馬車の群が目に立つのみで車窓よりの眺望と何等変りない。……。幾度か倒れさうになる馬車に取り縋りつゝ、洮南を探し求めてゐる私等の目に四囲を土塀もて巡らしてゐる泥の家の群りが映じた。此れが洮南だ。」
⑩	1932年「曠野の中にこんな大都会が出現してゐる事は旅人にとっては確に驚異である。洮兒河の南五支里の所そこに方五支里に高一丈余りの土城廓がめぐらされてゐる。どことなく空漠とした大きな都邑であるが町家の殆んどが泥土で出来てゐるので、全く泥の町の印象を刻ませる。もともと卅年以来の新開地だけに著しい粗野な気を持つ。……。人口は約五万位で内日本人が百三十名、朝鮮人約五百名位ゐ、日本人の殆んど大部分が戦後に移って来て、カフェー料店の目立ってゐる事は満洲各地と同様である。実に日本人は利には鋭敏であるが、あまりにも安易な道ばかりを歩きたがる。それは洮南においても、それが一つの雛形として表現されてゐる。カッフェと、賤業婦、それだけが超特急的に展開を示しつゝあることだ。」
⑪	1932年「洮南の聚落的発生こそは誠に詩的である。今は枯木になって、街端れの土塀の間に枯骨をさらして祀られてゐるサチガイモトと呼ばれる神木——往年此の木が繁茂してゐた頃、曠野の中に立つ此の一本の楡の老木が沙漠の旅を続ける蒙古人の目標になった事から、洮南の街が生れ出たのである。而して此のサチガイモトは「鵲の樹」の意で、夜になると多くの鵲がこの木に宿ったので蒙古人が斯く名づけたものださうである。 　街路は碁盤の如く整然としてゐるが、土造の家多くその詩的な発生にも拘はらず、此処は土の街、埃の街として満洲にも他に例を見ない程だ。 　町の重なる産業としては畜産加工業で、製革業、製靴業、毯子舗等が多く、又甘草を売る店も目立つ。西北の方、索倫の森林に通じ、蒙古人の出入繁く、多分

45

	に蒙古的色彩を帯びてゐる事は、鄭家屯と共に注目に値する。」
⑫	1933年「洮南の聚落的発生こそは誠に詩的である。……（伝説の紹介）……。 　斯くして無限の時が流れ、部落は漸次村を造り、光緒二十八年札察克図旗府の荒地開放を俟って城基の地に画され、荒務局に於て双流鎮と改め、農業の中心として発展した。 　此の名は近くに洮兒河の両河があるに依り名づけられたといふ。同三十一年洮南と改めて、府治の設置を見、次いで民国二年府を廃して愈々県と改められた。爾来満洲人の来往年を逐ふて増加し、東部蒙古に於ける物資集散の市場として一般に知らるゝに至った。 　加ふるに四洮線の終点、洮昂線の起点として益々繁栄し、地方の交通・行政・産業の中心地となって来た。……。 　人口約五万内日本人百三〇名の大都会となり、……。」

典拠：①「興安騎行」［大旅行誌13: 218］。②「満洲瞥見記」［大旅行誌14: 362］。③「胡沙の愁」［大旅行誌19: 306］。④「胡沙朔風」［大旅行誌20: 104］。⑤「満洲行人茶話」［大旅行誌20: 243–244］。⑥「四洮々昂沿線経済調査班」［大旅行誌22: 424–425］。⑦「お坊ちゃん」［大旅行誌23: 178–179］。⑧「旅の印象」［大旅行誌23: 448］。⑨「東支線を行く」［大旅行誌23: 547–548］。⑩「洮南よりチゝハルへ」［大旅行誌24: 150–151］。⑪「旅ごころ」［大旅行誌24: 326］。⑫「巴彦那木爾と語る」［大旅行誌25: 120–121］。

　表1の①から⑫は1920年から満洲事変後の1933年までの洮南に関する記事である。主に市街、商況、沿革に関する部分を抜粋した。これだけ複数の記述がそろい、相互に対照するならばある程度の客観的分析が期待できるだろう。しかしながら、書院生による記述の一部には信頼性に欠けるものがある。

　例えば⑧と⑩の下線部を比較すると、明らかに1932年の⑩は31年の⑧を引き写している。当地の伝説を引用しつつ沿革を述べる⑧と⑪と⑫の波線部分は表現が全く同じであり、1933年の⑫と32年の⑪は1931年の⑧を参照し、アレンジを加えたと考えられる。さらに言えば、その元となる「詩的云々」という表現は1930年の⑥から取ったのではないだろうか。確証は持てないが、洮南の商況に関して1932年⑪は31年の⑧を参考として執筆された可能性がある。文章の構成と「甘草……目立つ」の表現に類似性が見られる。故に同様の記述が複数現れたとしても、複数の観察者が同じ光景を見たのではないかもしれない。彼らは先行した書院生の旅行誌を見、さらにその上に自己の体験と見聞を追記している場合がある。

　その観点に立つならば、③⑥⑫の記す洮南の商況は型どおりであり、何かの概況説明をそのまま記したように見受けられる。書院生の記録が時と

場合によって"サボっている"点もあり微笑ましい。彼らもまた現在の学生とほぼ同年代の若者なのである。これに対して⑤⑨の記事は、それまで予備的知識として頭に描いていた洮南の繁栄が実は事実ではなかったのではないか、という戸惑いをはらんでおり興味深い。

⑤だがだ、此の古い内蒙古の大市場や何処？　停車場のみが余りに像はしからぬ新しさを誇ってゐるのではないか？……どうも街には思へぬ、町であったとも思へぬ。いくら依姑目に見ても之を古色蒼然たる旧都市とは云へぬ、汚い家の連続に過ぎぬ。

⑨観念上に於ける洮南は駅を中心として発展してゐるであらうと思ってゐたのに、さて降りて見ると駅からは、客引と露式幌馬車の群りが目に立つのみで車窓よりの眺望と何等変りない。

この⑨に「観念上に於ける洮南」とあるが、これは訪問前に抱いていた洮南のイメージに他ならない。これらの記録により、概況報告に見られるような型通りの枕詞である"繁栄"の内容を割り引いて考えねばならないということに気づく。

④のようにロシア（ソ連）の影響力が見られた北満洲の鉄道から南下してきた旅行班が、「昂昂渓まで濃厚だった露西亜味も此処まで来るとすっかり縁が切れて露程もない」と述べている点も、当時の雰囲気を表した率直な印象として面白い。しかしそこから勢力圏など具体的な事実を導き出すことは難しい。②⑦⑩⑫には洮南の日本人の人口が記されているが、満洲事変を契機にその数が激増していく状況を示している。これはその傾向としては信頼できるものである。中でも⑩より売春業に関わる人びとが中心を占めているのが分かる。これについては第10章で論ずることとする。

　書院生の記録は彼等自身が見たもの、聞いたもの、体験したことを記述している限りにおいては非常に貴重な史料である。これに対して書院生が先行する旅行班の成果を引用している部分、出典・出所を明記せずに記述している部分は、『大旅行誌』のみならず書院生の研究成果を利用するに当たって注意を要するところである。満洲での大旅行にはこのような箇所

が散見されるが、その理由については、おそらくは満洲旅行が大変慌ただしい中で行われたという背景を考えねばなるまい［藤田2000: 310–319］。本書第1章が述べているように1931年の満洲事変勃発により、中華民国政府からの旅行許可は2年に亘り停止され、その間、書院生の旅行はほとんど満洲地域に限定されることとなった。それ故に準備不足が顕在化、大旅行ができないという不満が拡がり、並びに自主性・独立性を失った旅行により士気は上がらなかった。その時間的余裕の無さ故に、『大旅行誌』をまとめるに当たって、以前のそれを利用したのではないかと推測できる。加えて、1930年代には書院側の指導体制にも変化があった。これまで大旅行の指導を行ってきたのは馬場鍬太郎（第5期生）であるが、1932年の29期以降は東洋思想史の小竹文夫（第19期生）が本格的に指導を行うようになった。文献史学の手法を用いる小竹の参画によって、書院のフィールドワークの方法論にも変容が生まれたという可能性もある。これらについては今後考察を深めねばならない。いずれにせよ書院生の言説が初出のものなのか、或いは他者の見解を踏まえた上で再構成したものなのかを見極めることは必要な作業である。

おわりに

　以上、『大旅行誌』の史料的価値及び注意点について実例を交えつつ述べた。『大旅行誌』は決して"打ち出の小槌"なのではなく数ある史料群の一つと位置づけるべきである。書院生の見聞は疑いも無く貴重なものであるが、彼らの記述を無批判に称揚し、それを当時の中国を反映したものとして理解することは厳に慎まねばならない。もしこのように東亜同文書院とその事績を神聖化、伝説化するのであれば、それはかつて東亜同文書院に向けられた「スパイ学校」という一面的な評価、全面否定とさほど変わらぬ精神に基づくものである。我々にできるのは、社会の幅広い人びとが今後も長く書院を知り、その史料を利用できるよう、正確な書誌情報、史料へのアクセス方法を明記しつつ、数ある史料群の中に東亜同文書院の史料を位置づけ利用していくことであると筆者は考える。

第 2 章　満洲地域史研究における『東亜同文書院大旅行誌』の史料的価値

参考文献

荒武達朗（2008）『近代満洲の開発と移民——渤海を渡った人びと』汲古書院
藤田佳久（2000）『東亜同文書院　中国大調査旅行の研究』大明堂
藤田佳久編著（2011）『満州を駆ける』（東亜同文書院　中国調査旅行記録、第 5 巻）不二出版
南満洲鉄道株式会社庶務部調査課（1927）『民国十六年の満洲出稼者』南満洲鉄道株式会社
南満洲鉄道株式会社庶務部調査課（1929）『民国十七年の満洲出稼者』南満洲鉄道株式会社
南満洲鉄道株式会社調査課（1930）『民国拾八年満洲出稼移民移動状況』南満洲鉄道株式会社
南満洲鉄道株式会社調査課（1931）『民国拾九年満洲出稼移民移動状況』南満洲鉄道株式会社
中見立夫（2013）『「満蒙問題」の歴史的構図』東京大学出版会
野口武（2015）「「日清貿易研究所」研究の整理と課題——東亜同文書院前史としての位置付けと荒尾精に関連して」『同文書院記念報』23
東亜同文書院（1997）『東亜同文書院中国調査旅行報告書』雄松堂出版

北方の大調査旅行

第 3 章

明治末期における東亜同文書院の モンゴル大調査旅行

ウリジトクトフ（烏力吉陶格套）

はじめに

　20世紀初頭から、「満蒙」地域における日本の影響力が浸透するにつれて、モンゴル地域に対する調査活動が本格化していった。のちに、1932年に「満洲国」が成立し、1937年に「蒙疆政権」が誕生するや、西部内モンゴルの一部を除く内モンゴルの広大な地域が日本の影響下に入っていった。それによって、日本軍・政府関係者から民間人まで、日本人の内モンゴルへの進出が加速し、内モンゴルのほぼ全域において、日本人による各種調査活動が実施された。

　現存している日本語資料から判断すると、ごく一部の特定の民間人による調査記録が残されている以外に、当時の内モンゴルにおける調査活動は、主に内モンゴルとその周辺に設置された日本領事館・関東都督府・南満洲鉄道株式会社・東亜同文会・善隣協会・興亜院・満洲国政府・蒙疆政府などの機関によって実施されたものである。その内容は、内モンゴルの政治・経済・資源・社会・風俗習慣等の各分野にわたっており、内モンゴル近代史や近代内モンゴルを中心とする日中関係史研究の重要な資料源となっている。

　東亜同文書院のモンゴルにおける大調査旅行については、暁敏［2007; 2008］と高木［2006; 2007; 2008; 2010］の先行研究があるが、主に時代と地域を限定して検討したものである。本章においては、調査年代を1905（明治38）年から1911（明治44）年に設定し、この期間における東亜同文書

院生がモンゴル全域[1]で実施した大調査旅行を概観しながら、その関連資料の概要と特徴をまとめることにしたい。

1 東亜同文書院のモンゴルにおける大調査旅行の発端

　1901年に東亜同文会が上海で創設した東亜同文書院は、半世紀近くにわたって中国各地で大規模な調査旅行を実施してきたことがよく知られている。その始まりとしては、1902年から1905年にかけて、第1期生が最初に芝罘・威海衛等の山東地域に2週間の調査旅行を実施し、のちに第2・第3・第4期生も書院の教授の指導のもとで京津地域（北京・天津一帯）や揚子江流域で調査旅行を実施したことである。

　そもそも、書院生のモンゴルにおける大調査旅行は、外務省の嘱託と資金援助のもと、1905年から新疆と外モンゴルで実施した調査旅行がその始まりである。

　その背景としては、1902年に日英同盟が締結されてのち、イギリスは新疆と外モンゴル地域におけるロシアの動向調査を日本側に要請してきた。そこで、外務省の嘱託を受けた同文書院長根津一が調査員を探し始め、1905年に卒業したばかりの第2期生の林出賢次郎・波多野養作・櫻井好孝・三浦稔・草政吉の5人が選ばれることとなった。調査地域の分担としては、林出賢次郎・波多野養作・櫻井好孝の3人は、新疆・伊犁・ホブド（科布多）等清朝の西北辺境地域の調査、三浦稔・草政吉等の2人が外モンゴルでの調査を実施することになった。

　1905年以前に、東部内モンゴル地域を除けば、新疆と外モンゴル地域に入った日本人は非常に少なく、この地域に対する情報も欠乏していた。書院生によるモンゴル調査以前においては、1880年に、ロシア公使館書記生であった西徳二郎は、日本へ帰国途中、中央アジア経由で、11月に伊犁に到着し、2週間にわたって視察旅行を実施し、のちにシベリア経由で帰国している。これが日本人が初めてこの地域に足を運んだことでもあ

---

[1] その当時、のちに独立した外モンゴルも清朝の支配下にあったため、本章におけるモンゴルとは、外モンゴル、新疆伊犁将軍管轄下にあったトルグート（土爾扈特）・モンゴルおよび内モンゴルといったモンゴル全域を対象とする。

り、その旅行を記録した『中亜細亜記事』が1886年に陸軍省によって刊行されている［春日1975］。1902年に、当時イギリスに留学していた大谷光瑞が探検隊を率いて、中央アジア諸国経由で、新疆の西北からカシュガル等の地域に入り、1カ月ほど滞在したとの記録も残されている。

このように書院生以外にも上記の地域に調査した事実がある。しかし、初めて中国内地から新疆に入るルートを試みたのは、東亜同文書院の前身であった漢口楽善堂の関係者だった。1888年に楽善堂の浦敬一は新疆調査のために漢口を出発したが、9月に蘭州を後にしてから消息を絶った［大林1974］。これに続いて新疆調査を命じられたのは、おそらく同文書院卒業生の林出賢次郎・波多野養作・櫻井好孝の3人であろう。

三浦稔・草政吉による外モンゴル調査が始まる前に、日本の外モンゴルに対する情報も新疆と同じく非常に乏しかった。日本人として最初に外モンゴルに入ったのは、当時駐ドイツ陸軍中佐、のちに関東都督府都督等要職を務めた福島安正陸軍大将であろう。1892年、福島はドイツから帰国する際、単騎旅行を企画し、シベリア・モンゴル・満洲において情報収集を行った。途中、1892年9月24日にアルタイより外モンゴルに入り、ウリヤスタイ（烏里雅蘇台）、フレー（庫倫）等の地域を旅行し、2カ月以上にわたってモンゴル調査を実施した［島貫1979］。

この他に、1898年6月に陸軍大尉の寺家林和介・稲村新六の2人が外モンゴルのフレーから発送した報告書の中に、張家口からフレーに到着する途中での見聞と続いてキャフタ（恰克図）へ出かける旨を伝えている[2]。その詳細については不明だが、外モンゴルについての報告としてはかなり早い段階のものであることは確かである。

この時期、日本の当該地域に関する認識は、現地調査によって得られた情報が乏しく、中国の漢籍による間接的な知識が多かった。『外務省記録』によれば、外務省が林出賢次郎ら5人の調査経費予算を作成する際、『大清会典』・『欽定皇輿西域図誌』・『中俄交界全図』・『小方壺斎輿地叢鈔』等中国語の地理資料を参考にしていたことがわかる[3]。林出賢次郎らによる今回の調査はイギリスの要請のもとで実施された。とはいえ、その情報が、

---

[2] 早稲田大学所蔵『陸軍武官蒙古旅行報告書』、1898（明治31）年6月。
[3] 『外務省記録』1.6.1.23号、「蒙古辺境視察員派遣一件」。

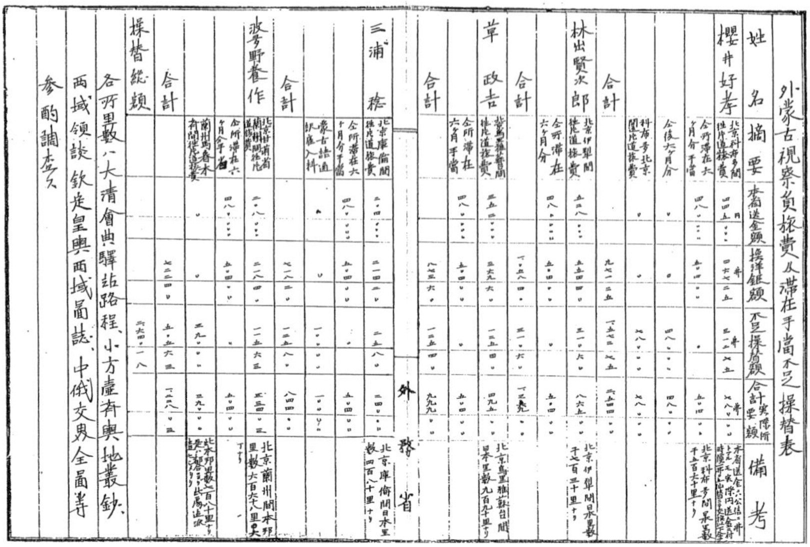

外蒙古視察員旅費及滞在手當不足操替表

姓名 / 摘要 / 本省送金額 / 換洋銀額 / 不足操替額 / 合計實際所要額 / 備考

櫻井好孝

合計

林出賢次郎

合計

草政吉

合計

三浦稔

合計

波多野養作

合計

操替總額

各所里數ハ大清會典驛站路程、小方壺齋輿地叢鈔、

西域領誌、欽定皇輿西域圖誌、中俄交界全圖等

参酌調査ス

図版 1　外蒙古視察員旅費及滞在手当不足操替表

出典：『外務省記録』1.6.1.23号、「蒙古辺境視察員派遣一件」。

明治維新後迅速に発展し、各地域に関する各種情報の収集に努め、欧米列強と足並みを揃えようとしていた日本の政治、外交政策の展開に重要な意味を持っていた。一方、1905年当時日露戦争も正式に終了していなかったが、ロシア勢力に関するより多くの情報を入手することが、日本にとっては必要であった。

林出賢次郎等 5 人による調査旅行について言及したのは、大林［1974］と藤田［1991; 1993］の先行研究がある。しかし、波多野の調査旅行は詳しく紹介されているが､他の 4 人の調査旅行についてはあまり詳しくない。そこで、ここでは新たに発見した資料をもとに、5 人の調査旅行、および外務省に提出した報告書について簡単に紹介する。

(1) 林出賢次郎『清国新疆省伊犂地方視察復命書』

新疆派遣員の林出賢次郎は1882年生まれの和歌山県出身である。1902年に東亜同文書院商務科に入学し、1905年 3 月に卒業している。1905年 5 月、他の 4 人と一緒に東京を出発して北京に到着し、7 月に北京を出発

第 3 章　明治末期における東亜同文書院のモンゴル大調査旅行

し西安・蘭州・哈密・迪化を経由して、1906 年 4 月に伊犁に到着した。同地に 5 カ月間滞在し、9 月にクルハラオス（庫爾喀喇烏蘇）にある蒙古郡王府に到着した。その後、同地に 1 カ月以上滞在後、ふたたびタルバガタイ（塔爾巴哈台）等への調査に出かけ、12 月に同王府に戻って、1907 年 5 月に北京に帰着した。

調査旅行から帰国後、林出は『東亜同文会報告』において「新疆旅行談」を発表し［林出1907a］、31 年後の 1938 年に東亜同文会の機関誌に「三十年前の伊犁行回顧」［林出1938］を発表している。しかし、外務省へ提出した『清国新疆省伊犁地方視察復命書』

図版 2　林出賢次郎『清国新疆省伊犁地方視察復命書』

出典：『外務省記録』1.6.1.23号、「蒙古辺境視察員派遣一件」。

図版 3　蒙古土爾扈特郡王の一家
出典：林出賢次郎『清国新疆省伊犁地方視察復命書』外務省政務局、明治40年10月。

が公開される以前、「マル秘」資料として、非公開であったため、研究者の間でもよく知られていなかった。

1907年10月に外務省政務局で印刷された同復命書は、写真24枚、「伊犁地図」・「新疆交通路図」・「伊犁塔爾巴哈台全図」3枚のほか、「伊犁の部」・「塔爾巴哈台の部」・「結論」・「付録」等の四部から構成されている。その内容は、伊犁を中心とする新疆地域の地理・気候・交通・兵備・民族、および風俗習慣・経済・商業・通信・ロシア勢力・その施設等について詳しく記録している。特に旅行中にモンゴルの東路土爾扈特郡王府に40日間以上滞在し、新疆のモンゴル人について詳しい記録を残している［林出1907b］。東路トルグート（土爾扈特）郡王であったバルタ氏（巴爾塔、中国側の資料では「帕勒塔」）は日本留学経験があり、モンゴル王公の中では開明的な王公として知られている。その後、今回の調査旅行をきっかけに、林出は新疆巡撫の依頼によって、1907年10月にふたたび新疆入りし、法政学堂・陸軍学堂の教官を務めている。

(2) 波多野養作『新疆視察復命書』

ウルムチ派遣員の波多野養作は1882年生まれの北九州出身である。1905年に同文書院政治科を卒業している。1905年7月3日に北京を出発し、保定・開封・西安などを経て、9月1日に蘭州に到着。そこで1ヵ月間滞在後、10月20日蘭州を出発し、涼州・甘州・粛州・哈密・吐魯番を経由して、12月に新疆迪化に到着した。迪化に半年ほど滞在後、1906年6月から伊犁・蒙古郡王府等へ出かけて調査を実施した。12月に蘭州に戻り、1907年2月に青海各地を調査し、4月に蘭州から包頭・帰化城・張家口などを経由し

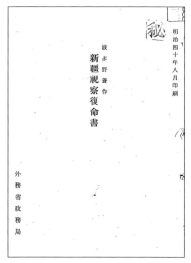

図版4　波多野養作『新疆視察復命書』
出典：『外務省記録』1.6.1.23号、「蒙古辺境視察員派遣一件」。

て 6 月に北京に戻った。

　前述の大林と藤田の研究は、波多野の遺族から入手した日記等の原稿を整理して、その調査旅行について紹介している。その原稿は波多野が外務省に提出した復命書の一部であると考えられる。1907年 8 月に『新疆視察復命書』が外務省政務局で印刷されたが、「マル秘」資料で、行程・交通・人種・喇嘛教・物産及商業貿易・政治事情等六章構成と付録として旅行日程をも加えている。この復命書は以上の内容をめぐって詳しく記録しているが、モンゴルに関しては、ダライ・ラマ13世の外モンゴルへの避難、清朝政府の対モンゴル政策の変化、モンゴルでの開墾について自分の見聞を記録している［波多野1907］。

(3) 櫻井好孝『蒙古視察復命書』

　ホブド派遣員の櫻井好孝は、1905年 7 月北京を出発し、西安・蘭州・迪化を経て、1906年 5 月にホブドに到着。 8 月にウリヤスタイ、フレーへ出かけ、両地でそれぞれ10日間以上滞在して調査を実施し、その後、張家口経由で12月に北京に帰着した。

　櫻井は『東亜同文会報告』において「新蒙古旅行談」の題で報告文を載せているが［櫻井1907a］、外務省に提出した『蒙古視察復命書』は、1907年 2 月に外務省政務局で「マル秘」資料として印刷された。その内容は、蒙古の部と新疆の部という二つの内容から構成され、「蒙古ノ部」においては、ホブドの位置及び行政区画・兵制・蒙古における人種・気候・物産・交通事情・商業事情・牧畜の現況及び将来・露国の政治的活動・ウリヤスタイ界約記略・アルタイ山の現況及び将来という各項目に分けて詳しく報告している

図版 5 　櫻井好孝『蒙古視察復命書』
出典：『外務省記録』1.6.1.23号、「蒙古辺境視察員派遣一件」。

［櫻井1907b］。

(4) 三浦稔『外蒙古視察復命書』

フレー派遣員三浦稔の任務は、外モンゴルにおけるロシア勢力について調査することであった。1905年7月、三浦は北京を出発し、9月にフレーに到着して、8カ月間調査を行った。1906年5月に外務省の帰国命令を受け、途中内モンゴル・北京等を経由して日本に戻っている。提出した報告書が『外蒙古視察復命書』という題名で、「マル秘」資料として外務省政務局で印刷された。その内容は「庫倫略図」・「庫倫概況」・「露国ノ経営」・「蒙古ニ於ケル露国ノ将来ヲトス」・「蒙古人ノ対外観ト対露観」・「対蒙古策私議」といった六部から成っている［三浦1906］。

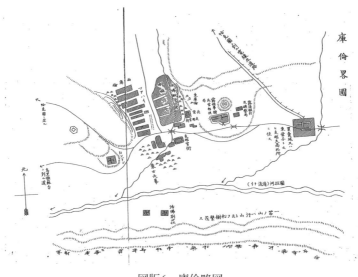

図版6　庫倫略図
出典：三浦稔『外蒙古視察復命書』外務省政務局、明治39年9月。

(5) 草政吉『外蒙古視察復命書』

ウリヤスタイ派遣員の草政吉は、1905年7月に北京を出発し、張家口経由で9月に外モンゴルのフレーに到着した。フレーに2週間ほど滞在し

てのち、ウリヤスタイ等の各地で調査を実施して、翌年7月に帰国している。『東亜同文会報告』に「蒙古旅行談」を載せ［草1906b］、外務省へ提出した『外蒙古視察復命書』が1906年9月に「マル秘」資料として印刷された。復命書には、外モンゴルにおける道路と交通機関、気候と物産、モンゴル人の衣食住、牧畜、喇嘛教勢力とダライ・ラマ、政治、主な都府の現況、モンゴル字音と邦音、モンゴルの礼式、外モンゴルにおける羊毛の状況と所感等各方面の状況が報告されている［草1906a］。

図版7　草政吉『外蒙古視察復命書』
出典：『外務省記録』1.6.1.23号、「蒙古辺境視察員派遣一件」。

　1907年、外務省はこれら5人の調査旅行の経費として、清国調査旅行補助費3年分3万円を東亜同文書院に支給した。この経費補助が同文書院の本格的な大調査旅行の重要なきっかけとなり、1907年以降、ほとんど毎年同文書院生による中国各地の大調査旅行が終戦まで継続された。一方、新疆および外モンゴルに関する調査資料が不充分であった日本にとって、林出らの提出した復命書が、現地調査によって獲得した最初の調査成果とも言えよう。

2　本格的な大調査旅行の始まりと内モンゴルでの調査旅行

　1907年、東亜同文書院第5期生から、中国各地における調査旅行が本格的に開始された。その後、清朝が崩壊する1911年まで、即ち日本の明治末期に当たる時期におけるモンゴルでの調査旅行が主として内モンゴル地域で行われた。その間、同文書院の調査班が連続して、内モンゴル各地へ調査旅行に出掛けていた。毎年、書院生は、調査旅行を終え、その調査資料を基に『〇〇〇調査報告書』を作成して書院側に提出していた。各調

査報告書の書式は中国の「地方誌」と似ていて、地域ごとに省・府・州・庁・県等行政編成によって分けられ、巻・編・章・節・款・項・目の順に構築されている。その内容は大体総説・地理・歴史・経済・政治・産業・財政・礼俗・結論といった形で詳細に記録されており、付録として旅行日誌を付するものもある。

　調査報告書のほか、学生たちは年度旅行誌編纂委員会を組織して、各調査班の旅行誌をまとめて「年度旅行誌」を刊行していた。その内、第1期生から第4期生の旅行日誌は見られないが、第5期生から第40期生まで毎年「年度旅行誌」を刊行して、その数は33巻も残されている。旅行誌のタイトルは『踏破録』(1908)、『禹域鴻爪』(1909)、『一日一信』(1910)、『旅行記念誌』(1911)というふうになっていた。

　1907年7月、第5期生は7つの旅行班に分かれて調査旅行を実施したが、モンゴル地域を対象とする調査班はなかった。しかし、京漢隊の石黒昌明等の4人は、予定どおり京漢線調査旅行を終えて、9月に残りの時間を利用して内モンゴルのカラチン（喀喇沁）右旗を目指して北京を出発した。途中密雲県、古北口、灤平県を経て、承徳を訪れている［大旅行誌1: 30–43］。

　このカラチン右旗というのは当時モンゴルの王族であるグンサンノルブ（貢桑諾爾布）王をザサク（札薩克・旗長）とする地域であって、河原操子、鳥居龍蔵夫婦らが前後してカラチン王の招聘を受け、新しく創設した学堂に教員として勤めていたことがよく知られている。このように、グンサンノルブが日本と親密な関係をもっていたことが書院生にも知られていたことであろう。第5期生の旅行誌『踏破録』に収録された旅行日誌「熱河紀行」には、承徳の学校・警察・兵備・農業・商業・交通・金融機関・貨幣について記録しているが、実際にはカラチン右旗に辿り着いていないようである。

　1908年7月、第6期生は12の調査班に分かれて各地を調査し、「晋蒙隊」と「口外喇嘛廟熱河隊」がモンゴル地域に入っている。1908年7月10日、玉生武四郎・梅津理・宮崎吉蔵等の5人からなる晋蒙隊は、上海を出発し、途中天津・北京・南口・居庸関を経て、張家口から調査地域に入り、西方のチャハル（察哈爾）・帰化城を通って、オルドス（鄂爾多斯）・包頭に到

第 3 章　明治末期における東亜同文書院のモンゴル大調査旅行

達し、10月24日に上海に戻っている。晋蒙隊の調査は、主に上述の諸都市で実施され、提出した『晋蒙線調査報告書』には張家口、ドロンノール（多倫）・豊鎮・帰化・包頭等の諸都市における交通・人口・教育・商業貿易・貨幣金融・宗教・生活程度等ついて詳細な記録が残されている[4]。彼らの旅行日誌「晋蒙隊旅行記」が第 6 期生の旅行誌『禹域鴻爪』に収録され、当時の帰化城・大召・青塚等の様子についても記録を残した。

　口外喇嘛廟熱河隊には田中吉佐等が参加し、 7 月12日上海から出発、天津・北京・古北口・豊寧等を経由し、 8 月10日にドロンノール即ち喇嘛廟に到着してい

図版 8　第 7 期「関内外蒙古隊」隊員
出典：「野原めぐり」［大旅行誌 3］

る。19日にカラチン右旗に向かって出かけるが、そこでグンサンノルブ王に招待されている。のちに、承徳、山海関等で調査を行い、 9 月中旬に調査旅行を終えた。調査地域はドロンノール・カラチン旗・熱河一帯で、のちに『口外喇嘛廟熱河線調査報告書』を提出した。旅行誌「蒙古旅行」が『禹域鴻爪』に収録されている[5]。

　1909年 7 月、第 7 期生による調査旅行が13班に分かれて実施され、その中の「関内外蒙古隊」がモンゴル地域に入った。塩路樹雄・矢部仁吉・尾藤正義・富士木鷹二・甲斐友比古の 5 人からなる調査班は、 7 月 5 日に上海を出発し、 7 月28日に承徳に到達、おもに承徳・平泉・建昌・赤峰・建平・朝陽・錦州・山海関等の諸都市で現地調査を実施した。のちに調査報告として『関内外蒙古線調査報告書』を提出しているが、旅行日誌の「野

4　東亜同文書院「晋蒙隊旅行記」『晋蒙線調査報告書』［大旅行誌2: 89-110］
5　東亜同文書院「蒙古旅行」『口外喇嘛廟熱河線調査報告書』［大旅行誌2: 31-48］

原めぐり」が第7期生の『一日一信』に収録されている[6]。

　1910年7月に第8期生の調査旅行は11班に分かれて実施されたが、「錦斉線調査班」と「甘粛オルドス班」が内モンゴルに入っている。錦斉線調査班の班員は岡本喜代治・武樋長次・飯塚重史・佐藤信二・三田義一・後藤禄郎の6人で、錦斉線調査班は『錦斉線旅行隊調査報告書』を提出し、阜新・小庫倫・彰武・康平・鄭家屯・洮南府・開通等の都市における位置及び沿革・人口戸数・行政・兵備・教育・宗教・工業・商業について詳しく記録された。その旅行日誌「蒙古遊記」が第8期生編纂の『旅行記念誌』に収録されている[7]。

　甘粛オルドス班の班員は村山・小笠原・功力・大西・岡田の5人からなり、6月28日に上海から出発し、南京・漢口・洛陽・西安・寧夏を経由して、内モンゴルに入り、包頭・薩拉斉・帰化城・旗下営等において調査を行い、張家口と北京を経て、11月8日上海に戻った。同文書院に提出した『甘粛鄂爾多斯旅行隊調査報告書』が、地理・経済・商業等3巻から成っており[8]、旅行日誌「甘粛鄂爾多斯班記」が『旅行記念誌』に収録された。

　1911年の第9期生による現地調査旅行は例年どおり実施されたが、その旅行コースは中国内地に集中し、モンゴル地域への調査旅行は行われなかった。当時、辛亥革命の勃発によって清朝の支配が瓦解し、中国政治は混乱状態に陥り、外モンゴルで独立運動が起き、内モンゴルも不安定な状態に置かれていた。こうした状況が同文書院生の調査旅行に影響を及ぼしたものだと思われる。

3　調査内容および調査資料の利用

　上記のような、東亜同文書院がモンゴル地域で実施した調査とその報告書の内容から見れば、その特徴として以下のように分類することができる。
　①モンゴル地域の地理・交通調査。これがモンゴルに関する各情報が乏

---

[6]　東亜同文書院「野原めぐり」『関内外蒙古線調査報告書』［大旅行誌3: 1-30］
[7]　東亜同文書院「蒙古遊記」『錦斉線旅行隊調査報告書』［大旅行誌4: 254-298］
[8]　東亜同文書院「甘粛鄂爾多斯班記」『甘粛鄂爾多斯旅行隊調査報告書』［大旅行誌4: 397-462］

しかった明治末期の報告書に多く見られる。同時期には調査項目が多く、報告書の内容もかなり詳細である。

②モンゴル地域の資源・物産調査。モンゴルの豊富な自然資源や畜産品、例えば羊毛・甘草・皮革・畜産品・鉱産等に関する調査が報告書の重要な内容となっている。

③経済・商業・金融調査。同文書院は設立当初から商業貿易を専門とする商務科を設置して、日中間の商業貿易に従事できる人材の育成を重視していた。その関係もあり、経済・商業・金融に関する情報が報告書の重要な内容を占めている。

④都邑調査。近代モンゴル地域に興起した都邑は、漢人移民の増加につれて、移民を管理する行政機関の設置にともなって出現したが、次第にモンゴル地域の政治、交通中心地、あるいは貨物集散地と変って行った。これらの「まち」は、モンゴル奥地と比べて道路交通状況もより便利であったため、書院生の調査旅行が主としてこのような都邑に集中して実施され、モンゴルにおける調査というのもほとんど都邑調査に止まっていた。

前述のように、書院生たちは現地調査を通じて、中国各地に関する大量の情報・資料を収集することができた。では、これらの情報あるいは資料はどのように利用されていたのかが興味深いことである。先ず書院生の提出した調査報告書が書院と同文会を通じて、外務省に転送されていた。これは外務省外交資料館より公開された東亜同文会関係の資料から確認できる。次に、同文会によって編纂された中国関係の図書に一次資料として利用されることが多かった。

例えば東亜同文会が1907年から1920年の間に発行した『支那経済全書』（12巻、1907-1908）、『支那省別全誌』（省毎1巻、全18巻、1915-1920）は、主に書院生の調査報告書を基本資料として編纂されたものである。『支那経済全書』にはモンゴル関係の記述はほとんど見られないが、『支那省別全誌』の直隷、山西等の各巻にモンゴル関係の調査報告書がよく利用されていた。

以下においては、その利用状況について整理しておきたい。

①1918年に刊行された第六巻『甘粛省附新疆省』。モンゴル関係の内容は少ないが、関連する記述として、「第三編・生活程度及物価・包頭にお

ける物価」、「第十二編・商業機関及商業慣習・包頭鎮における洋行」等の内容がある。参考文献として第8期生の「甘粛鄂爾多斯班（1910年）」の調査報告書が利用されている[9]。

　②1920年の第十七巻『山西省』。第6-16期生の調査報告書が利用されたが、モンゴル関係の内容は、「第二編・都会・帰化城及綏遠城・薩拉斉県城及包頭鎮・寧遠城及豊鎮庁城」、「第三編・交通運輸及郵便・張綏鉄道・帰化城を中心とする陸路交通」、「第九編・商業機関・帰化城・包頭鎮・豊鎮」、「第十編・金融貨幣及度量衡・帰化城・包頭鎮・豊鎮」などの項目である。第6期生「晋蒙班(1908年)」と第8期生「甘粛鄂爾多斯班(1910年)」の調査報告書が利用されている[10]。

　③1920年の第十八巻『直隷省』は、主に第5-16期生の調査報告書を利用して編纂したモンゴル関係の内容は、「第二編・開市場・張家口庁城・多倫諾爾庁城・赤峰県城」、「第四編・都会・承徳県城・平泉県城・烏丹城・開魯県城・林西県城・経棚・喀喇沁王府・朝陽府城・凌源県城・阜新県城・綏東県城・小庫倫」、「第五編・交通・水路及民船・口外諸流民船」、「第六編・主要物産及商慣習・赤峰における麻・赤峰における甘草・張家口における羊毛駱駝毛・赤峰における獣皮・張家口における牛皮・赤峰における獣皮類」、「第七編・工業及鉱産・多倫諾爾における工業・赤峰における工業・烏丹城における毯製造業・朝陽における工業」、「第八編・輸入品・張家口における輸入品・赤峰における輸入品」、「第九編・商業機関・張家口における商業機関」、「第十編・金融貨幣及度量衡・熱河・烏丹城・赤峰・開魯・林西・経棚・朝陽・阜新・小庫倫・張家口・多倫諾爾」などである。「編纂の説明」によれば、上記の内容は、主として第6期生「口外喇嘛廟熱河班（1908年）」、第7期生「関内外蒙古班（1909年）」、第8期生「錦斉線調査班（1910年）」及び大正時代に実施した第14期生「関外班（1916年）」、第15期生「内蒙古班（1917年）」の提出した調査報告書を利用している[11]。

　以上の紹介から確認できるように、書院生はモンゴルで大調査旅行を実

9　東亜同文会（1918）『甘粛省附新疆省』
10　東亜同文会（1920）『山西省』
11　東亜同文会（1920）『直隷省』

第3章　明治末期における東亜同文書院のモンゴル大調査旅行

施し、それで得られた情報と記録は、単に彼らの卒業論文にまとめるだけではなく、外務省に調査報告書として提出し、のちに刊行されることによって、より多くの人々に知られ、利用されることになった。このことも、書院生の大調査旅行の「価値」が十分認識されていたことであり、書院生の調査記録の重要さを物語っている。

おわりに

　近代において、西欧列強諸国は、さらなる経済的利益の獲得と統一した資本主義世界市場システムを構築していくために、アジア、アフリカ、ラテン・アメリカ地域で植民地主義による拡張政策を繰り広げていった。その過程では、これらの地域でさまざまな実態調査を実施したことは周知の通りである。

　近代中国の諸外国との関係史において、西洋列強は中国の各地で広範囲にわたる調査を実施し、政治、経済、軍事、商業、貿易および風俗習慣など、さまざまな情報を取得していた。このような調査活動を実施することによって、西洋列強が、中国内政に介入し、さらなる政治経済的利益を獲得するための欠かせない手段の一つでもあった。同様に、日本の関東都督府や南満洲鉄道株式会社、さらに本章で述べた東亜同文書院を含む近代日本の諸機関が、モンゴル地域で行ったさまざまな調査も、日本の勢力が大陸へ浸透していく過程の中で、生まれた産物で、同質的な側面をもつものであろう。

　しかし、清朝の末期において、日本が日露戦争の勝利者となったことなどによって、日本は清朝政府が目指していた君主立憲制改革のモデルとなった。清朝と日本の関係も友好的であって、同文書院が中国各地で実施した調査旅行は、すべて当該地方官府の許可と保護を受けていたことは事実である。

　モンゴルとの関連でいえば、本章で言及した清末に日本留学経験をもつトルグート郡王の巴爾塔、そして日本から教師を招いて新式の学堂を創設したカラチン右旗のグンサンノルブ王のような日本と親密な関係をもっていたモンゴル王公たちも書院生に少なからずの手助けを行った。これらは、

東亜同文書院の調査活動においては、便宜を払うなど欠くことのできない有利な条件を提供していたに違いない。

同文書院によるモンゴルに関する調査報告書などは、全体的にみると、現存するモンゴル関係の膨大な日本語資料の一部である。これらの資料は、日本の大陸および満蒙政策を背景として作成されたものではあるが、その記録内容の中身は比較的客観的で、近代の日中関係史およびモンゴル近代史研究に豊富な情報を提供している。

明治末期においては、日本がモンゴル地域全体に関する理解が乏しかったため、同文書院の一連の調査は大正、昭和時代と比べてより詳細なものとなっている。これもまた、モンゴル語、漢語など、その他の言語文字で記録した資料の不足を補っている。また、書院生たちの大旅行誌は、主に旅行途中での見聞やその感想などである。また個人的な実体験や歴史的場面に関する叙述なども綴られている。これらは、当時の日本人、特に書院生たちのモンゴルに対する認識や捉え方、さらに当時のモンゴル地域の社会生活を理解するうえで価値ある史料を提供している。

参考文献

藤田佳久（1991）「波多野養作の中国・西域踏査旅行について——東亜同文書院の中国調査旅行実施への契機となった踏査旅行記録から」『愛知大学国際問題研究所紀要』95

藤田佳久（1993）「波多野養作の『西域地方事情』ノート——中国・西域踏査旅行報告の付論から」『愛知大学国際問題研究所紀要』98

『外務省記録』1.6.1.23号、「蒙古辺境視察員派遣一件」

波多野養作（1907）『新疆視察復命書』外務省政務局、1907年8月

林出賢次郎（1907a）「新疆旅行談」『東亜同文会報告』第93回、1907年6月

林出賢次郎（1907b）『清国新疆省伊犁地方視察復命書』外務省政務局、1907年10月

林出賢次郎（1938）「三十年前の伊犁行回顧」『東亜』29-6

春日行雄（1975）「内陸アジアに燃やした日本人の青春」前嶋信次・加藤九祚共編『シルクロード事典』芙蓉書房

草政吉（1906a）『外蒙古視察復命書（一）』外務省政務局、1906年9月

草政吉（1906b）「蒙古旅行談」『東亜同文会報告』第82回、1906年9月

三浦稔（1906）『外蒙古視察復命書（二）』外務省政務局、1906年9月

第 3 章　明治末期における東亜同文書院のモンゴル大調査旅行

大林洋五（1974）「新疆を訪れた日本人──附波多野南山「新疆偵察記」抄」『愛知大学国際問題研究所紀要』54
櫻井好孝（1907a）『蒙古視察復命書』、外務省政務局、1907年2月
櫻井好孝（1907b）「新疆蒙古旅行談」『東亜同文会報告』第86、87回、1907年1、2月
島貫重節（1979）『福島安正と単騎シベリヤ横断』（上下）、原書房
髙木秀和（2007）「内蒙古で日本人学生は何を見たか──東亜同文書院第6期生が記録した内蒙古と現代の一日本人学生が見聞した内モンゴル自治区について」『愛知大学東亜同文書院大学記念センター　オープン・リサーチ・センター年報』創刊号
髙木秀和（2008）「東亜同文書院生による「大旅行誌」を用いた20世紀初頭の寧夏・内蒙古の地誌的研究──第8期生「甘粛額爾多斯班記」をもとに」『愛知大学東亜同文書院大学記念センター　オープン・リサーチ・センター年報』2
髙木秀和（2009）「東亜同文書院生が記録した1910年代の内蒙古東部の地域像」『愛知大学東亜同文書院大学記念センター　オープン・リサーチ・センター年報』3
髙木秀和（2011）「「大旅行」記録からみた20世紀前半期の内蒙古の地域像」『愛知大学東亜同文書院大学記念センター　オープン・リサーチ・センター年報』5
東亜同文書院『支那調査報告書』、『口外喇嘛廟熱河線調査報告書』、『晋蒙線調査報告書』、『関内外蒙古線調査報告書』、『錦斉線旅行隊調査報告書』、『甘粛鄂爾多斯旅行隊調査報告書』
東亜同文会『支那省別全誌』（第6・17・18巻）、1918-1920年刊行
早稲田大学所蔵（1898）『陸軍武官蒙古旅行報告書』明治31年6月
暁敏（2008）「書院生のフルンボイルにおける調査旅行」『愛知大学東亜同文書院大学記念センター　オープン・リサーチ・センター年報』2
暁敏（2009）「書院生によるフルンボイルに関する調査報告書について」『愛知大学東亜同文書院大学記念センター　オープン・リサーチ・センター年報』3

第 4 章

書院生の内モンゴル中部の商業経済調査について

暁　敏

はじめに

　東亜同文書院の学生（以下「書院生」）が、20世紀初頭から半世紀近く中国において、大規模な調査を実施した。その調査範囲は、ほぼ中国全土に及んでおり、数多くの貴重な資料を残している。これらの資料は、近代中国の社会経済の研究に大いに有益である。

　その中で、20世紀の内モンゴル[1]は、日本の対外拡張政策としての重要な地域であるため、書院生は内モンゴルにおいて数多くの調査を実施している。これらの調査記録は、当時の内モンゴルの地域像や社会経済を理解する上で貴重な資料となっていることは言うまでもない。さらに、調査そのものが書院生の大調査旅行のいくつかの特徴を呈している。

　本章では、こうした書院生が内モンゴル中部において実施した調査を中心に、その調査のルートをたどり、調査内容などを確認する。さらに、書院生による内モンゴル中部に位置するドロンノール（多倫諾爾、以下「多倫」[2]）での商業調査を中心に、書院生が実施した調査の大旅行誌とその後に作成された調査報告書の記録内容を比較検討しながら、書院生による内モンゴル調査の特徴の一端を示したい。

1　20世紀前半の「内モンゴル」の範囲は、必ずしも明確な行政区画が存在しているわけではない。当時内モンゴルと見なされていたいくつかの地域は、現在では、それぞれ黒龍江省、吉林省、遼寧省、河北省などに含まれている例が多い。そのため、本章での内モンゴルの範囲は、現在中国内モンゴル自治区の行政区画内に含まれている地域を対象とする。

2　本章では、書院生の大調査旅行の「旅行記」や「調査報告書」などにあわせて「多倫」とする。

1 書院生の内モンゴル中部調査について

　現存している書院生による内モンゴルの調査資料から判断すると、20世紀初頭から1940年代まで、書院生は内モンゴルにおいて70コース以上の調査旅行を実施した。

　このような、書院生による内モンゴルの調査旅行の全貌を提示した研究には、森久男とウルジトクトフ両氏による研究成果が存在する［森・ウルジトクトフ2010; 2011］。両氏の研究は、書院生の調査のルートや内容などを詳細に記録整理している。これ以外に、高木［2009］は、書院生の第15期生と第18期生が1917年と1920年に内モンゴル東部において実施した調査をもとに、内モンゴル東部の地域像を描き出している。また、暁敏［2011］は、書院生の内モンゴル東北部に位置するフルンボイルでの大調査旅行を中心に、そのいくつかの特徴を提示した。

　書院生による内モンゴルでの調査を概観すると、主に内モンゴル東北部、

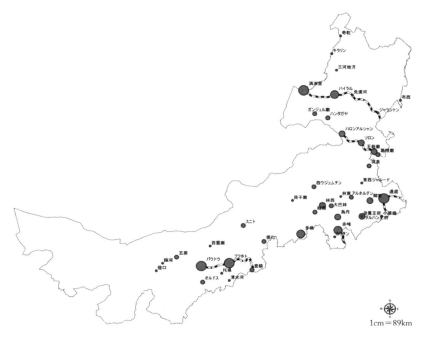

図1　書院生の内モンゴル調査の拠点

第 4 章　書院生の内モンゴル中部の商業経済調査について

東部、中部、西部という四つの大きな範囲（ブロック）で実施されていたことが確認できる。図1は、書院生が経由あるいは訪問した町の位置を示したものであり、円の大きさはその回数を表している。図1から確認できるように、書院生の調査では鉄道利用が可能か否かという点が重要であり、それぞれのブロックに存在する拠点的な「まち」を中心に各地方へ分散し、調査範囲が拡大されていったことがうかがえる。

表1　書院生の内モンゴル調査の経由地および回数

駅開通年	経由地	年次（1908～1942）															全期間
		1	2	3	4	5	6	7	8	9	10	11	12	13	14	15	
1921	フフホト	08	20	21	30	34	35	35	36	36	38	39	39	41	42	42	34
1923	パウトウ	08	25	29	30	34	35	35	36	36	38	41	42	42			34
1921	通遼	25	28	29	29	31	32	32	32	32	33	34	35				10
1903	満洲里	25	28	28	28	31	31	31	32	33	34						9
1934	赤峰	09	16	17	20	22	26	30	34	34	35	36					27
1934	多倫	08	16	22	35	36	39	41	41								33
1903	ハイラル	25	31	31	32	33	34	34	35								10
1937	ハロンアルシャン	32	33	34	34	34											2
1937	王爺廟	33	34	34	34												1
1937	開魯	17	30	30	34												17

出所：［大旅行誌: 各年版］により筆者作成。

例えば、東北部ではハイラルと満洲里、東部では通遼、中部では多倫、西部ではフフホトとパウトウを拠点に調査範囲を広げている。多倫を除いたまちには「東清鉄道」[3]、「四洮鉄道鄭通支線」[4]、「京綏鉄道」[5]が通過していることから見て、これらのまちは、調査の拠点としての重要性をもつ。

表1は、書院生の内モンゴル調査の経由地および回数を示したものである。書院生の内モンゴル調査において、これらのまちを通過あるいは停留した回数を確認すると、最上位はフフホト15回で、次にパウトウ、通遼、満洲里、赤峰、多倫の順に続く。これらのまちは、多倫を除けばほとんど現在の内モンゴル自治区の拠点都市であり、書院生の内モンゴル調査の多

3　ロシア帝国が中国の東北部に建設した鉄道。満洲里―綏芬河とハルピン―大連間の鉄道を指す。
4　四平―洮南線の支線で、鄭家屯―通遼間の鉄道。
5　北京―フフホト間の鉄道。

くがこれらのまちを中心に実施されていたことがわかる。

　書院生の内モンゴル中部調査のルートとしては、北京と内モンゴルを結ぶ張家口に到着し、そこから内モンゴルの中部あるいは西部へ分かれて調査を遂行している。具体的には、張家口から内モンゴルのフフホト、パウトウ、多倫などに分散し、これらのまちを拠点に調査範囲を拡大していった。これらの地域を中心に実施した調査の回数が重ねられることにより、調査が深化し、記録内容も次第に充実化していったのである。

　なお、20世紀前半の内モンゴルは、様々な社会的政治的変遷を遂げている。これらの変化が、内モンゴルにかつてない社会的変容をもたらした。この時期の書院生の見聞が綴られた旅行記に加えて、調査報告書には調査地域の地理、経済、社会、交通、商業などのあらゆる分野を含む多くの内容が記録されており、とくに調査報告書は近代内モンゴルの地域像や社会経済を理解する上で貴重な資料となっている。

2　第32期生の「察哈爾省・蒙古旅行班」による内モンゴル中部の調査

　前述したように、書院生が内モンゴルでの調査を遂行する際に、多くの場合は鉄道を利用し、鉄道が通過する拠点のまちを中心に調査が実施された。このことが、内モンゴル東北部、東部、西部での調査に共通していたことである。しかし、当時の中部には鉄道が通過しておらず、この地域ではどのように調査が実施されていたのかということは興味深い問題である。調査の効率性や短期間内での実行可能性から考えると、利便性の高い鉄道を利用することが有効的な手段となる。

　そのような中、書院生は鉄道が開通していない、交通の利便性の低い多倫で数回の調査を実施している。多倫は現在では、内モンゴル自治区の多倫県の中心である。多倫は書院生の調査の拠点都市とは言えないものの、書院生が計8回訪問あるいは経由し、重要な記録を残している。さらに、多倫駅の開設が1934年と比較的遅いとは言え、書院生が計33年間にわたって断続的に訪れていることが興味深い。

　このことは、多倫というまちの重要性に関係していると考えられる。多

第 4 章　書院生の内モンゴル中部の商業経済調査について

倫は、中国華北とモンゴル高原を結ぶ商業地として有名で、清代に同地域にモンゴル地域での初のチベット仏教寺院の「彙宗寺」が建てられ、のちに当時の内モンゴル最大の宗教聖地となり、商業の中心地にまで発展したのである。以下では、地理・宗教・経済・政治などの側面から多倫の重要性を確認する。

　地理的に、多倫は現在の内モンゴル自治区から北京に至る一番近い県で、シリンホト・張家口・承徳・赤峰がその300km範囲内にある。多倫は内モンゴル自治区中部の中国東北および華北地域を繋ぐ重要な交通拠点であると同時に、モンゴル高原の入口とも言える地理的な位置にある。

　宗教的に、1691年、康熙帝が多倫にモンゴル地域で初となる仏教寺院「彙宗寺」を建設した。その後、多倫はその門前町として発展し、一時、内モンゴルの文化の中心地となり、信仰の聖地ともなった。

　次に、多倫の経済的な重要性を見る。まず、第32期生の察哈爾省・蒙古遊歴班による「満支国境を行く」を確認したい。

> 多倫は古来蒙古貿易の中心市場として発展した町で、山西河北の商人は初め張家口を中心として蒙古地方と交易をなしたものが次第に仲継地としてこの地に分行を設けたり、移住する者も多くなって今日の隆盛を見るに致ったのである。（中略）多倫でいま一つ忘れてはならない重要なことは喇嘛廟の存在であらう。多倫市街の西北約二千五百米の互埠上に建設せられ、東西両廟に分れて居る。全蒙古の喇嘛が会集する蒙古第一の壮大無比の廟である。　　　　　　［大旅行誌27: 22］

　すなわち、多倫は中国内地の生活用品とモンゴルの畜産物の貿易の中心地として発展し、のちにモンゴル貿易を支配する山西商人の商業活動の重要な拠点ともなっている。山西商人は、多倫を拠点にモンゴル北部へ商業活動を拡大させ、多倫は重要な物資の集散地となった。

　上記の多倫の地理的・宗教的・経済的な重要性を合わせると、多倫の政治的な重要性をもうかがい知ることができる。とりわけ、満洲国建国後にその政治的な地位がいっそう増していったのである。満洲国建国後、多倫はいわゆる「国境地帯」となり、第32期生の察哈爾省・蒙古遊歴班の大

75

旅行誌のタイトル自体も「満支国境を行く」と示されたように、当時の多倫は「満洲国」と「中華民国」に挟まれた地域で、日本の対外拡張政策の重要な地域ともなり、当時には「多倫ヲ支配スルモノハ蒙古ヲ支配スト極言シ得ヘシ」［森2009b: 145[6]］という表現まで存在したのである。

　こうした多倫の重要性により、第6期生の「口外喇嘛廟隊」、第14期生の「熱河特別管区経済調査班」、第32期生の「察哈爾省・蒙古遊歴班」、第33期生の「察哈爾省遊歴班」、第36期生の「旧察哈爾省班」、第38期生の「第七班」および「第八班」が、多倫を訪れて調査を実施し、大旅行誌に多倫に関する見聞が綴られている。

　ここでは、第32期生の察哈爾省・蒙古遊歴班による多倫調査を取り上げ、その調査のいくつかの特徴を提示してみたい。以下では、大旅行誌『翔陽譜』に収録されている察哈爾省・蒙古遊歴班の旅行記「満支国境を行く」［大旅行誌27: 15-37］の内容に基づいて、その調査ルートなどについて確認する。

　第32期生の察哈爾省・蒙古遊歴班の班員は、平田敏生、前田八束、杉野梅次、小谷真澄、大串俊雄の5人で、調査経過地は、上海—漢口—鄭州—北平—張家口—包頭—帰綏—大同—張家口—北平—古北口—承徳—隆化—囲場—多倫—経棚—林西—烏丹—赤峰—葉柏寿—朝陽—錦州—奉天—大連である。

　察哈爾省・蒙古遊歴班は、1935年6月4日に上海を出発し、船で漢口まで行き、漢口から京漢鉄道で北京を経由して、6月17日に張家口に到着する。張家口に到着後、領事館と松井中佐を訪問し、次の旅程を計画する。松井中佐不在の間に、パウトウまで出かけ、再び張家口に戻り、のちにトラックにて承徳を経由して多倫へ向う。多倫に向かうにあたり、承徳から書院先輩のE氏が同行するようになった。

　多倫到着直後、書院先輩のY氏と会い、多倫滞在中に、善隣協会などで情報収集を行った。このことについては、大旅行誌に以下のように記している。

6　初出は、木原林二編（1933）『多倫及郭家屯地方農業調査報告』満鉄経済調査会。

第 4 章　書院生の内モンゴル中部の商業経済調査について

多倫に着いて二三日は○○○○善隣協会等への請安に行くことによって過してしまふ。対蒙政策、対蒙貿易、北支問題、多倫の将来性等に就き色々御教示下さる。　　　　　　　　　　　　［大旅行誌27: 22］

　その後、多倫喇嘛廟会を見学し、最終的に 7 月13日午前 9 時、長らく世話になった書院先輩である中央銀行の江下氏に別れを告げ、多倫を後にして経棚に向かった。
　このような大旅行誌の記録を確認すると、書院生の大調査旅行の特徴とも言えることが浮かんでくるのであろう。すなわち、書院生は調査の先々で書院の先輩や日本の諸機関を訪問し、その支援のもとで調査を遂行し、情報収集を行っていたということである。同様なことは、他の調査地においても確認できる[7]。

3　多倫調査報告書について

　以上のような察哈爾省・蒙古遊歴班の大旅行誌の記録を見ると、その内容は主に大調査旅行期間中の日誌・見聞・感想などの主観的なものである。それとは別に、大調査旅行を終えて作成された調査報告書には、さらに詳細な内容が記録されている。そのために、大旅行誌の内容と、専門的な意味をもつ調査報告書の内容を比較検討することが必要となる。
　多倫に関する調査報告書の記録には、以下がある。第 6 期生の「口外喇嘛廟隊」による『口外喇嘛廟熱河線調査報告書』、「第三巻第四編交通機関」、「第一章交通運輸」、「第四節喇嘛廟（多倫諾爾）ノ交通」には、多倫の地理、行政、農業牧畜業などに関する内容が記されている。同じ第 6 期生の「晋蒙隊」の『晋蒙線調査報告書』、「第一巻第三編交通運輸及税関」、「第二章第二節張家口ヨリ見タル張家口里程」、「第一項多倫諾爾ニ通ズルモノ」には、多倫の交通などに関する記録が見られる。第14期生の「熱河特別管区経済調査班」による多倫調査内容は、『第10回支那調査報告書』の「第三巻関外地方」の「第二編都会」に収録されている。その内容は、多倫の

7　この点については［暁敏2011］を参照されたい。

現状、現地実態調査を中心に、「外国人ノ商業状況」が追加され、「蒙古貿易」、「商業」、「物産」、「羊毛」などについて詳細な記録が残されている。第32期生の「察哈爾省・蒙古遊歴班」による『第29回支那調査報告書』には、付録の形で「多倫事情」、「多倫における喇嘛廟について」、「内蒙古の諸問題」が作成され、その内容は現地の状況や実態を踏まえた内容の濃い報告書であり、管見の限りでは当時の多倫に関する最も詳細な内容が記録されている。

　書院生による調査報告書の内容の一つの特徴は、調査地の商業経済に関する記録が詳細なことであり、調査報告書からは実地調査を踏まえた正確な情報を読み取ることができる。例えば、当時の度量衡に関する正確な記録が見られる。図2は、第6期生「口外喇嘛廟隊」による『口外喇嘛廟熱河線調査報告書』における穀物のはかりである「斗」に関する記録である。「斗」の実物に基づいた描写に加えて、日中間の比較をも記している。その「形」と「大きさ」が、現在の内モンゴル自治区多倫県山西会館博物館に展示されている当時の「斗」（図3）と同様なものを表現している。そもそも、『口外喇嘛廟熱河線調査報告書』に記されている内容は多面的であり、詳細な実態調査である。こうした正確な情報があるために、一部の内容が『中国省別全誌』、「第十八巻直隷省」に反映され、刊行されることになったのであろう。

　前述したように、第32期生の察哈爾省・蒙古遊歴班による『第29回支那調査報告書』に記録された多倫に関する内容は、当時の多倫に関する最も詳細な調査記録であると思われる。第32期生の察哈爾省・蒙古遊歴班が、内モンゴルにて大調査旅行を実施したのは1935年6月である。ほぼ同じ時期に、大阪朝日新聞の記者である中村氏が内モンゴルでの調査を実施している。その内容を1935年7月10日付けの『大阪朝日新聞』にて、「察哈爾事件に緊張の秘境・内蒙を探査」と題して発表した。その内容の一部は以下の通りである。

　　記者（中村特派員）は察哈爾問題の余韻未だ冷めず、なお旅行の危険を懸念される察哈爾省張家口より単身内蒙古の奥深く旅し蘇尼特を中心に十日間にわたり多倫、アラレルダムス、チャガオボス（外蒙国境）

第4章　書院生の内モンゴル中部の商業経済調査について

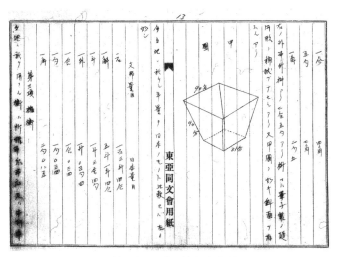

図2　第6期生「口外喇嘛廟隊」の
『口外喇嘛廟熱河線調査報告書』の内容

図3　多倫県山西会館博物館の実際のはかりの展示
　　（2013年8月筆者撮影）

を往復し七日百霊廟に着した、行程約一千五百マイル、鳥珠穆沁を除いた内蒙各地方を踏破する好機にめぐまれ内蒙古の実体を<u>新聞人として最初に見聞するを得た</u>。（下線は筆者）

「新聞人として最初に見聞するを得た」と強調しているにもかかわらず、その内容は主に見聞中心であり、内容的には書院生の大旅行誌や調査報告書の内容とは比にならない。その意味で、書院生の調査記録は貴重なものであり、資料的な価値があることが認識できよう。
　ここでは、察哈爾省・蒙古調査班による調査報告書を取り上げ、その内容などについて検討してみたい。その構成は以下の通りである。

「附Ｂノ部　多倫事情」
　第一節　総説
　第二節　沿革
　第三節　行政
　第四節　軍事
　第五節　商業
　　　（一）一般商況
　　　（二）発展策
　　　　〔附記〕日満蒙経済ブロックの完成策
　　　（三）金融及通貨
　第六節　産業
　　　（一）農業
　　　（二）牧畜業
　第七節　交通及運輸機関
　　　（一）承徳方面
　　　（二）張家口方面
　　　（三）経棚方面
　　　（四）錫林郭勒方面

「附Ｃノ部　多倫喇嘛廟に就いて」
　（一）緒言
　（二）喇嘛廟
　（三）西寺建立の歴史の大略
　（四）喇嘛の生活と概略

（五）現在の喇嘛廟
　　（六）蒙古民族復興と喇嘛廟
　　（七）廟の祭祀

「附Ｄノ部　内蒙古の諸問題」
　　（一）内蒙古の地理的の重要性
　　（二）内蒙古の経済的諸問題
　　（三）内蒙古開発悲観論
　　（四）内蒙古資源開発可能力
　　　　（イ）内蒙古開発会社
　　　　（ロ）中央聯合会
　　　　（ハ）各地支社
　　　　（ニ）各村落聯合会

　上記の構成から、詳細な内容が記録されていることが確認できる。内容としては、多倫の社会経済に重点が置かれていたことがわかる。書院生の大調査旅行は、貿易実務担当者を養成するという書院設立の主旨に従い、経済活動や商業・金融調査に重点を置いていた。そのため、社会経済的情報が報告書の重要な内容となっている。また、多倫はモンゴル貿易の重要な商業拠点であるため、同報告書には、商業、金融通貨、農業牧畜業、交通運輸機関などについて詳細に記録されている。
　とりわけ、金融と通貨については、当時山西省人を中心とする「多倫商会」が発行する商票を紹介した上で、以下の記録を残している。

　　康徳元年七月特務機関に於いては、商会よりの懇請により、多倫金融界救済のため、満洲中央銀行に折衝し、残存の商票二十一万元を、国幣の一割引き相場を以て回収し、商会の所有不動産を担保として国幣二万一千元を貸出した。さらに中央銀行承徳支行に於いては出張所を多倫に設置し、金融にあたることにあった。

　さらに、内モンゴルの地下水の現状を踏まえ、草原の水系を分析し、地

下水は必ず地表近くに存在するとして、「特務機関の穿った飲料用水の井戸開穿の試験で、実験され尽くしたる結果である」と、報告書の内容の根拠を提示しているのである。

　彼らは、このような詳細な現地情報を踏まえ、現地状況を分析した。その上で、最終的に「内蒙古の諸問題」において、「内蒙古の地理的の重要性」、「内蒙古の経済的諸問題」、「内蒙古開発悲観論」、「内蒙古資源開発可能力」などの面から所見を述べ、その将来について議論している。内モンゴルの地理的重要性、経済的問題を提示し、内蒙古開発悲観論を分析し、それらを踏まえて、内蒙古資源開発に関して具体的な提案まで提示している点が興味深い。

　これらの記述を見る限り、書院生は詳細な情報と経緯を把握し、その内容を報告書に反映させていることがわかる。書院生は、多倫に到着後、現地の日本の諸機関から詳細な情報を収集していた。前述の善隣協会での情報収集がその一例である。さらに、彼らは単にこれらの機関を通じて現地情報を手に入れるだけではなく、現地の日本人や書院の先輩から様々な話を聞き、さらに情報や資料を充実化したのであろう。

　これらを可能にしたのは、書院の人的ネットワークである。例えば、前述したように、察哈爾省・蒙古調査班は調査を実行する際、承徳から先輩のE氏が多倫まで同行し、多倫では先輩のY氏や中央銀行の江下氏の協力のもと、調査を順調に遂行することができた。彼らが書院生の大調査旅行にさまざまな便宜を与えたことにより、書院生の調査が無事かつスムーズに遂行できたと言えよう。

おわりに

　本章では、第32期生の察哈爾省・蒙古調査班が多倫で行った調査を中心に、書院生による多倫調査の検討を行い、大旅行誌と調査報告書をあわせて確認しながら、その調査の特徴を提示した。その特徴は次の二点にまとめることができる。一つは、現地の日本の諸機関から詳細な情報を収集していたこと。もう一つは、調査を遂行するにあたり、書院の人的ネットワークの存在が大きかったことである。

さらに、もう一つ付け加えるのであれば、この第32期生の察哈爾省・蒙古遊歴班による多倫調査は、時空間的な重要性をもつ。

まず、時間的な側面から言えば、多倫には1933年6月11日に特務機関が開設され、続いて8月に察東特別自治区が設置された。したがって、多倫は中華民国と満洲国のどちらにも属さない特殊行政地域となった。この時期から、多倫県は満洲国の影響を強く受け、多倫には満洲国の諸機関が進出し、満洲郵便局、満洲電信電話会社、満鉄国際運輸会社、満洲中央銀行が出張所・支店などを置き、1935年8月には「大蒙公司」が設立されている[8]。この時期の多倫は、極めて複雑な状況下にあったため、当時の現地情報は重要性をもつ。

次に、空間的な側面から見ると、察哈爾省・蒙古遊歴班の大旅行誌のタイトル――「満支国境を行く」に示されたように、当時の多倫は「満洲国」と「中華民国」に挟まれた地域である。その意味で、多倫は緩衝地帯であると同時に、日本の大陸拡張政策の「満」から「蒙」へ拡大する重要な拠点でもあった。したがって、1935年「時点」における多倫という「地点」で実施された調査の内容は、現地状況や実態を理解する上で、極めて重要な資料となる。

これまで、書院生の調査報告書を活用した研究は、それほど盛んではなかった。その理由としては、資料の公開の問題と、手書き原稿であるために読み取りが困難であるという問題が存在すると考えられる。

実際に調査報告書を活用しながら研究を進めていくと、当時の当該地域の地域像はもちろんのこと、それとは別に本章で提示したいくつかの書院生の調査の特徴が浮かんでくる。今後は、これらの作業を中心に研究を進めていき、より総合的に書院生の調査を検証していきたい。

参考文献

《多倫県志》編纂委員会編（2000）『多倫県志』内蒙古文化出版社

森久男（2009a）「関東軍の内蒙工作と大蒙公司の設立」愛知大学現代中国学会編『中国21』（特集　帝国の周辺――対日協力政権・植民地・同盟国）31、pp. 47-70

森久男（2009b）『日本陸軍と内蒙工作』講談社

8　詳しくは［森2009a］。

森久男・ウルジトクトフ（2010）「東亜同文書院の内蒙古調査旅行」『愛知大学国際問題研究所紀要』136、pp. 141-165

森久男・ウルジトクトフ（2011）「東亜同文書院の内蒙古調査旅行（続き）」『愛知大学国際問題研究所紀要』138、pp. 231-248

高木秀和（2009）「東亜同文書院生が記録した1910年代の内蒙古東部の地域像」『愛知大学東亜同文書院大学記念センター　オープン・リサーチ・センター年報』3、pp. 379-405

東亜同文書院（1935）「察哈爾調査」、「附録B多倫事情」、「附録C多倫喇嘛廟ニ就イテ」、「附録D内蒙古ノ諸問題」（東亜同文書院『第29回支那調査報告書』）

暁敏（2011）「書院生のフルンボイル調査を中心に」『愛知大学東亜同文書院大学記念センター　オープン・リサーチ・センター年報』5、pp. 223-230

張問之（1984）「日寇及偽蒙彊政府之特務・警憲機関」中国人民政治協商会議内蒙古自治区委員会文史資料研究委員会編『内蒙古文史資料』15、pp. 200-209

正珠爾扎布（1984）「日本帝国主義在我東北和内蒙古地区的特務間諜活動」中国人民政治協商会議内蒙古自治区委員会文史資料研究委員会編『内蒙古文史資料』15、pp. 88-93

第 5 章

内蒙古自治区赤峰市街地の都市構造
—— 1910、20年代と現在の比較

高木秀和

はじめに

　東亜同文書院生（以下、書院生）による大調査旅行のルートをみると、現在の内蒙古自治区を調査ないし通過した班が多いことが分かる。そのため、この地域については、卒業研究として東亜同文書院（以下、書院）に提出された調査報告書以外にも、旅行日誌やそのダイジェスト版であり愛知大学が復刻した『大旅行誌』（全33巻）のほか、調査報告書を用いて1917〜1920年にかけて編纂された『支那省別全誌』（全18巻）などから多くの地域情報を得ることができる。

　森・ウルジトクトフ［2010; 2011］は、書院生による蒙古調査をめぐり、外務省の要請により行われたモンゴル族が居住する新疆・外蒙古の調査から、1940年代に行われた大調査旅行までを概観し、書院生による内蒙古調査の特徴や評価を提示した。とりわけ、明治末期から大正時代にかけて調査、作成された調査報告書は、その内容が詳細であるとし、東亜同文会による『支那省別全誌』や、満鉄、関東都督府などによる調査報告書の刊行以降は、書院生による大調査旅行の報告書の内容は簡略化した傾向にあるものの、書院生の見聞が詳細に記されている旅行日誌は、当時の日本人の蒙古への認識や蒙古社会の実態を理解するために「欠くべからざる資料」［森・ウルジトクトフ2011: 248］であると評価している。烏力吉陶格套は、内容が詳細である書院生による明治時代の蒙古調査の成果を整理し、その資料的価値の高さを示した［本書第 3 章］。

　調査報告書とともに書院に提出された旅行日誌の「一部を詳述したもの」

［森・ウリジトクトフ2011: 242］が『大旅行誌』として刊行され、その記述内容から当時の社会の断面を知ることができる。そして、『大旅行誌』を用いた内蒙古をはじめとする中国周辺地域の研究も蓄積されるようになった。

　書院生による本格的な内蒙古方面の大調査旅行は、第6期生（1908年調査）が最初であり、高木［2007］はそのうちの帰化城（現・フフホト）や包頭方面を調査した「晋蒙隊」による『大旅行誌』の記述内容を項目別に整理することにより、当該地域の地域性を示した。また、彼らと似た行程をとった第8期生（1910年調査）「甘粛額爾多斯班」による『大旅行誌』の記述から、同様に地域性を整理するとともに、両者の比較を行うと執筆者の関心の違いにより描かれる内容が異なるため、近似したルートをとった書院生の記録を読みすすめれば多くの地域情報を得ることができることを示唆した［高木2008］。さらに、対象地域の幅を広げるために、現在の内蒙古自治区東部から東北三省で調査を行った経過地の似ている第15期生（1917年調査）と第18期生（1920年調査）の「内蒙古班」の記述内容を検討し、地図化の作業などを通じて、経過地の地域性を明らかにした［高木2009］。

　書院生による調査報告書を用いた研究も行われており、暁は第32期生（1935年調査）の調査報告書の内容を中心に内蒙古中西部、とりわけ多倫の調査成果を検討したほか［本書第4章］、おもに1930年代の内蒙古東北部のフルンボイルでの調査内容から、大調査旅行の特徴をいくつか提示している［暁2011］。

　その他、第40期生（1942年調査）の松原一夫氏によりまとめられた「蒙疆調査班」の写真アルバムが愛知大学東亜同文書院大学記念センター［2009］により復刻され、当時のオルドスの風俗を中心に包頭や厚和（現・フフホト）などの様子をうかがうことができる。現在の内蒙古自治区の領域と一部重なる満洲地域への大調査旅行については、藤田［2011］が「北満農業調査」報告書（1929年調査）とともに、数編の旅行日誌や県別の調査報告書の翻刻を行っている。

　このように、東西および北方向に長く延びる現在の内蒙古自治区のうち、おもに中部、東部、東北部の大調査旅行の成果が検討されており、研究対

象地域に空間的な広がりがみられる[1]。また、時期についても、それぞれの関心に応じて明治から昭和時代に至る期間の成果が用いられている。これらのことから、現在の内蒙古自治区および隣接する東北三省の大調査旅行の研究には、時空間的に幅のある蓄積が認められるといえる。

ところで、書院生の経過地に着目すると、当時の主要な都市を拠点として調査活動が行われたことがうかがわれる。その理由として、都市が四方八方に延びる交通網の結節点で、ヒト・モノ・情報が集まる場所であり、調査に必要な食料や資材などを調達することができたという物的な要因と、書院卒業生や他の日本人も生活していたことから、都市内部の商工業や金融業に限らず、都市周辺部で農牧業などの調査をするにしても、彼らから多くの有益な情報を得ることができ、かつ物心両面のサポートが得られたという質的、心的要因が挙げられるだろう。暁は、1930年代になると内蒙古の諸都市が鉄道の通過地点となったこととともに、都市で生活する書院卒業生や日本人の「人的ネットワーク」に着目している［本書第4章］。

かかる状況をうけ、高木［2009］に着目してみると、前述したように書院生が滞在した諸都市で多くのモノや情報を得ていることがうかがえ、とりわけ赤峰市街地（以下、赤峰）では日本領事館や「和店」のほか、日本赤十字社の日本人職員らから、手厚い待遇を受けたことを読み取ることができる。また、高木［2011］で課題としたように、当該地域のなかでもとりわけ都市部においては前述のような日本人以外にも多種多様な属性の人々が生活していたことから、その実態を確認しておく必要もあるだろう。さらに、赤峰は満洲とその周辺の諸都市のうち、鉄道附属地などとして発展した他の都市に比べると研究の蓄積が少なく、「日本人が住んだ町」という観点からの研究や言及もあまりなされていない。書院生による大調査旅行の記録などを用いて、赤峰の都市構造を明らかにすることには一定の意義があると思われる。

---

1 「満蒙」というある意味便利な呼称は、単に「満洲」と「蒙古」を一括りにしたものではなく、満洲国に取り込まれた東部（内）蒙古という理解で使わなければならず、その使用には注意を払う必要がある［田中2009］。本章では、無用の誤解を避けるために、固有名詞を除いて「満蒙」の語を使用しない。

その際、本章では書院生の記録と現在の状況を対比させながら、この間の変化を検討するという手法をとる。同様の手法で山西省の現地調査を行った藤田［2005］は、現在の農業的土地利用を書院生の記録と対比させながら検討を行った。しかし、同様の手法で特定の都市を中心に検討した成果はほとんどみられないことから、このような観点での比較検討の成果を蓄積させることにより、これまで指摘されてきたような書院生の手になる記録の有す一定の客観性を、再検証、再評価することにもなると思われる。

　そこで本章は、赤峰の都市構造を明らかにすることを第一の目的とし、第二の目的として都市としての赤峰の性格を浮かび上がらせるために周辺の土地利用を考察する。そのうちの第一の目的については、書院生による大調査旅行の記録などをもとに、1920年代末を中心に1910年代から20年代の赤峰の都市構造を明らかにする。そして、2014年現在の赤峰の都市構造を現地調査により示し、1920年代末のそれとの比較を試みる。筆者が清朝崩壊を経た1910年代から満洲国建国以前の1920年代を対象とするのは、後者の基盤となる部分を明らかにしたいからであり、近代の都市構造を踏襲したと思われる現在の赤峰を調査することにより、当時の残像を探り、変化した部分と変化しなかった部分を示したいと考えるからである。

　本章の構成は以下のとおりである。まず、1で赤峰の地理的位置と沿革を、赤峰とその周辺の自然生態環境と人文的条件に着目しながらまとめ、2ではそれを受けるかたちでその地理的な優位性を明らかにする。つぎに、3では数編の『大旅行誌』や調査報告書、あるいは他の文献も適宜を用いて、1920年代末を中心に1910〜1920年代の赤峰の都市構造を示す。そして、4で2014年現在の都市構造と1920年代末のそれを比較し、最後にまとめと今後の課題を整理する。

　なお、本章で単に赤峰と記してある場合は、現在の赤峰（旧）市街地を指す。また、現地調査は2014年7月上旬に行い、前述の第二の目的のために書院生が通過した烏丹（以下、烏丹鎮、烏丹城）なども訪れたことから、本文中で補足的に言及することにする。

第 5 章　内蒙古自治区赤峰市街地の都市構造

1　赤峰市の概況

(1) 赤峰市の地理的位置

　現在の赤峰市は、内蒙古自治区東部にあり、市人民政府は新市街地のある松山区に位置している（図 1）。赤峰市域の南部に位置する市轄区は、旧市街地のある紅山と、松山、元宝山の 3 区で、その面積は7,012km^2、人口は約122万人であり［内蒙古自治区地図制印院2013: 80］、赤峰市はほかに 7 旗 2 県により構成される[2]。烏丹鎮のある翁牛特旗は市轄区の北に位置する。民族構成は、漢族が多数を占め、蒙、回、満、朝鮮族の順に続く［赤峰市地方志編纂委員会1996: 267］。地形的には三方を山地で囲まれ、周囲には高原、丘陵、平原、沙漠などが広がっており変化に富んでいる。ここでは、おもに気候区分から、赤峰市の地理的位置を確認する。

　赤峰市の地理的位置をみると、赤峰気象台は、北緯42度16分、東経118度58分、標高571m にある［中華人民共和国気候図集編集員会2007: 14］。日本では、北海道の奥尻島（の北端）と、室蘭の南を経て、襟裳岬の北に位置する静内町（現・新ひだか町）を東西に結ぶ線が前者にあたる。

　気候区分［中華人民共和国気候図集編集員会2007: 6–13］をみると、赤峰市は中温帯、亜乾燥（干旱）気候で、大同、張家口（長城）、赤峰、通遼、

図 1　赤峰市の位置（現在）

2　赤峰市全体の面積は90,275km^2 で、人口は約458万人である［内蒙古自治区地図制印院2013: 77］。

斉斉哈爾を結ぶ「松遼上游区」[3]に該当し、農業気候区分では西北乾燥農業気候大区、中温帯にあてはまり、年間降水量は350〜400mm、年降水量400mm以上の頻度は30〜50%である。同書によると、内蒙古自治区の大部分は、年間降水量250〜400mm、年降水量400mm以上の頻度が10〜40%の小区分に該当し、呼和浩特（フフホト）の北に位置する二連浩特では年間降水量が100〜250mmである。そして、一般的に年間降水量400mmのラインが、森林と草原地帯、農耕区と牧畜区を分かつ目安とされる［季2008: 28］。

　このことから、赤峰は農牧境界にあたる年間降水量400mmの境界に位置し、現在の内蒙古自治区のなかでは年間降水量は多いものの、400mmを下回るために牧畜地域の性格に近い。しかし、赤峰市の水資源総量をみると、地表水とともに地下水も比較的豊富であることが分かり［中国自然資源叢書編撰委員会1995: 114］、書院生が大調査旅行した時代には高粱の栽培を中心とした農業が営まれ、現在では春小麦の生産も行われている。このような地理的条件により、農牧境界に位置する赤峰は、両地域の産物が集散する交易地として発展し、地方行政の中心となった。

　その他、鉱物資源や動植物資源も豊富であり、篆刻の印材として知られる「巴林石」のほか、山菜や薬草類などが特産物として知られる[4]。なかでも甘草は、後述するように日本人が経営する「満蒙興業公司」がエキスを製造していた。観光資源にも恵まれ、自然景観のほか、とりわけ契丹文化や紅山文化の遺跡や遺物は有名である。

(2) 赤峰市の沿革

　赤峰は契丹族の発祥の地としても知られ、10世紀には遼の政治、軍事、文化の中心地となり[5]、元代になるとモンゴル族を主体に多民族が集住するようになった。清代を迎える頃になると、現市域には盟旗制度のもと昭烏

3　「松」は松花江、「遼」は遼河のことである。
4　愛知県稲沢市は、1985年に赤峰市経済考察団が訪問したことがきっかけとなり、1989年5月には同市との間で友好都市提携を調印した［新修稲沢市史編纂委員会1991: 630］。両市は植木（苗木）の産地でもある。
5　遼の首都である上京臨潢府は現在の赤峰市北部の巴林左旗に、副都のひとつである中京大定府は赤峰市最南部の寧城県に置かれた。

第5章　内蒙古自治区赤峰市街地の都市構造

表1　赤峰市の沿革（18世紀）

年号	できごと	出典［頁数］
1723（雍正元）	熱河直隷庁を設置する、昭烏達盟と卓索図盟を管理	赤峰市志［39］
1724（雍正2）	理藩院の命で「借地養民」として漢人が流入する	赤峰市志［39］
1727（雍正5）	理藩院が赤峰に烏蘭哈達税関を設置する	赤峰市志［39］
1748（乾隆13）	赤峰に烏蘭哈達税務司を設置、街区の原形が形成	赤峰市志［40］
1757（乾隆22）	「九街三市」の街区が形成される	赤峰市志［1638］
1774（乾隆39）	烏蘭哈達直隷庁を設置する	赤峰市志［42］
1778（乾隆43）	烏蘭哈達直隷庁を赤峰県に改める	赤峰市志［42］

資料：『赤峰市志』［赤峰市地方志編纂委員会1996］をもとに作成。［　］内は頁数。

達盟と卓索図盟が置かれ、清朝政府は赤峰地区の蒙古王公に7人の公主（妃）を嫁がせるなど、民族間の連帯を図った［赤峰博物館文物典蔵編委会2006］。『赤峰市志』によると、1636年に翁牛特左、右旗などが置かれ、1639年には昭烏達盟と称するようになった［赤峰市地方志編纂委員会1996: 34］。

表1は、『赤峰市志』の「大事記」などをもとに、18世紀の雍正、乾隆年間の赤峰の沿革を整理したものであり、同表からはこの時期に赤峰の基礎が形成されたことをうかがうことができる。表中の烏蘭哈達とは、モンゴル語で紅山、すなわち赤峰の意である。

周編［1994: 189-190］をもとに赤峰市街地の歴史をまとめると、清代に昭烏達盟が設置され、多数の漢人が移住したことにより始まり、その頭道街関帝廟碑文に「乾隆戊辰仲夏、茲土設立郡治、開土地、辟草菜、民商漸漸云集、地方日益興盛」とあるように、1748（乾隆13）年5月頃に開発が始まり、のちに蒙古西部の帰化城に次ぐ規模となる「商業性村鎮」が出現したと考えられている。同時期の1747年前後には、蒙古東部のローカルな市場として烏丹城が形成され、これらはともに蒙古族と漢族の貿易市場としての役割を担った。現地での聞き取りによれば、烏丹城とは「紫色の城の町」の意である。

しかし、表1によると、1720年代には赤峰に税関が設置されるなど、この地域での交易はその街区形成以前からみられた。したがって、商取引の活発化により、それを管轄する役所が設置され、役所が置かれた場所に商人が集積したことにより、市街地の原形が形成されたと考えられる。

そして、1757年になると「九街三市」（三市は糧市、馬市、菜市）が形成され、1778年に赤峰県が設置されると「人文蔚起、庶民殷阜、商賈輻輳、肩摩轂擊、檐牙相錯、成一大都会」というほど赤峰の市街地は繁栄した［赤峰市地方志編纂委員会1996: 1638］。また、「華北大災」により多くの漢人がこの地域に流入し、漢人の人口は1782（乾隆47）年の22,378人から、1827（道光7）年には112,604人にまで増加した［赤峰市地方志編纂委員会1996: 265］。
　薛編［2010］により清末民初期における赤峰の沿革を整理すると、1908（光緒34）～1913（民国2）年の間は直隷省赤峰州となるものの、1913年には再び赤峰県に戻った。そして、1914年に熱河特別地区となり熱河道が成立し、赤峰は熱河都統の直轄となった[6]。その後、1928～1955年の期間は熱河省に属し、1933年には熱河省が満洲国の一部となった。なお、1945年に赤峰市が設置され、1983年には内蒙古自治区昭烏達盟赤峰市が地級市の赤峰市となった。
　民国政府は、1914年に赤峰を「開埠城市」とし、開埠局を設置し、イギリス、アメリカ、フランス、ドイツの資本家がタバコ会社を設立した。その後、1917年に日本国領事館が設置され、主任領事として北条太洋が着任した［赤峰市地方志編纂委員会1996: 52-53］。この頃、書院生が大調査旅行で赤峰を訪問し、滞在と調査を行うことになる。

2　赤峰市の地理的条件

　前述したように、書院生は都市でモノと情報を得ながら大調査旅行をすすめた。反対にいえば都市部以外ではモノや情報は不足しており、交通手段の発達していない当時においては過酷な陸行であった。
　『大旅行誌』から赤峰周辺の土地条件や土地利用の状況を抽出してみると、「山岳起伏する間を上り下り」、「石道多く加ふるに山路急坂沙漠」［大旅行誌11: 235］という過酷な環境や、「行けども〳〵人家なく二時間前から同じ場所を歩いてゐる様だ」［大旅行誌22: 377］というように景観に変

---

[6]　昭烏達盟は熱河都統と北洋軍閥政府蒙蔵院の管轄となった［周編1994: 257］。

化のない高原部が広がっている。その一方、烏丹城を出発して赤峰を目指すルート上では、「諸々断層の多い道路」［大旅行誌15: 336］とともに、第18期生により「開墾せられ高粱畑も満作で一間余も高く延びて居」いる状況や、「丘には甘草密生して支那人の採集者か盛に往来し」ている様子が観察され、「蒙古の甘草はこの烏丹城附近を以て第一とする」［大旅行誌13: 243］ほど、多くの甘草や高粱が産出される地域もある。また、彼らにより高粱畑の周辺に馬の首の部分まで埋まってしまうほどの泥沼があることが記録されるなど［大旅行誌13: 245］、『大旅行誌』からは赤峰周辺の変化に富んだ土地条件と土地利用の状況をうかがうことができる[7]。

　書院生が大調査旅行を敢行するのは毎年6〜8月頃であり、一年の降雨が集中する夏雨の時期と重なる［高木2009］。たとえば、『大旅行誌』のなかから赤峰周辺で雨に遭遇したことを書いた14期生の記述をみると、8月2日「一天俄かに墨を流した様にかき曇って篠を衝く様な雨が来た。約一時間許りにして空は全く晴れた、いざ出発しやうとすると又雹の様な雨が襲来した」［大旅行誌10: 581］というように、いわゆるゲリラ豪雨を想起させる雨に遭遇している。また、8月4日には赤峰手前の老哈河の支流が急な増水により渡渉できなくなったり［大旅行誌10: 582］、8月10日に赤峰滞在を終えて出発しようとしたところ「夜来の雨で町は水田の様になって居る」ほど水が出て、河川も増水していた［大旅行誌10: 586］。このような雨は、書院生の行く手を阻むことはもちろん、道路のコンディションをさらに悪くさせた。

　さらに、局地的な豪雨は土砂災害を発生させることがあり、在赤峰帝国領事代理副領事［1917: 54］は「漢人入るに随ひ到(ママ)る処樹木を伐り盡し今は唯園場県の一部の外は、山上殆んど樹木なき姿となれるより、夏時大雨の際は一時に出水し渓谷忽ち濁流と変じ、低窪地は湖水と化し雨期の交通最困難なり」と述べ、漢人の農地開発により洪水被害が引き起こされたことを指摘している。また、赤峰市南部の喀喇沁旗にある漢族とモンゴル族の混住農牧村では、「蒙地開墾」による人口増加と生産様式の変化などが、生態系に大きな影響を与えたという指摘もある［稲村・尾崎1996: 63］。

---

[7]　第27期生『大旅行誌』の本文冒頭にある「赤峯近し」という写真［大旅行誌22: 頁数なし］をみると、道路は切り通しのようになっており、そのコンディションは悪そうである。

このような過酷な行程や、大きな市街地のみられない地域を歩いてきた書院生の目に赤峰の遠景が飛び込んできたとき、彼らは「遥か彼方にこんもりと樹木に囲まれた大村が、沙漠の中のオアシスの様に横はつてゐる。あれが赤峰と聞いて一同喜び思はず一斉に萬歳を叫」んだり［大旅行誌22: 378–379］、「町は老楡の陰に隠れて涼しさう」［大旅行誌11: 235］という印象をもった。また、赤峰に入城して城内の様子を眺め、赤峰は「蜃気楼の如く東蒙平原の其只中にポッコリ浮び出た」[［大旅行誌22: 380］町のようだと表現した。赤峰の外観は、書院生の目には文字通りオアシス都市として映ったのだろう。そして、赤峰の地名の由来となった「太陽が、西へ傾く時、山は赫々として深紅に燃える」烏蘭哈達の「赤い峰」［大旅行誌18: 344］は、書院生にとり赤峰の市街地とともに強く印象に刻み込まれたと思われる[8]。

　このような詩的な印象とともに、赤峰の市街地は書院生がこれまで経過してきた町場とは比べものにならないほど大きく発展していることも、彼らの赤峰の印象を強くする理由のひとつであろう。たとえば、赤峰滞在前に立ち寄った烏丹城について、「支那人が一萬も居り」「市街は支那町で馬の本場なれば馬具の売買」のほか、「又牛皮、羊皮の往来も盛にして特に烏丹城の名産として駱駝毛で織った花模様のついた敷物がある」［大旅行誌13: 243］という記述がみえ、町の規模は小さくないものの、漢人と皮革市場の町という限定的なイメージで描かれている。また、「蒙古産業公司」に宿を借りたという記述もあるものの［大旅行誌15: 314］、多くの書院生が烏丹城や赤峰周辺に出没するとされる馬賊や強盗の逸話を記録しており［大旅行誌11: 235; 13: 244; 15: 336–377; 22: 378］、経過地である烏丹城は完全に心休まる場所ではなかった。それだけに、この地域を巡る書院生にとり、赤峰を視界に捉えることができたときの喜びはひとしおだったのであろう。

　筆者らによる2014年7月の現地調査では、赤峰の城区周辺の土地利用も観察した。たとえば、赤峰からその北に位置する烏丹鎮までの車窓を観察してみると、なだらかな丘陵地帯が耕地として開墾されている一方、烏

---

[8] 一般的に、満洲移民などとして渡満した日本人は、日没の際に見られる真っ赤な大きな太陽を、とりわけ印象深いものとして語る。

丹鎮の北には沙漠が広がり、地下水が湧水する場所には湖沼や草原が点在していた。また、烏丹鎮の旧市街地を訪れてみると、現在では近年建築ないし改築されたと思われる食堂や、自動車、バイク修理工場が立地しており、大板（巴林右旗）や林西方面へ至る道路の三叉路の手前に位置しているため、交通の要衝の地として町が繁栄してきたことをうかがわせた。

　書院生による『大旅行誌』から抽出した断片的な記述や、筆者の現地観察からも、赤峰周辺には山地をはじめ、沙漠や草原がひろがり、それに応じて多様な土地利用がみられることが把握できた。赤峰にはこれらの土地で産出される多様な産物が集散し、前節でみたように清代から経済的に繁栄した都市であった。こうした観点からすれば、当時日本が領事館を設置したことからもうかがえるように、赤峰はこの地方の要地であった。

3　大調査旅行の記録からみた1910〜20年代の赤峰の都市構造

(1)　『大旅行誌』からみた赤峰の描写

　書院生たちが過酷な陸行を経て到着した赤峰は、書院生によりどのように描写されたのだろうか。当時の赤峰の都市構造を探る手がかりとして、『大旅行誌』からいくつかの記述を抽出する。

　まず特筆されるのが、日本人と日本領事館の存在である。「大旅行」をする書院生も赤峰に日本人が居住しているという情報をキャッチしており、そのうち第27期生は赤峰訪問を大調査旅行の大きな目的のひとつとしていたことに留意する必要があるものの、「赤峰には日本人がゐる。風呂もあれば米もある」［大旅行誌22: 377］と記しているように、過酷な陸行のなかで赤峰に到着して日本的な生活に浴することを渇望している様子がうかがえる。

　赤峰に到着すると、書院生たちはまず二道街の日本領事館を訪ね、そのうち第27期生は書院の先輩である牟田領事宅に滞在し、北京出発以来12日ぶりに入浴できたことを喜んでいる［大旅行誌22: 379］。第15期生は、北條領事、管野参謀や領事館員2名のほか、搏松氏、三原氏、熊本県蒙古

派遣生諸氏[9]、呉松氏夫妻と多くの日本人に面会しており、日本人の歓待に感謝している［大旅行誌11: 235］。また、その前年に滞在した第14期生は、「中和店」にて寒さを凌ぐために中国服を借りた隣室にいた日本人のことや、当時この地で商売を行っており、かつて農商務省の満蒙調査旅行に参加したことがあるという経歴を有す永井氏[10]のことを記すなど［大旅行誌10: 583-584］、領事館勤務以外の目的で滞在している日本人もみられた。

当時の日本政府は、1916（大正5）年に「昨年五月締結せられたる日支条約の結果」、「第三十七議会を通過したる予算に基づき、（中略）、東部内蒙古の赤峰に領事館を、亦南満洲の鄭家屯、掏鹿、海竜、農安、通化の五箇所に領事館分館を置く旨発表」したが、そのうち「赤峰は東部内蒙古中の興安嶺以東並に西遼河南北の中央に位し、蒙古貿易の前哨線たるのみならず、地方物資の集散地にして、其の交通路は（中略）所謂四通八達の要衝に当り、就中錦州営口に至る線及び秦皇島天津に至る線は直接外国貿易の海港と連絡す。従って赤峰の商業は蒙古貿易、地方貿易及び外国貿易の三要素を備え、蒙古の経済上最枢要の地位を占む」と説いている。また、「東蒙政治の中心は漸次熱河より赤峰に推移すべき傾向」にあり［大阪朝日新聞1916］、政治経済の両面で日本が重要視していたことがうかがえる。

第14期生の『大旅行誌』には、「有望な赤峰」は、北は「外蒙」、南は天津、東南は「内蒙の門戸」である朝暘や義州に通じ、「西外蒙」の貿易中継地である多倫と接しており、近年では毛皮や甘草などが集まってくるために、日本人のなかにはこの地で商売を始めようと計画している者も少なくなく、前年末に領事館が設置されたことから移住する日本人が増加してきたとある。また、計画中の鉄道が完成すれば、「赤峰は其の中心市場として殷盛を極むるや明らかなる予定である」とある［大旅行誌10: 585-586］。これらの記述から、書院生も赤峰の発展に大きな期待を寄せていることを読み取ることができる。

なお、この鉄道に関していえば、錦県と凌源を結ぶ鉄路に、葉峰線（赤

9　第20期生『大旅行誌』にも熊本県蒙古派遣生が登場し、その野口氏とともに赤峰―錦州間を借り上げた「輀車」で移動した［大旅行誌15: 314］。

10　第14期生『大旅行誌』には、「一行が赤峰に着いてから非常に親切に調査や見物等に便宜を与へてくれた」［大旅行誌10: 584］とある。なお、一行が終日滞在したのは8月5日から9日までの5日間であり、永井氏と対面したのは7日の午前中である。

峰〜葉柏寿）という支線が1935年9月につながり、1935年以降、凌源から平泉、承徳、古北口まで漸次伸長し、北京と古北口とを結ぶ京古幹線に接続された［今尾・原2009］。このことにより、赤峰が前述の「錦州営口」へ鉄道によりダイレクトにつながることになり、より赤峰の経済的な地位は上昇したものと思われる。この地域で産出された商品が集まった錦州の側からみれば、錦州は鉄道開通により後背地が拡大し、都市が発展した［塚瀬1993: 127-133］。

もうひとつ注目すべき点は、日本人の医療関係者の存在である。再び『大旅行誌』の記述をみると、第18期生の湯畑氏は、体調不良のために日本赤十字社の伊藤氏に世話になり、一月ほど療養し［大旅行誌13: 245-246］、第20期生も日本赤十字社の中條氏を訪ねている［大旅行誌15: 314］。

日本人在住者の存在は、医療活動の前提にあったものと思われ、第27期生は以下のような具体的な情報を残している。なお、該当する部分を全て引用すると長くなるため、要点を拾い上げるかたちで引用した。

赤峰市街地では「六十三歳になる医師一名、六十歳になる歯科医一名」が医療活動を行っており、後者は「支那人宿の一室」で開業している。彼は「蒙漢人の為に歯牙の治療に従事しつつ」「内蒙古各地を」「巡回されてゐる」。「在住邦人の職業調査」によると、1930年当時「在住邦人十六名」であり、「領事館に三家族、満蒙公司とて東萬(ママ)の特産物甘草からエキスを精製する工場に二家族」と前述の医師2名が在住していた［大旅行誌22: 380］。

このように、書院生による赤峰市街地に関する『大旅行誌』の記述を読むと、日本人に関する話題が数多く登場する。他の都市では、モンゴル族や漢族との交流のほか、知県や王族、西方からやってきた宣教師や商人などとの交渉が述べられる一方、赤峰では日本人以外の属性の人々はほとんど登場しない。したがって、書院生にとり赤峰のイメージは日本人と直結し、彼らは過酷な陸行を経てやってきたオアシスに桃源郷や故郷である日本の姿を重ね合わせている。それだけに、書院生の記憶のなかに赤峰は強く残っているのだといえよう。

(2) 調査報告書からみた赤峰の都市構造

　以上の議論を踏まえ、本項では第27期生の東蒙古経済調査班（1930年調査）による『東蒙古都邑調査』を用いて、当時の赤峰市街地の都市構造を提示する。なお、本章の表題では「1910、1920年代」とうたっているが、1930年代と限定すると読み手に満洲国建国以降の動向と捉えられてしまうことと、前節までの内容で民初期の1910年代の状況もみていることから、時間的連続性を確保するために「1910、1920年代」とした。

　歴史的にみると、赤峰の語源はモンゴル語の「烏蘭哈達」、すなわち紅山であり、旧市街地の北東にある山に由来している。漢族は「哈達」と略称しているといい、後述するように六道街は今日では哈達街と呼称される。

　かねてより満・漢族がモンゴル交易のために赤峰へ往来しており、清代に入ると人口は急増し商況も「殷盛ヲ極メタ」が、その後の東清鉄道の開通により衰退した。ところが、1913（民国2）年に「都督城」が赤峰に移されると市場が繁栄し、前述の鉄道敷設計画により、いっそうの発展が期待されている。ただし、第23期生による『大旅行誌』の記述によりその経過を補足すると、赤峰市街地の様子を「流石熱河第一の町たるの名を恥づかしめない」と賞しているが、「けれど連年の兵戦に町は著しく疲弊して、富豪は他所へ逃亡し、商賈は店を閉ざし、只見るものは路傍の露店商人位、まるで死んだ町である」［大旅行誌18: 344］と評しており、その繁栄を取り戻すことは容易ではなかったことがうかがえる。

　人口と戸数は、2.9万人、3,300戸とし、外国人は天主堂の宣教師4人と前述した日本人18人[11]からなり、医師2人のうちの1人は赤十字社員である。1922年時点では日本人は11人だったことから［大旅行誌15: 344］、その増加が認められる。

　交通は陸路のみで、輸送機関には「大車、牛車、駄子、轎車、駄轎」があり、市内には「小車」という馬車がある。通信関係では、頭道街に郵便局があり、「直通電信」は「北京及ビ林西線ノミ」である。また、調査報告書をまとめた東蒙古経済調査班による『大旅行誌』には、書院先輩の三原氏により電燈が灯されたことが記されている［大旅行誌22: 379］。

11　前述の第27期生の記述［大旅行誌22: 380］より2人多い。

第 5 章　内蒙古自治区赤峰市街地の都市構造

図 2　赤峰市街略図（1930年調査）
資料：『東蒙古都邑調査』［東蒙古経済調査班1930調査］。

　市街の概況は、「東西約五支里、南北三支里」で、「幅十二間ノ大道六条東西ニ連通シ」ている（図 2）。北から頭道街、二〜六道街と並び、主要な南北方向の筋は東・西横道であり、その路幅は約 2 間ある。路幅は広く、「七頭挽キノ馬車数十」も走っている。都市構造をみると、頭道街は官庁街、二・三道街には「主ナル商戸」が立ち並び、五・六道街は「主モニ旅店及ビ住宅ガソノ多数ヲ占ム」とあり、下町のようになっていたと思われる。
　同時期に発表された『亜東印画輯』［亜東印画協会1933–34］に収録の「赤峰の大街」と題された写真をみると、大八車のような車両のほか、多数の天秤棒を認めることができ、現在よりも路幅は広いように感じられる。また、筆者が収集した1930年代以降に撮影されたと思われる赤峰市街地の建物が被写体となっている絵葉書や写真をみると（写真 1）、道幅の広い通り沿いに、屋根と間口の大きな商家風の建物が並んでいる状況がうかがえ（写真A・B・D）、写真Eは目抜き通り以外を撮影したものと思われる。また、写真Cは二道街にあった日本国領事館を写したものである。ただし、1937年 2 月に作成された「赤峰市街附近図」をみると、日本国領事館の

A （熱河の風光）
承徳につぐ熱河の大都赤峰市街の大観

B　赤峰二道街

C　赤峰二道街大日本帝国領事館

D　（神秘境熱河の風光）
赤峰裏のラクダ隊

E　「赤峰の街」

写真1　赤峰市街地を写した絵葉書（A～D）と写真（E）（筆者蔵）

位置が東太平街より東側の二道街と三道街に挟まれた場所（図2）から、それより西側の頭道街と二道街に挟まれた場所に移転しており［赤峰市地方志編纂委員会1996: 1639］、この日本国領事館は後者を撮影した可能性がある。

　民族については、商業：農業の割合が2：5の直隷、山東、山西などから移住してきた漢人のほか蒙古族であり、宗教は回教、天主教、耶蘇教で、

第5章　内蒙古自治区赤峰市街地の都市構造

二道街に天主教堂、西横街に清真寺がある。

　商業をみると、「農牧ノ交界地帯」であり、「農牧物産」が集まる。おもな漢人の店舗として9経営体と、蒙古出身者の1店舗が挙げられ、漢人店舗の所在地は、頭道街2、二道街3、三道街4であり、その原籍は山西6、山東3と山西出身者が多い。市場は、「糧市」が三道街の東西に開かれるほか、「牛馬市」が二道街と西横街の交点で開かれる[12]。なお、前述した「菜市」の記述はみられないものの、西の「糧市」には「各種ノ露店」が立つ[13]。

　また、「外国商店ノ代理店」として17社が挙げられている。『赤峰市志』にまとめられている「清朝時期赤峰外国洋行、公司一覧表」［赤峰市地方志編纂委員会1996: 1220］などと、『東蒙古都邑調査』を対比させてみると、表2のようになる。活動時期が1900年に始まる洋行が多いのは、義和団事件に共同出兵した列強の洋行が赤峰に入り、店舗を開設したからである［赤峰市地方志編纂委員会1996: 1219］。なお、1920年に赤峰での活動を終了したとされる洋行名が、書院生の報告書に記されている例が散見される（イギリス2、ドイツ3）。取扱品目は皮革が圧倒的に多く、1910年代以降に開設された店舗では石油などを扱うケースがみられる。英美烟草公司はタバコのほか、アヘン（鴉片）やモルヒネ（嗎啡）を扱っていた。日本人経営の事業所は、甘草をはじめとする薬の取り扱いが多く、「大和洋行の外は主に薬店であるがこれ等薬屋の内には支那の法律をくゞってモルヒネなどの販売に気を入れる手合もある様である」［AB 1917: 128］という報告もあり、これらの薬物が蔓延していた状況がうかがえる[14]。

12　第20期生『大旅行誌』の本文冒頭には、「赤峯の馬市」という写真［大旅行誌15: 頁数なし］が掲載されており、市街地とともに馬の取引の様子をうかがうことができる。
13　安冨［2009］によると、満洲には中国村落社会の理解のために不可欠とされるスキナーが指摘した「定期市網」がなく、満洲では「県城あるいは鉄道の駅が県全体の流通の独占的結節点となり、各地の農民がその中心地と直接に取引するという」「県城経済」という機構が機能していた［安冨2009: 172］。しかし、安冨は例外的に定期市が「京奉線沿線・熱河省・間島地方に高密度で存在する」と指摘し［安冨2009: 168］、山崎惣與による『満洲国地名大辞典』［1937］の記述から、赤峰県では「毎日開かれる定期市が1カ所」、「旬に四回開かれる定期市が1カ所ある」と整理している［安冨2009: 196］。このことから、赤峰における県城経済と定期市の実際を明らかにし、とくに鉄道開通以降の変化や動向を確認しながら吟味する必要がある。今後の課題としたい。
14　倉橋は、「からゆきさん」とアヘンは近現代日中関係史の裏面史ではなく本体であったと考えている［倉橋2008: 35］。また、同氏が翻刻したいわゆる『祇園坊レポート』［1925］では、アヘンは熱河特別自治区が主産地であり、赤峰がその集積地であると報告されている［倉橋

表2　外国洋行、公司の一覧

名称	国名	赤峰市志	報告書	活動時期	経営範囲
高林洋行	英	○	○	清末～満洲	皮毛、雑貨
瑞和洋行	英	○	○	1900–1920	皮毛、雑貨
怡和洋行	英	○	○	1900–1920	羊毛、皮張、雑貨
亜細亜公司	英	△		1919–?	石油・蝋燭など、のちに雑貨
徳士古	英	△		1923–?	石油、雑貨
平和洋行	英	○	○		羊毛、皮張、雑貨
華泰洋行	英	○			皮毛、雑貨
礼和洋行	独	○	○	1900–1920	羊毛、皮張、雑貨
福山洋行	独	○	○	1900–1920	羊毛、皮張、雑貨
謙信洋行	独	○	○	1900–1920	染料
瑞記洋行	独	○	○		皮毛、雑貨
魯麟洋行	独	○	○		皮毛、雑貨
興隆洋行	独	○	○		羊毛、皮張、雑貨
徳泰洋行	独	○			羊毛、皮張、雑貨
捷成洋行	独	○			皮毛、雑貨
世昌洋行	独	○			皮毛、雑貨
仁記洋行	英	○			皮毛、雑貨
徳和洋行	独		○		
克立洋行	独		○		
華順洋行	仏	○		1904–1915	羊毛、皮張、雑貨
立興洋行	仏	○			羊毛、雑貨
永興洋行	仏	○			皮毛、雑貨
美孚洋行	米	○		1900–1930	羊毛、石油
徳記公司	米	△		1914–?	石油・蝋燭、マッチ、甘草
美隆洋行	米		○		
瓦利洋行	露	○		1900–1945	羊毛、皮張
瓦利洋行	英米	△		1900–?	皮毛
英美烟草公司	英米	○	○	1910–1930	煙草、アヘン、モルヒネ
亜細亜石油公司	日	○		1910–1945	石油、煙草、皮毛
満蒙興業公司	日	△		1918–?	甘草膏
三元公司	日	△		1927–?	雑貨

資料：『赤峰市志』［赤峰市地方志編纂委員会1996: 1220–1222］により作成。
注1：「報告書」は、東蒙古経済調査班［1930調査］『東蒙古都邑調査』を参照した。
注2：「赤峰市志」のうち、○印は「清朝時期赤峰外国洋行、公司一覧表」［赤峰市地方志編纂委員会1996:1220］に掲載があり、△印は本文中に著名な外国洋行、公司として記述されているものを指す。
注3：「経営範囲」のうち、「皮張」は皮革原料となる獣皮のこと。

2008: 75］。

物資の集散状況をみると、近一年の物資の「集散額」は700万元以上であるとされる。そのうち、穀物は年間34万石であり、農産物では高粱と「谷子」(籾粟)が11,200石と最多であり、大麦と蕎麦と「元豆」(大豆)の1,400石が続く。また、毛皮は1、2万枚、薬材は5、6万斤である。

工業・製造業は、「焼鍋」づくりと「磨坊」(製粉業)であり、その他「油坊」「毯子舗」「製蝋業」「染坊」と、邦人経営の「満蒙興業公司」赤峰支店による甘草「エキス」の製造がある。同社は1917(大正6)年に開設されたが(表2では1918年とある)、近年事業不振であるという。「焼鍋」づくりは高粱酒の製造であり、東南蒙古で焼鍋が増加したために満洲での製造が衰退したほどであった［小峰2011: 270–271］。赤峰の全「三十七班ノ年総出製高ハ三百七十万斤ニ達」すといい、焼鍋づくりは主要な工業となっている。

以上、調査報告書の章立てにほぼ従いながら1930年前後の赤峰の都市構造をみた。これを執筆した書院生は、現在のような情報通信技術が皆無のなかで多様な項目を調査しており、内容自体も調査報告書として評価できるものである。しかし、上記の市街の概況などには、外務省通商局編［1921］のような既存の文献を参照しながら執筆したと思われる部分や、外国洋行の項目に代表されるように矛盾するデータや記述もあり、情報の真偽には注意を払わねばならない。

4　現在の赤峰の都市構造と1920年代との比較

現在の赤峰の旧市街地(図3)は、前掲図2の市街地の町割を踏襲しており、東西方向には北から一道街(旧・頭道街)、二～五道街、哈達街(旧・六道街)という街路名が付けられている。南北方向の筋名は、1920年代と異なっており、「○○街」や「○○路」のほか、小規模な筋には「○○胡同」という街路名が付せられており、旧東太平街は清河路となっている。

現在の一道街は、工事関係の資材を販売する商店が軒を連ね、道具街の様相を呈している。一道街と二道街に挟まれたブロックのうち、西側とやや東よりには、増改築を繰り返した清末民初期の民家が立ち並び(写真2)、街区内は迷路のようになっている。また、西側の民家群を貫く一道街から

図3　赤峰旧市街地とその周辺（現在）
資料：『内蒙古自治区地図冊』［内蒙古自治区地図制印院2013］。

写真2　二道街に面した古民家　　　　写真3　頭道街の街路標識
資料：写真2、3ともに2014年7月筆者撮影。

続く街路には頭道街の街路名が残っており（写真3）[15]、旧市街地の歴史を伝える存在である。一道街から南方に延びる新華路（旧・北楼街、西横街など）は歩行者天国であり、旧市街地のなかで繁華街の様相を呈しており、

15　図3では長虹街となっている。

一道街と新華路との交点付近には、清真寺や近代の劇場跡などの建造物がみられる。

　二道街や三道街は地域の商店街の様相であり、旧市街地東西の清河路や昭烏達路を結んでいるために、一道街に比べ交通量が多い。東側の清河路から二道街へ入ると、天主堂がある。図2によれば、天主堂は東太平街（すなわち現・清河路）を東へ越えた頭道街と二道街に挟まれたブロックに建っていた。ただし、現在の天主堂の案内板によれば、現在の建物は11年の歳月をかけて1939年に竣工したといい、位置が移動した可能性が高い。また、二道街を挟んだ旧天主堂の正面には日本領事館があったが、現在清河路に並行して流れる小河川（東旱河）沿いには骨董商の露店やインテリアを扱う商店が集積している。

　四道街とその南北には、中層階の団地が立ち並んでおり、歴史を伝える建造物などは残存しておらず、唯一街路名が残るのみである。図3によれば、四道街は西側の昭烏達路に通じているが、筆者の観察によれば袋小路となっている。四道街や五道街は、それ以外の街路に比べ幅員が狭く、地域住民のための生活道路となっている。

　六道街は哈達街に街路名が変更され、図2によれば旧市街地のほぼ南端だった街路が、現在では交通量の多い目抜き通りとなり、かつて耕地がみられた哈達街の南側にも市街地が広がっている。南北に延びる昭烏達路を南下すれば赤峰駅へと至り、それほど大きくない現在の赤峰市城区のなかで、哈達街と昭烏達路の交点は繁栄している場所のひとつである。

　以上から、旧赤峰市街地の都市構造は、近代の町割りを踏襲しているものの、南の哈達街（旧・六道街）に近づくほど近代の様子を伝えるものが破壊されていることが明らかとなった。その理由は、東蒙古経済調査班（1930年調査）の『東蒙古都邑調査報告』に「五道街、六道街ハ主モニ旅店及ビ住宅ガソノ多数ヲ占ム」とあるように、庶民が居住していた街区がクリアランスされ、団地や道路拡幅の用地に充てられ、大規模な都市開発（改造）が行われたからだと考えられる。他方、二道街や三道街にも当時を伝える建造物はほとんど残存していないものの、かつて「主ナル商戸ハ二道街、三道街及西横街ニ蒐集シテ商業殷盛ノ区ヲナシ」（同前）ていたように、今日においても前述のとおり商業街としての機能は失っていない。

なお、現在では旧市街地の周囲に新市街地が拡大しており、その外延部には高層マンションが林立している。赤峰駅の南側や旧市街地の北東方向には山が聳えているため、平坦地の広がる旧市街地の北を流れる英金河北岸や、城区の西側の松山区などで開発がすすんでいる。

おわりに

　本章では、1910〜1920年代および現在の赤峰旧市街地と周辺地域の状況を、書院生の大調査旅行の記録をベースにしつつ、筆者の現地調査によって得られた情報により補いながら提示した。最後に本章をまとめながら、今後の課題を整理する。

　赤峰は、交易上の要地となることから当時の日本政府が重要視した都市であり、多くのモノや情報が集積した。書院生にとり、赤峰の町のイメージは日本や日本人と強く結びつき、後輩が目にすることにもなる『大旅行誌』にその好印象が綴られている。森・ウルジトクトフ［2010; 2011］によれば、本章で取り上げた班以外にも多くの書院生が赤峰を訪問しており、調査報告書や日誌も参照しながら、時代を追いつつそのイメージや都市構造の変容を明らかにしていく必要があるだろう。本章では、満洲国建国以前の状況を明らかにすることを目的に、1910〜1920年代という時期を扱ったが、それ以降の変化も吟味することも求められる。その際、3で指摘したように、書院生の大調査旅行の記録を扱うにしても、資料の典拠とともにデータや記述の真偽を検証しなければならない。

　また、欧米の洋行が多数みられたように、日本人以外にも多様な属性の人々が居住、往来していたことから、彼らの交渉から生起する諸事象をより丹念にみていくこととともに、他都市との比較やつながりから赤峰の地理的位置や優位性をより明確に示す必要もあると思われる。

　現在の都市構造との比較では、伝統的建造物が比較的残存していた一道街を中心に調査を行い、すべての通りや筋をくまなく踏査することができなかったために、公開されている地理情報などから情報を補い、可能ならば再度現地調査を行いたいと考えている。

第 5 章　内蒙古自治区赤峰市街地の都市構造

付記

本研究をすすめるにあたり、内蒙古大学講師の暁敏氏と現地で共同調査を行った。暁氏と愛知大学関係部局に対して記して謝意を表します。

文献

AB（作者不明）（1917）「赤峰及鄭家屯の近状（雑報）」『地学雑誌』29-2、p. 128

愛知大学東亜同文書院大学記念センター編（2009）『大旅行の追憶──第四十回調査大旅行』（愛知大学東亜同文書院ブックレット別冊）あるむ

亜東印画協会（1933-34）『亜東印画輯』7（東洋文庫 HP「現代中国研究資料室」）

赤峰博館文物典蔵編委会（2006）『赤峰博館文物典蔵』遠方出版社

赤峰市地方志編纂委員会（1996）『赤峰市志』内蒙古人民出版社

藤田佳久（2005）「中国山西省の土地利用変化──100年前の東亜同文書院生の記録との比較から」『中国における環境問題の現状』（2004年度人口生態環境問題研究会中間報告書）愛知大学国際中国学研究センター、pp. 321-334

藤田佳久編著（2011）『満州を駆ける』（東亜同文書院　中国調査旅行記録、第 5 巻）不二出版

外務省通商局編（1921）『在赤峰日本領事館管内状況』（近代デジタルライブラリー HP、請求番号368-126）

今尾恵介・原武史監修（2009）『日本鉄道旅行地図帳　歴史編成　満州樺太』（新潮「旅」ムック）新潮社

稲村哲也・尾崎孝宏（1996）「「内蒙古自治区における環境と人口」調査報告──漢族移住、生活様式の変化と環境問題」『リトルワールド研究報告』13、pp. 57-99

季増民（2008）『中国地理概論』ナカニシヤ出版

小峰和夫（2011）『満洲　マンチュリアの起源・植民・覇権』（講談社学術文庫）講談社（初出（1991））

倉橋正直（2008）『阿片帝国・日本』共栄書房

森久男・ウルジトクトフ（2010）「東亜同文書院の内蒙古調査旅行」『愛知大学国際問題研究所紀要』136、pp. 144-165

森久男・ウルジトクトフ（2011）「東亜同文書院の内蒙古調査旅行（続き）」『愛知大学国際問題研究所紀要』138、pp. 231-248

内蒙古自治区地図制印院（2013）『内蒙古自治区地図冊』（中国分省系列地図冊）中国地図出版社

大阪朝日新聞（1916）「公使館及領事館の新設」1916年 4 月17日付（神戸大学附属図書館 HP「新聞記事文庫」）

新修稲沢市史編纂委員会（1991）『新修稲沢市史　本文編』下
高木秀和（2007）「内蒙古で日本人学生は何を見たか――東亜同文書院第6期生が記録した内蒙古と現代の一日本人学生が見聞した内蒙古自治区について」『愛知大学東亜同文書院大学記念センター　オープン・リサーチ・センター年報』創刊号、pp. 109-124
高木秀和（2008）「東亜同文書院生による「大旅行誌」を用いた20世紀初頭の寧夏・内蒙古の地誌的研究――第8期生「甘粛額爾多斯班記」をもとに」『愛知大学東亜同文書院大学記念センター　オープン・リサーチ・センター年報』2、pp. 285-294
高木秀和（2009）「東亜同文書院生が記録した1910年代の内蒙古東部の地域像」『愛知大学東亜同文書院大学記念センター　オープン・リサーチ・センター年報』3、pp. 379-405
高木秀和（2011）「「大旅行」記録からみた20世紀前半期の内蒙古の地域像」『愛知大学東亜同文書院大学記念センター　オープン・リサーチ・センター年報』5、pp. 201-210
田中克彦（2009）『ノモンハン戦争　モンゴルと満洲国』（岩波新書）岩波書店
東蒙古経済調査班（1930調査）『東蒙古都邑調査』（藤田佳久（2011）「第二七期生による「東蒙古都邑調査報告」」『愛知大学東亜同文書院大学記念センター　オープン・リサーチ・センター年報』5、所収）
塚瀬進（1993）『中国近代東北経済史研究――鉄道敷設と中国東北経済の変化』東方書店
薛国屛編（2010）『中国古今地名対照表』上海辞書出版社
暁敏（2011）「書院生のフルンボイル調査を中心に」『愛知大学東亜同文書院大学記念センター　オープン・リサーチ・センター年報』5、pp. 223-230
安冨歩（2009）「県城経済――一九三〇年前後における満洲農村市場の特徴」安冨歩・深尾葉子編『「満洲」の成立　森林の消尽と近代空間の形成』名古屋大学出版会、pp. 165-200
在赤峰帝国領事代理副領事（1917）「赤峰を中心とせる交通（雑報）」『地学雑誌』29-10、pp. 54-55
中国自然資源叢書編撰委員会（1995）『中国自然資源叢書16　内蒙古巻』中国環境科学出版社
中華人民共和国気候図集編集員会（2007）『中華人民共和国気候図集』気象出版社
周清澍編（1994）『内蒙古歴史地理』内蒙古大学出版社

第3部

南方の大調査旅行

第6章

四川の黒水チベット族と「獀猓子」伝承

松岡正子

はじめに

　本章は、四川省の黒水チベット族（以下、黒水人と記す）社会の慣習について、「獀猓子」伝承の検証を通して考察するものである。黒水人は、四川西部の海抜3,000mを超える高山部に居住し、民国期には略奪殺人集団「獀猓子」として怖れられた。しかし、この伝承は被略奪側の、主に漢族によって創出されたもので、黒水人側の言説はほとんど含まれていない。問題は、この伝承が黒水人の社会や文化を「自分たち（漢族）よりも劣るもの」として創りだされ、その意識や当時のイメージが現在も黒水人に対する評価に影響を及ぼしていることにある。そこで本章では、これを黒水人側の視点から見直し、他者が語る「略奪殺人」が黒水社会ではどのような意味をもっていたのか、彼らの異なる価値観とは何なのか考える。

　ところで、黒水に関する資料は管見の限りではあまり多くない。それは、四川の黒水が政治的に微妙な地域であったことによる。黒水地区は、民国期には国民党政府や軍閥にとって統治側の法律が通用しない「無法地帯」であり、黒水人以外の外部者は現地に入ることすら難しかった。さらに中華人民共和国成立後も黒水を支配する蘇永和土司が新政府に抵抗して戦ったため、抗戦が終了したのは3年後の1952年であった。また1950年代の民族識別問題では、政府側調査組が彼らをチャン族としたのに対して、黒水人自身はチベット族であることを望んだため、検討の結果、チベット族に認定された[1]。その後も、「好戦的」な気風をもつ黒水チベット族は、宗

1　1950年代初期の調査では、黒水人はチベット族とチャン族の境界地域に居住し、チャン語北方方言を母語とし、生活習慣や宗教等にチャン族との共通点が多く、チャン族であるとさ

教問題も絡んだチベット問題の一つとして微妙な存在であった。

　周知のように、中華人民共和国成立後、チベットや新疆などでは政治的宗教的課題が継続した。さらに1950〜60年代の全国的な少数民族社会歴史調査では右派闘争前後から様々な制限が加わり、政治経済以外の項目、特に宗教や旧来の生活習慣については記録を残すことも難しかった[2]。ただし、中国西部地域については、民国期の1920〜40年代に実地調査がかなり行われていた[3]。中国東北部の陥落以降、西部の開発は南京政府にとって直近の重要課題であったからである。「'開発西北'是'失掉東北'後指示青年動向的標的」（中国西北の開発は中国が東北部を失った今日、青年が向かうべき目標である）という庄学本［2009a（1937）］の言葉は当時の状況をよく表している。

　黒水地区についても、民国期には于式玉の「記黒水旅行」「麻窩衙門」「黒水民風」及び蔣旨昂「黒水社区政治」をはじめとする詳細な報告がある。庄学本［2009a（1937）］の多くの写真と報告、東亜同文書院第27期生巴蜀岷涪経済調査班（1930）による外国人の記録も貴重である。しかし1950年代以降は、『黒水県志』（1993）以外、公表されたものはほとんどない。その意味で、黒水県建県六十周年を記念して2013年に刊行された『黒水文史選輯之一（歴史文化集錦）』と『黒水文史選輯之二（民間民俗文化）』には多くの文献が引用され、語り手も明記されており、重要である。そこで本章では、清末から民族識別前後までの先行文献と2013年刊行の2冊、及び1991年と2016年の筆者による黒水調査の結果を主な資料として分析する。

1　民国期の岷江上流の土匪

　川西の岷江上流域及びその支流の峡谷は、古くから南の漢族地区と北と

　　れた［西南民族大学西南民族研究院編2008（1954）: 274, 277, 280–281］。
2　1950年代に実施された少数民族社会歴史調査は院系調整（1952）や右派運動の頃から経済政治を中心とする調査となり、風俗習慣や宗教関係の記述が削除されていった［松岡2011: 98–99］。
3　中国西部地区に避難した研究者たちを中心に調査が進められ、『辺政公論』『蒙蔵月刊』『康導月刊』『旅行雑誌』『辺疆通信』などに現地の様々な状況が報告された。

第6章　四川の黒水チベット族と「猼猡子」伝承

西のチベット族地区を結ぶ主要な交通交易路であった。南の灌県から北の松潘県を経て甘粛や青海へ通じる岷江北路と、灌県から威州、理番を経て西のギャロン・チベット族地区に向かう雑谷脳河西路の2つの交易ルートである。北の草原地帯からは毛皮や漢方薬材が、南の成都平原からは茶や米、綿布等が険しい峡谷の狭道を「背夫」や馬によって運ばれ、商人や軍閥に巨利をもたらした［松岡2014: 29-40］。

　また民国期の岷江流域は、アヘン採取のためのケシの一大産地でもあった。民国初年（1912）、軍閥は多くの兵を養い軍備を増強するために民間にケシ栽培を奨励した。ケシ栽培は瞬く間に岷江上流一帯に広まった。四川内陸部の安岳や楽至、遂寧一帯からも漢族が続々と入って栽培を始めた。その結果、民国期の岷江上流域は「銃多、烟多、匪多」といわれる状態になった。「銃多」とは、軍閥間や土司による抗争が頻発したこと、民国初年から21年までに四川軍閥間の抗争は480回あまり、茂県だけでも民国5〜10年に対甘粛軍や対黒水を含めて6度の大きな戦いがあった。またケシ栽培が蔓延し（煙多）、その利益で多くの武器が購入されて軍閥も土匪もさらに武装化され、貧困を背景に土匪が横行した（匪多）[4]。

　この一帯の土匪とはどのような集団だったのか。岷江上流域は、古来、非漢族が居住する地域であり、青蔵高原東端に位置する海抜1,000〜3,000mの高山部には、「蔵人、番人、絨人、羌人」（現在のカム・チベット族、アムド・チベット族、ギャロン・チベット族、チャン族）が居住した（図1）。彼らは、中華人民共和国の民族識別以前は「蛮子、番子、夷人」と総称され、特に清末から民国期にかけては頻繁に漢族が居住する県城を襲った。茂県、理番（現在の理県）、汶川、松潘、北川の県城では数百人規模の土匪が役所や商店、民家、行商人を襲い、山林には襲撃された行商人や郵便配達夫の遺体が散見された[5]。また1905年、黒水人を中心とした3,400〜10,000人が官塩制に反対して茂州を襲い、1911年には官膏制（アヘン専売）に反対した沙壩や黒虎等の羌民が茂州を襲った。四川第十六行

4　耿［2010: 391-410］には、民国期における大小軍閥の混戦、「匪患」（北川県が最多）、頻発する自然災害、ケシ栽培の蔓延、地方軍閥や官吏による暴利、それに対する各地の羌民の闘い等が記されている。

5　土匪が最も頻繁に発生したのは北川県一帯で、数百人規模で県城や周辺の鎮郷を襲ったとある［耿2010: 399-400］。

図1　四川チベット族の分布

出所：四川省人口普査辦公室編『四川藏族人口』（中国統計出版社、1994）pp. 4-6、孫宏開「六江流域的民族語言及其系属分類」（『民族学報』1983-3）等をもとに筆者作成。

政区[6]では、四川第28軍が、甘粛の軍閥の侵入に対抗するとともに、金沙江まで進出していた西蔵のチベット族に備えるために松潘県城や茂州県城、畳渓に屯署を置いた［冉・李・周1985: 285-287］。

　これらの蛮子のなかで最も強力な戦闘集団として怖れられたのが黒水人である。黒水（当時は蘆花）は阿壩州のなかでも最も貧しい地域であった。1935年の報告によれば、彼らは「夷匪」とよばれ、その数は約3万人、多くが生産活動は行わず、他者の金銭や食糧を略奪することでくらしをたてた。1933年の畳渓地震後には、山間の耕地がほぼ陥没してさらに生活が困窮したため、善良な夷民までが徒党を組んで略奪集団となり、茂県西

6　四川第十六行政区には灌、汶川、茂、理番、松潘、懋功（現在の金川）、靖川（現在の小金）の7県が含まれる。

南の街区に住む一般の漢人まで被害を受けたとある[7]。黒水に隣接する茂県赤不蘇村の古老によれば、黒水人はみなかつて土匪だった、主食のチンクー麦やソバの生産が年一期のみで収穫量が少なく、穀物は酒の原料としても使われたのでいつも食糧が足りなかった、ケシがほとんどの畑で栽培されるようになるとさらに食糧が不足し、いつも餓えていたという（松岡2009年調査、以下松岡［2009］と記す）。

　四川第28軍（1912〜1935）は、黒水人を制圧するために民国20〜22年（1931〜1933）に3回黒水に出兵したが、ことごとく失敗した[8]。1930年に岷江ルートを走破した東亜同文書院第27期生巴蜀岷涪経済調査班もこの地で多様な「蛮子」（非漢族）を見聞している（付表参照）。学生たちはこれらの蛮子が黒水人や羌民、嘉絨人、西番などと異なる名称で区別されていることは知らなかったようであるが、茂州県城で松理懋茂汶屯殖督弁署の劉督弁から聞いた蛮子はまさに黒水人である。劉督弁は「蛮子は付近の山間に居住し、騎馬巧みにして又精鋭なる銃を輸入し、射撃には偉大なる手練を見せ、山谷を走る事恰も野獣の如し」と語ったとある[9]。黒水の頭人達はアヘン売買の利益で武装を強化させ、万を超える民兵を動員して攻撃範囲を小金周辺まで拡大し、村の食糧や家畜をすべて略奪したことから「黒蛮」「十蛮九賊」とも呼ばれた［西南民族大学西南民族研究院編2008c（1954）：306］。

　以上のように、民国期の岷江上流地域における「匪多」については、襲撃側の「匪」は夷匪であり、最強の闘争集団である黒水人＝獿猔子がその総称として用いられた。そのため黒水人以外の集団が周辺地域で略奪行為を行う時には、あえて「厚い毛織の毪子の上着と短いズボン」を着て獿猔子に扮した、西番（青海草地チベット族）もよくそうしたという［黎・王2004：147］。土匪＝夷匪＝獿猔子＝略奪殺人集団＝黒水人というイメージ

---

7 「茂県黒水夷民出巣搶掠」［『川邊季刊』（第1巻第1期）1946：817］。
8 黒水文史選輯編輯委員会［2013a：189-201］には1924〜1932年間に3度の討伐があったと記す。
9 学生達は、官道には一定間隔で関や堡が設置され、そこに多くのアヘン中毒の漢民が来て食堂を開いたり、「背子」になったりしているとも記す［藤田2002a：228；2002b］。1930年代後半に同ルートを歩いた庄学本も、岷江沿線の居民は多くがアヘン中毒の漢人で、女性は纏足であったとも記す［庄2009c（1937）：188］。

が流布していたのである。

2　小黒水と「獚猲子」伝承

(1) 大黒水と小黒水

　1950年代の西南民族学院（2003年から西南民族大学）の調査によれば、黒水には大黒水と小黒水の別がある（図2）。大黒水は、黒水県（かつての理番県）の55溝半のうちの49溝（谷間）に居住し、人口約23,600人で、県総人口の94%を占める。小黒水は松潘県の小黒水溝の4部落約6,700人である。清末から1953年に解放されるまでギャロン・チベット族の梭磨土司蘇永和の管轄下で、大黒水は5人のギャロン・チベット族の頭人が、小黒水は4人の羌の土官が治めた［西南民族大学西南民族研究院編2008c（1954）: 279-281］。また「黒水夷情略記」にも、黒水は黒水河流域の大黒水とその支流の小黒水溝の小黒水に大別され、前者は理番県に、後者は松潘県に属する。「内地」では多くが黒水人を「獚猲子」とするが、実は、獚猲子は小黒水の2,000戸余りにすぎない、即ち、略奪集団「獚猲子」は、本来、小黒水人の呼称であると記す［邊政設訂委員会編1940b］。

　さらに王明珂によれば[10]、彼ら自身の語りでは大黒水と小黒水は違う系統である、前者「察合基」は「牛脳穀」（牛部落）で自称は「麦玆」、牛を殺して牛の頭蓋骨を屋上に飾る、これに対して後者「博合基」は「羊脳穀」（羊部落）で、自称は「麦尼」、羊を殺して羊の頭蓋骨を屋上に飾る。ただし、大黒水の麻窩の古老は大黒水と小黒水の区別を逆に語る。しかし、混乱があったとしても、大黒水と小黒水が異なる系統であることは知られていた。特に、小黒水は阿壩州の最貧困県である黒水県のなかでもさらに貧しい地域であり、大黒水と小黒水の間では土地（山林も含む）の資源をめぐる争いが頻繁にあった。そのため大黒水人は小黒水人を蔑視しつつも怖れていた、とする。

　以上によれば、大黒水と小黒水は、黒水以外の者からは黒水人として同

10　かつてはチャン族とチベット族地区には牛部落と羊部落という分類があったが、現在では知る人もほとんどいなくなったとして茂県三龍、チャン族区最西北の松潘県小姓溝、黒水等の古老の語りを紹介する［王2003: 55-62］。

第6章　四川の黒水チベット族と「猼猵子」伝承

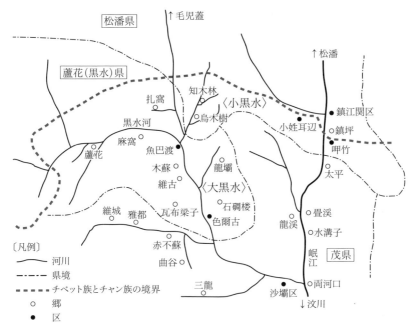

図2　大黒水と小黒水

出所：「羌族調査材料」（西南民族大学西南民族研究院編『川西蔵族羌族社会調査』2008c［1954］：289）の図（1950年代初期）をもとに筆者作成。

一視されがちであったが、黒水人内部においては、大黒水は小黒水を一段低い者とみなし、両者は互いにはっきりと区別しあっていたことがわかる。

(2) 小黒水の社会

　民国期に川西地区を調査した黎光明・王元輝や庄学本は、ともに理番県の黒水（大黒水）に行くことはできなかったが、松潘で「猼猵子」に会い、「事情をよく知る人」に聞き取りをした［黎・王2004: 147–157；庄2009c（1937）: 173］。
　まず、黎光明・王元輝による1929年の報告[11]によれば、松潘では「猼猵

11　王明珂編校（2004）の序によれば、黎光明と王元輝は民国17年（1928）に調査を行い、民国18年（1929）に報告を書きあげた。しかし報告書は中央研究院に保存されたままとなり、2004年王明珂の編校を経てようやく公刊された。

子」という語を聞くや、だれもが顔色を変える。猼猺子が殺人と略奪を好むからだ。略奪の対象はまず漢人、次に西番と雑谷民族（羌民）で、境界を侵した他村の猼猺子もその対象だ。松坪溝から畳渓にかけての土地を通過する漢人は必ず襲われ殺される。最近、黒水地区に行った兵隊達はみな銃を奪われ、2人が殺された。だが、黒水の成年男子にとって略奪は副業でもある。農作業や薪集め、狩りの時にも目標を発見するや略奪する。彼らの服の色は岩の隙間に身を隠しやすい。略奪はその対象が強奪に値するかどうかは問題ではない。鎌しか持っていない者も、銃をもつ3〜4人の旅人も対象である。単独で襲う時もあるし複数の時もある。松潘城内に出稼ぎにきた猼猺子の2人の女性は僅かの金しかもっていなかったが、昼は隠れ、夜になって移動する。他村の者に対しては、持ち物の有無を問わずに襲うのが猼猺子のやり方だと知っているからだ。略奪後すぐには殺さず、縛って高い木にぶら下げ、口に棒を咥えさせたままほっておく。森の奥にはこのようにして死んだ旅人のミイラが時折発見される。漢人も西番もみなが彼らを怖れ蔑視し、自分達とは同種ではないという、とある。

　黎・王報告で明らかなのは、略奪の対象地域が松平溝から畳渓に至る、岷江上流の灌県―松潘交易路の黒水周辺の河谷部を含む地域、及び自己の村落の境界に限定されていることである。これは、彼らの社会が黒水地区と認識している地域であり、外部者に対しては「黒水」が内外を分ける境界であり、黒水人内部では自己の村落の範囲、多くは溝が村どうしの境界であることを示す。よって略奪の対象は、この境界を侵す者である。とすれば、漢人が略奪とよぶ行為は、黒水人にとっては正当な行為であるといえる。

　また、庄学本の1937年報告も次のように記す［庄2009c（1937）: 173］。猼猺子の社会では略奪が奨励されている。絶壁に潜んで通行人を待ち伏せ、金槌等の鉄器を用いて素早く頭を殴り殺す。漢、番、羌、戎も兵隊も、皆これを恐れる。彼らは敏捷なので、旅人側に銃があっても役に立たない。猼猺子の男は略奪して村に戻ると、皆が彼を「英雄」として尊敬する。宴を開いて上座に招き、殺しと略奪の話には皆が賞賛の声をあげる。略奪や殺人が多い者ほど一族に尊敬され、若者は美しい女性を妻として娶ることができる。盗みも殺人もできなかった者は一人前の男性ではなく、村に戻っ

第 6 章　四川の黒水チベット族と「獷猓子」伝承

ても誰にも会わないようにして家の入口の前で跪き、家長から足で首をけられ罵られてようやく家に入ることを許される、と。

　庄報告は、彼らが殺人略奪行為を行うのはその社会の価値観によると指摘する。その価値観とはどのようなものか。彼らにとって「内」の者とは自己の村民である。通行人は「外」の者であり、外部者に対する略奪は社会が認める正当化された英雄的行為であり、成員としての義務である。また手に入れた物品は平等に分配されて彼らの暮らしを支える、これが略奪は副業であるという意味である。略奪殺人ができない者は彼らの社会を支えることができないため成人とはみなされず、本人のみならず一族の恥である。小黒水社会のこのような価値観は、村落を単位とした原初的な共同体の観念といえ、漢人側の政府や国家といったものとは無縁である。

　では、このような社会慣習はどのような地理的、社会的条件のなかで形成されたのか。2016年8月、筆者は小黒水の知木林郷維多河壩村を訪れる機会を得た。維多村は、戸数112戸、人口350人で、維多、維爾、卡谷の3つの組からなる。小黒水の村落は、外部とは隔絶された海抜3,000m前後の高山峡谷地帯の高山部に散在している。しかし2008年汶川地震後、政府は閉鎖的な高山部の村落に対して住民の移転奨励をすすめた。そのため黒水県でも高山部のほとんどの村民が山を下り、多くの者が外地に出稼ぎにでて生計をたてるようになったという。筆者たちは、まず山頂から河谷へ移住したという河壩村へ向かったが、そこは黒水河の幹線道路から山崖の狭い道を上った先にあり、確かに容易にいける場所ではなかった。

　維爾組のHE（67歳）らは小黒水社会の慣習について次のように語った。かつて小黒水の成人男性が行うべき事は「喝酒、打戦、共同の作業」であった。「打戦」は、かつては頻繁に起こり、村落間の境界侵犯や村民の誰かが外部の者と争った時には必ず戦いに参加しなければならなかった。戦いでは仲間であるという意識と結束、義気が尊重された。男子は幼時から高山での運動能力、銃を使う技術、騎馬の技術を重んじることを教えられ、馬に乗れるようになった若者は毎年農暦8月15日の敬山菩薩会の競馬に参加してその巧みさを競った。15歳（数え年）になったら銃をもち、男性が行うすべての活動に参加できるスキルをもつことが成人の証であり、できない者は成人としては認められなかった。

彼らの社会では、現在も村民としての相互扶助、義務の負担、帰属意識がなお強く維持されている。冠婚葬祭には少なくとも一家に一人は参加しなければならない。特に、葬儀には出稼ぎにでている者も連絡を受けて必ず村に戻り、様々な仕事を分担する。遺族は兄弟等近い親族の助けを得て経費を負担するだけで、必要な諸事はすべて村人が受け持つ。火葬では必ず各戸が籠一杯の薪を供出する。葬儀に参加できない者には罰金が科せられる。1年目は1,000元、2年目は3,000元、3年目は5,000元支払う。4年目も参加しない者は村から除籍される。ただし、これまでこれに該当して罰金を払った者はいない。

　また民国期に調査を行った黎光明や庄学本は、猼猁子の性質について次のように記す［黎・王2004: 155; 庄2009c (1937): 173, 194］。彼らは荒々しく粗野だが、素朴で我慢強い。野蛮で、知識程度は極めて低く、チベット仏教が彼らの思想の発展を阻害していて様々な面で愚かであるが、系統的な思考があり、もし彼らと本当の信頼関係を作ることができれば、相手のために死も厭わない。独自の文化はなく、「西番」のチベット仏教を信仰する、と。

　ここで黎や庄がいう文化や知識に対する観念では、文化とは漢文化のそれであり、チベット仏教や土着の信仰という異文化を文化とは認めず、野蛮で知識程度が低いとする。しかしそこに一定の秩序や系統的な思考、義気があることは認めている。

　黎や庄は猼猁子の生活や農閑期の出稼ぎについても次のように記す［黎・王2004: 148-149; 庄2009c (1937): 173］。小黒水人は、小黒水地区の峨彌喜、七布、麦雑、毛革の4部落、56の寨に居住し、総戸数1,722戸、総人口4,380人で、土官は同じ民族である。集落は隔絶した高山峡谷の山腹にあり、絶壁と深い峡谷に挟まれ、山道は危険で険しい。森林が多く畑が少ない。ソバやトウモロコシ、チンクー麦、瓜類、トウガラシ、良質な蜂蜜を産する。野生のキバノロやサルが多い。ブタを飼い、ニワトリも飼うが鶏肉や卵は食べず、鶏卵1個で縫針1本、ニワトリ1羽と縫糸一束を交換する。1日3食で、朝昼はソバ粉で作った「饃饃」、夜は麺だが、穀物は酒の原料にも使うので常に足りない。衣服は男女とも夏は麻布、冬は「毪子」（ヤギやヤクの毛で織った毛織物）の上着で、男性は短いズボンを

穿く。雪が降っても帽子は被らず靴も履かない。強靭な身体をもち、幼い時から年中裸足なので皮膚が厚く、崖や絶壁を鷹やサルの如く素速く上る。石積みの「碉房」に住む、と。

　また、小黒水人は食糧の不足する農閑期の半年間、一家で松潘に移動して出稼ぎをする。黎報告では、彼らは力が強くて簡単な農作業ができるので、漢人は喜んで雇う。毎年3、4月から8、9月までその数は700～800人に達する。城内ではまず空部屋のある漢人の家を探し、主人に蜂蜜やトウガラシなどを贈って寝る場所を確保し、主人の囲炉裏を借りて自分達の饃饃を焼き、野草を食用にする。家賃は払わないが、家主は彼らを雇う優先権を持ち、雑用がある時に働く。鼓楼のあった十字街に朝から立って雇主を待つ。雨の日や仕事のない日は「毽子」を織り、毛縄を綯い、薪を集め、雑草を刈って売る。運よく小金を得て木綿や糸を買って帰ることができた者は周りから賞賛された［黎・王2004: 152–153］。

　これは、略奪集団として怖れられた小黒水人が他者のテリトリーではその社会の規範の中で共生していたこと、毎年大麦の収穫後の9月から3月までは食糧も多少あり、不足分は外部者から奪って自分達の村で暮らし、3月に種まきを終えたら食糧もなくなるため松潘に移動してそこで何とか食い扶持を稼いで生き延びていたことがわかる。即ち、彼等は決して無秩序な集団ではなく、彼等自身の社会の中では伝来の慣習を重んじ、「郷規民約」を厳しく遵守する集団であった（後述）。

(3)「獿獀子」伝承の形成

　「獿獀子」は、中華人民共和国成立後、ケモノ偏が蔑称であるとされ「博俫子」に改められた。清代の張澍撰『蜀典』巻五には「播羅子」とあり[12]、民国の毛筠如は「俫夷、獿俫子、俫羅」と記す。このうち張の「其俗猶然、男即負裹核椒鬻于市、女為人家供薪汲、呼播羅子」は当時の羌民の一般的な状況と合致するが、小黒水の「獿獀子」ではなく、大黒水人ではないかと推測される。小黒水人は交通路の関係から、民国期までは松潘に行くことはあっても茂州にはほとんど行っておらず、川西方面も同様に

12　『羌族史』では、多数の羌人が毎年川西平原へ出稼ぎに出ており、特に明清代に増加して漢化を深めたとする［冉・李・周1985: 263］。

出稼ぎの範囲ではない。とすれば、清代の「播羅子」では大小黒水は区別されておらず、黒水人の総称として使われていたと思われる。そもそも「Bolo」は、漢字をあてた音訳であり、清代は播羅と表記したが、民国期にはBoloに関する情報が増えたことから意味が加えられ、「bo」にはチベット族の自称で用いられた「博、獷」をあて、loは裸足という彼らの外見的特色を示して裸loにしたのではないかとも推測される。

では、清末から民国にかけて播羅子に関してはどのような情報が加えられたのだろうか。清代の2度の金川事変（1746～1749、1771～1778）は王朝にとって少数民族との最大規模の戦いであった。清朝は四川の大金川土司（ギャロン・チベット族）を最終的に制圧したとはいえ、兵士10万人以上と人夫約15万人を動員し、軍費7,000万両銀を費やした。清朝側の死傷者は5～6万人に達し、大小金川のギャロン・チベット族も総人口4～5万人であったのが6,000人にまで激減した。一方で、金川事変では対ギャロン・チベット族の用兵として西南の倮羅（ロロ、現在のイ族）が徴兵された。ロロは四川と雲南の大小涼山地区および雲貴高原に居住する西南中国では最も闘争的な集団の一つであり、ケシ栽培によって武装力を更に高め、周辺の漢族や他民族を捕獲して奴隷としたことで知られている。

阿壩州黒水県の獷猓子は、その闘争的な性格が倮羅と似ていることから、その一種であるとする伝承が広まったと考えられる。例えば、黎報告によれば、岳国公（岳鐘祺）は金川事変の時に多くのロロ兵を率いて戦ったが、事変後に生き残った6人をこの地（黒水）に封じて守備にあたらせた。ロロ兵はそこの土地が農業に適していなかったので岳国公に何を生業とすべきかたずねた。すると岳国公は「打槍」（狩猟をせよ）と答えた。しかし彼らは槍を搶と聞き違えたために、「打搶」（略奪をせよ）と言われたとして、以後、略奪を生業とした。また「六」の音は松潘では「猓」の入声であるため六が「猓」に変わったという［黎・王2004: 150］。また1930年代にロロを調査した毛筠如も、松潘県西境の雅爾隆河一帯に「倮夷」数千人がいて「獷猓子」と呼ばれ、伝承では金川で「番人」が叛乱を起こした時に「倮羅」を徴兵し、事変終了後にこの地に留め、その末裔が烏木樹、茨木林、澤壩、悟花に住んだといわれると記す［毛編著1937］。

しかし、黎も毛も黒水の獷猓子と西南のロロを同一種とすることは疑わ

第6章　四川の黒水チベット族と「獷猓子」伝承

しいとする。2度の金川事変は乾隆年間（1736〜1795）であるが、4つの獷猓子（小黒水）部落のうち2つが清朝に帰順したのは康熙42年（1703）なので年代があわないこと、また川南のロロとは言語が全く異なることを理由にあげる。ただし猓と倮は音と字形が似ており、川南辺境のロロが極めて好戦的な集団として恐れられていたことが獷猓子のイメージと重なり、「倮羅」が「播羅子」と同一視されて「獷猓子」の呼称になった可能性がある。であるとすれば、清代の張澍の「播羅子」には略奪殺人のことが記されていないことから、金川事変のロロ集団の伝聞が広く知れ渡った後に、頭人の統率のもとで武装集団として他者を襲うようになった獷猓子の行状と重なり、恐怖のイメージが増幅されていったのではないかと考えられる。

3　大黒水の社会

(1) 大黒水と羌民

1940年代、于式玉は、黒水調査のために茂県政府と専員公署の「護照」を取得した。しかしこの護照は黒水行にはほとんど役に立たず、案内人をみつけることも難しかった。民国期の黒水は、国民党政府や軍閥の力がほとんど及ばない治外法権的地域だったからである。ようやく黒水出身で中央軍学校辺疆隊卒業後に理番県政府職員となった王啓新が案内人を引き受けてくれることになり、1943年1月20日（農暦12.15）灌県を出発して蘆花に至り、3月16日（農暦2.11）理番にもどった。

于［2002c（1945）］は、これまでの草地チベット族地区やチャン族地区での調査をもとに、大小黒水人の民俗的側面を羌民のそれと比較し、多くの類似点を指摘して彼等を「羌民」であるとした[13]。于が指摘する類似は以下のようである。

言語は、十六区の羌民が居住する「屯」とほぼ同じチャン語である。黒水人のルーツは、同系の羌民が茂県―松潘―沙壩の北路、雑谷脳―馬塘―亜克夏山越えの南路、理番県城からの峡谷路の3ルートを移動してきた可

13　種族・言語・宗教、飲酒と娯楽・性格、衣食住行、婚姻葬儀、森林、工芸、貿易、教育に分けて記されている［于2002c（1945）］。

能性がある。家屋は石積みの「碉堡式」3階建てで、1階で家畜を飼い、2階は人が暮らす、中央に「鍋庄」（囲炉裏）があって「鉄三脚」（鉄製五徳）が置かれ、入り口の対極に神棚がある。3階は平屋根で、中央に白石を置いた塔がある。白石は窓や入り口の上にも置く。経堂はない。なお屋内の壁に白灰で卍模様を描くことや2階の外壁にトイレを置くのはギャロン・チベット族の影響である。生業はトウモロコシやソバ、小麦を生産する農業で、高山部のため作物は年一季で生産性が低く、食糧は常にたりない。主食はトウモロコシの粥や饃饃、ソバ、チンクー麦のツァンパ、ジャガイモで、酒をよく飲み、飲めば「鍋庄舞」（囲炉裏を囲んで踊る舞）を踊る。衣服は、素材は男女とも自家製のヤギ毛の「毪子」で、男性はチベット族と同様に右袖をぬいで肩の後ろにかけ、短刀と銃を帯びて飛ぶように歩く。女性はギャロン式で、珊瑚や緑宝石をつけた装飾品を好む。銅器や珊瑚、玉石、布など外来の物品のほとんどは西北の回族商人が持ってくる[14]。針や糸、煙草、白酒は成都や灌県、茂県の県城で買ってくる［松岡 2000: 39-154］。

　これらによれば、地域性が強く表れる食住はチャン族とほぼ同じであるが、周辺の影響を受けやすい衣服や装飾品等に支配層のギャロン・チベット族や回族商人との交易の影響がみられる。しかし宗教面のような深層部分は土着的な要素が根強い。彼らは、山神を白石で表し、農暦5月には神山の塔で祭山会を行う。屋上や窓、山上の塔にも白石を積む。頭人の統治後、山神の塔や経塔には白石を置くとともにルンタを掛けるが、黒水のチベット仏教受容は表面的といわれる。例えば出家者は多いがすべて在家であり、日常的な読経は稀で、チベット文字を読める者も少なく、学問のある高僧もいない。経典の印刷所もなく、書写は外部のラマに頼む。正式な教育機関がないため子供が字を学ぶにはラマになるしかないが、ラマ寺院も3〜5カ所しかなく、平日は無人で、祭祀日に数人が読経する程度であ

14　于［2002c (1945)］によれば、回民はイスラム教の教えに基づいて勇敢剛毅、冒険心に富み、勤勉である。甘粛臨潭県県城の馬教主家西道堂のように厳密な組織と学徒式の訓練、豊富な資本をもつ…頭人には十分な物を渡す。例えば、銅器売りは7000元余りの子羊の毛皮をつけた絹の上着、布売りは十ヒロの緞子、珊瑚売りは絨毯2枚と珊瑚数枚を贈った。頭人は交換に宿と食糧の小麦粉やツァンパ、薪、ジャガイモ、油塩などを与え、彼らの商いを認める［于2002c (1945): 557-563］。

第6章　四川の黒水チベット族と「獅猁子」伝承

り、土司の役所横の寺院も荒れている。ただし20〜30名のラマが常住する蘆花寺院では正月に「跳神」活動が行われる。

　以上のように、黒水人は地域性や精神性に関わる民俗的側面ではチャン族との類似点が多くみられる。ところが、彼ら自身は、自らはチベット族であるという意識を強くもつ。清代の頭人制度、特に清末から民国期にかけての蘇永和大頭人を中心としたギャロン・チベット族の政治的支配が大きく影響しているといわれる。しかし、黒水人が羌民を含む周辺集団から明確に区別され、闘争的な略奪集団として怖れられるとともに蔑視されていたことから、彼等自身もチャン族を含む周辺民族とは異なるという意識をもっていたこと、また現在の黒水チベット族がよく口にする言い方であるが、チベット族は四川では最強の集団であることが、彼等にチベット族を選択させた要因だったのではないかと思われる。

(2) 大黒水社会の組織と慣習法

　大黒水はどのような外的、内的要因のもとで、またどのような過程を経て略奪殺人集団といわれるようになったのか。
　まず、主な外的要因としてあげられるのは、ギャロン・チベット族を支配層とする頭人制と巨利をもたらしたアヘン栽培であろう。前者によって略奪が広範囲に拡大され、後者によって武装が強化されてより強力な戦闘集団になったからである。大黒水は、清初は雑谷土司に属したが、雑谷土司が殺害された後は梭磨宣慰司の管轄となり、清末に梭磨宣慰司が途絶えると5人の大頭人、上蘆花、龍壩、黒水（二水）、木蘇、文玉寨（後に途絶える）に分割された。蘇永和（羅基邦譲・多吉巴桑、1909〜1981）は、二水頭人であった兄の死後、兄嫁と結婚して二水頭人となり、さらに木蘇の女頭人にも婿入りして木蘇頭人を兼任した。また姉や息子、娘の婚姻によって龍壩頭人や蘆花頭人と婚姻関係を結び、大黒水全体を統括し、1952年の解放まで人民政府に抵抗し続けた[15]。

15　蘇永和は1952年人民政府に投降後、阿壩州副秘書長、政協副主席に任命されたが、1956年叛乱に参加し捕縛された。チベット族上層部への影響を考慮して釈放されたが、インドに出奔し、1980年帰国して四川省政協常務委員を務めた［西南民族大学西南民族研究院編2008c（1954）: 298-312］。

1950年代初期の調査によれば、「黒水頭人為緩和内部矛盾並拡充勢力、鼓励百姓向外搶劫」（頭人は内部矛盾の緩和と勢力拡大のために人々に外部での略奪を勧めた）とあり、略奪の範囲は、西は梭磨や卓克基など異なる頭人のギャロン・チベット族地区、南は赤不蘇や沙壩、三龍、渭門、東は松潘鎮江関などの周辺チャン族区に及んだ。襲撃の回数も多く、黒水の瓦布梁子は隣接する茂県雅都村との間で山の資源の権利をめぐって対立し、50数年間で120回戦った。またその略奪法は「目にしたものすべて」とされ、維城郷の羌民は300頭の牛をすべて奪われた。そのため襲われた村の住民は彼らをひどく憎んだ。ただし、略奪品はその場で分けられたため黒水人は頭人を支持した［西南民族大学西南民族研究院編2008c（1954）：306］。略奪品のその場での分配は慣習法に基づくもので、貧困という内部矛盾の緩和であったといえる。

　では、彼らの社会では、「内」の成員たちの道徳観や価値観はどのように形成されたのか。以下では、筆者が1991年9月と2016年6月に黒水県の色爾古郷色爾古村、麻窩郷西爾村で行った現地調査の第一次資料をもとに考える。

　事例1：色爾古郷色爾古村は、戸数111戸、人口479人で全員がチベット族である（1991年）。上寨と下寨からなり、数百年の歴史がある。白石を屋上や窓に飾った2階建ての石積み家屋が並ぶ。岷江沿いの幹線道路に近く、漢族との交流も比較的長い。男性は多くが漢語四川方言を話すことができ、各戸は漢式の姓をもつ。大姓は上寨では何（30数戸）と王（46戸）、下寨は白（26戸）と陳（20戸）である。婚姻は村内のみで行われ、同姓不婚であるが、3代後の同姓婚は可能である。そのため村民どうしはほぼ親戚婚戚関係にある。息子がいない場合は婿を迎え、婿は実子と同じ財産継承権をもつ。民国期、主な副業はケシ栽培で、3月に植えて7、8月に収穫した。松潘や阿壩の蔵人や漢人がここに来て、銀や衣類、塩、草履とアヘンを交換した。1元の銀製腕輪は7銭のアヘン、米50斤は5銭のアヘン、塩1斤は0.5銭のアヘンと交換された。男性の20％がアヘンを常飲したため貧乏になり、豊かになったのはわずかであった。伝来の石工技術をもつ男性たちは、一人の棟梁が20人余りの弟子を率いて北西の若爾蓋や紅原に出かけ寺院や家屋を建てた。成都や茂県に漢方薬材やサンショウ

第6章　四川の黒水チベット族と「猼猻子」伝承

の行商に行く者もいた（10数人）。しかし当時は土匪が出没したので、外地に行く者は多くなかった。

　寨内には伝来の郷規民約がある。内容は次のようである。村民共有の畑が5〜6畝あり、交替で担当してチンクー麦を栽培してチンクー酒を造り、祭山会で山上の塔の菩薩神を祀る時に使ったり、来村した頭人をもてなす時に使ったりした。葬儀や婚姻時には一族を中心に皆が手伝う。葬儀は火葬で、姓ごとの火葬場がある。各戸は火葬のための薪を籠一杯供出しなければならない。家屋の新築には各戸から必ず手伝いをだす。男性は山から木材を切り出し、女性が石や泥、水を準備する。石匠には銀或いはアヘンで謝礼とする。村人には、完成後に戸主が宴を設けて酒肉と饅頭をふるまう。村と村の境界は双方の頭人が話し合って決め、境界石を置く。境界石は動かしてはならず、境界を越えて活動してはならない。境界を破って山林の資源を取った者は、その者の所属する頭人が出て酒や銀、アヘンで償う。村落間の戦いがある場合は、頭人が各寨からだす兵数を決め、各戸が順番に担当する。

　事例1によれば、村落の日常生活は相互扶助が原則で、代々の村規民約によって村長が祭山会や冠婚葬祭、修路などの共同作業を指揮し、村民間のもめごとの調停などを行う。複数の村落を統括する頭人は、他村との境界をめぐる争いや「外」との戦時の徴兵を行い、種々の調停を承認する。

　事例2：麻窩郷西爾村は、人口584人、戸数122戸で、全員がチベット族であり、9つの宗族に分かれる（1991年）。それぞれに山上に固有の「山神菩薩」（村民は神のことを菩薩とよぶ）をもち、正月3日に祀る。春の農作業開始は3月15日、各戸から男性1人が出て、全員で山上の石積みの塔の前で山神菩薩を祀る。病人がでたら各戸で山神菩薩を祀る。虫害が発生した時は全村民が山上の塔で山神菩薩を祀る。全村活動は公地（村民共有の1〜3畝の畑）で栽培したチンクー麦の酒を使う。頭人が栽培者を決める。かつて各土司の間では常に土地や百姓、官名をめぐって争いがあった。武闘時には各戸から最低男性1人（年齢は不問、銃や刀を使える者）を出す、男性労働力がない場合は毎日10斤の食糧をだす。河流や山を境に界碑を立てて境界を定める。村長（宗蘇格勒）は頭人が任命し、世襲で、全村の活動や各族間のもめごとを調停した。アヘンは全耕地の3分の1で

栽培され、3月に植え8月に収穫した。アヘン1両と銀製腕輪10元、7〜8両と牛1頭、10両と銃1丁、20〜30両と馬1頭が交換された。漢商や回商が本村と松潘や茂県、甘粛や青海を往来する。麻窩人は松潘や茂県に出稼ぎにでて布や食料を手に入れた。

　事例2によれば、麻窩も事例1と同様に相互扶助と共同作業の共同体である。頭人が任命した村長が祭山会などの全村活動を指揮してもめごとを調停するとあるが、能力と人望を必要とするこのような職は世襲とあることからもわかるように、頭人制以前からの慣習であった。2016年の筆者の調査によれば、かつて黒水には村寨ごとに山神菩薩が祀られ、「納斯巴」とよばれる組織が全村の祭祀活動を主催した、という。納斯巴は人望と能力が成員から認められた、比較的年齢の高い4〜5名が選ばれ、村長とともに郷規民約の実施を見守った。

　事例1と2は、黒水の社会が祭祀活動と村落運営活動をそれぞれ担う2つの組織をもっていたこと、前者は選ばれた者達が村落全体の山神菩薩を祀る様々な活動をしきる。後者は慣習法である「郷規民約」によって内外の問題に対応し、成員は相互扶助を原則としてそれを遵守する。村民は納斯巴と郷規民約の2つの慣習が代々伝えられることで共通の価値観を形成していったことがわかる。

　民国期の黒水の郷規民約については、婚姻、森林、民事の紛糾と調停に関して次のように紹介されている[16]。黒水は、人口は少ないが規則が多く、各地区の郷規民約は大同小異である。婚姻は両親が決め、土司、大頭人、小頭人、百姓が同階級で行う、異なる階級の婚姻は同一階級の反対と蔑視、社会的叱責を受ける。森林に関しては、各村、各寨にはそれぞれ属する森林と薪用の林があり、それを他者が勝手に伐採してはならない。違反した者は頭人や寨首(住民の中から選ばれた能力の高い者)、郷約(寨首の部下)、百姓から譴責を受け、さらに金銭や食糧、チンクー酒を供出する罰則が課せられる。井戸周辺の樹木や火葬場の樹木は伐採してはならない。違反したら、前者は雹が降り、後者は作物が虫害に遭う。違反者には食糧や銀を供出する罰則が課せられる。

16　「解放前黒水的一些郷規民約」『黒水県志通訊』第十二期（1985年12月20日）からの引用とある［黒水文史選輯委員会2013a: 205–206］。

第 6 章　四川の黒水チベット族と「猼猢子」伝承

　民事の紛糾と調停では、もめ事、喧嘩、酔っ払う、人を罵る、牛馬を盗むなどが家人間、村落間、親戚間で起きた場合、寨首が全村民を招集して会議を開き、十分に話し合い、罰すべきと意見が一致したら頭人の承認を経て、違反者家族を排斥してその家族のすべての「政治権力」を剥奪する。その方法は、全寨民による大会議を開催して、全員で酒を飲んで「呪詛」し、寨首が該当家族はこれよりすべての政治権力を剥奪されることとその理由を説明する。寨内のすべての老若男女はこれより当該家族との往来や話を交わすこと、物品の借用、同行が禁じられ、その期間は1〜3年間とされる。期間を満たし、当該家族に反省の態度がみられたら、当該家族の親族が寨首と住民に排斥の解除と政治上の名誉の回復、食糧や金銀による償いを一族の者が共に担うことを求める。寨首と住民が同意したら、それが許可され、全寨民による大会議で解除と回復が宣言される。以後、当該家族は村のすべての活動に参加することができる。しかしその後も違反が続いたら、大会議と頭人の承認を経て排斥の期間が延長され、さらに反省しない場合は当該家族の当主が死刑に処せられる。

　以上によれば、村落内では、郷規民約の「内」の違反者に対して金銭や食糧の供出という物質的な処罰以外に、社会的な蔑視や叱責、排斥（「村八分」）があった。また日常の村落運営は、住民から選ばれた寨首および郷約、住民が出席する寨民会議の合議によって行われ、この形は現在も寨主が村長に変わっただけで同様である。さらに集団の祭祀活動に関しては、「納斯巴」とよばれる数名の信望のある長老からなる祭祀団のあったことが2016年の現地調査でわかった。これらは、黒水社会が村落を単位とした原初的な共同体社会を民国期まで維持していたことを物語るものであり、その伝統は近年も受け継がれている。

おわりに

　民国期、四川辺境の黒水人については、彼らを略奪殺人集団「猼猢子」とする伝承が流布していた。しかしこの伝承は、彼らと対立する統治者側、即ち岷江上流域に後発集団として入ってきた漢族側が創りだしたものであり、対象となった黒水側自身の語りはほとんど含まれていない。

本章では、まず民国期の報告から黒水社会の実態を推察した。民国期の報告は、漢族の「偏見」がみられるとはいえ、記録者にとっての「事実」をそのまま記しており、結果的に多様な「事実」が語られている。東亜同文書院第27期生巴蜀岷涪経済調査班（1930）の松潘灌県ルートに関する報告も例外ではなく、基礎的知識の不足はあるものの、おそらく唯一の外国人の記録として彼らが記した「蛮子」は非常に多様であり、その特徴が書き分けられている。本章では、民国期の報告を再検討したうえで筆者の近年の第一次資料を加えることで、自ら外部者に対してはほとんど語る機会のなかった黒水側の視点から「猼猓子」伝承を分析し、黒水社会がどのような社会であったのか考察し、以下の点を明らかにした。

　第一に、統治者側がいう「猼猓子」の略奪殺人行為は、黒水人社会では成人男性の義務とされるものであり、英雄的行為とし賞賛された。黒水人は、自身が所属する「内」とそれ以外の「外」を明確に区別し、その境界を侵す外の他者に対して武力によって対処した。彼らにとって「内」とは、一般に、居住する村落が代々、村落の範囲として認識する空間であり、居住部分だけではなく周囲の森林、溝などを含む日常の生活圏である。原則として、略奪されるのはその圏内に入ってきた外の他者であり、そこで他者に適用されるのは彼らのルールであり、所謂王朝や国家の法は適用されない。

　第二に、「内」なる黒水社会においては、祭祀を行う納斯巴と、村落の運営を行う政治的リーダーと村民会議という2つの組織があった。後者については、代々継承されてきた「郷規民約」とそれを運営する組織の決定を成員は遵守しなくてはならず、違反者には罰則が課せられ、社会的制裁が加えられた。成人男性には、成員として共に酒を飲む（共食）、戦いに参加する、公共の仕事を分担するという義務があった。戦いとは、一般に、「外」を対象としたものであり、自己の村と他の村の間、自村の人と他村の人の間で行われるもので、戦いへの参加とそこで功績をあげることは成人男性であることの証であり、幼児期からの日常生活はそれに備えた訓練の場でもあった。成員に求められたのは団結、義気、英雄という価値観である。筆者は2016年の調査時にその価値観が現在も引き継がれていることを感じた。

第6章　四川の黒水チベット族と「獿猔子」伝承

　第三に、「野蛮」で貧しいが頑強で勇敢であるという黒水人に対する評価が、殺人略奪集団「獿猔子」という悪名にほとんど変わってしまったのは、民国期ではないかと考えられる。民国初期、黒水ではアヘン栽培が始まり（煙多）、その利益で頭人は銃器を購入して武装力を高め、蘇永和大頭人の指揮のもと周辺民族の地域や漢族が居住する城鎮などを広範囲に襲撃して勢力の拡大を図った（銃多）。襲撃される側からいえば、彼らは漢族社会の法が通用しない「夷匪」集団であり、その行為は略奪と殺人である（匪多）。実際、蘇永和大頭人が支配する黒水は、政府も軍閥もほとんど制圧することのできない治外法権的世界で、その抵抗は1952年まで続いた。ギャロン・チベット族の支配者による治外法権的黒水は、清朝に大きな打撃を与えた金川事変を想起させ、強力な武装集団であった黒水人に対する恐怖は金川事変時の最強の戦闘集団ロロと重なって強まり、殺人略奪集団「獿猔子」伝承が誇張されていったのではないかと思われる。

　今後の課題としては、黒水チベット族を複数の異なる民族集団の境界に居住する集団として研究する視点も必要である。黒水人はチベット族とチャン族の境界に居住し、チャン語北方方言を母語とし、生活習慣や宗教等にチャン族との共通点を多く有する。しかし1950年代の中央政府による民族識別ではチャン族ではなく、彼ら自身の選択によってチベット族に認定された。黒水のような事例は、次の2点を考えるうえで重要である。第一に、成員自身の民族認定に関する意識や民族識別後の「民族化」[17]とその背景を明らかにする、第二に、黒水人は羌民の風俗習慣や宗教がよく保持された集団であるとされており、所謂土着の信仰が外来のチベット仏教をどのように受容していったのか、その様態が可視的にみられる、異なる文化の接触と変化を考えることできることである。

参考文献
邊政設訂委員会編（1940a）『松潘県概況』（川康邊政資料輯要）鉛印本
邊政設訂委員会編（1940b）『茂県概況』（川康邊政資料輯要）鉛印本
潘瑞国（2013）「20世紀前半期的康蔵糾紛研究総述」『歴史研究』24期　pp.157–160
藤田佳久（2002a）「成都から松潘地方へ入る（抄）」（第4章）『中国を記録する』大

17　［王明珂2012］参照。

明堂　pp. 216-251
藤田佳久（2002b）「1920年代末から1930年代における東亜同文書院の中国調査旅行」
　　（第9章）『中国を記録する』大明堂　pp. 541-577
傅崇榘修・徐湘等纂（1924）『松潘県志』①②③（新修方志叢刊　四川方志之二十　
　　四川文献研究社主編）台北：台湾学生書局
耿少将（2010）『羌族通史』上海人民出版社
黒水文史選輯編輯委員会（2013a）『黒水文史選輯之一（歴史文化集錦）』
黒水文史選輯編輯委員会（2013b）『黒水文史選輯之二（民間民俗文化）』
蒋旨昂（1944）「黒水社区政治」『辺政公論』3-2
馬長寿（2003［1941］）「四川古代民族歴史考証」上・下『馬長寿民族学論集』人民出
　　版社　pp. 83-122
毛筠如編著（1937）『大小涼山之夷族』四川省政府建設庁
松岡正子（2000）『中国青藏高原東部の少数民族　チャン族と四川チベット族』ゆま
　　に書房
松岡正子（2011）「四川における1950～60年代の民族研究（1）」『愛知大学国際問題
　　研究所紀要』137　pp. 97-115
松岡正子（2014）「大旅行調査からみる四川辺疆——27期（1930）巴蜀岷涪経済調査
　　班「成都—松潘」日誌を読み解く」『同文書院記念報』22-①　pp. 29-40
黎光明・王元輝著、王明珂編校（2004）『川西民俗調査記録1929』（中央研究院歴史
　　語言研究所史料叢刊之一）台北：中央研究院歴史語言研究所
李紹明（2004）「西南民族研究的回顧与前瞻」『貴州民族研究』2004年第3期　pp.
　　50-55
李紹明・松岡正子編（2010）『四川のチャン族——汶川大地震をのりこえて〔1950-
　　2009〕』風響社
冉光栄・李紹明・周錫銀（1985）『羌族史』四川民族出版社
四川省阿壩蔵族羌族自治州・黒水県地方志編纂員会編（1993）『黒水県志』民族出版
　　社
四川省茂県地方志編纂委員会編（2010）『茂県志（1988-2005）』方志出版社
西南民族大学西南民族研究院編（2008a［1954］）「嘉絨蔵族調査材料」『川西蔵族羌族
　　社会調査』（民族改革与四川民族地区研究叢書）民族出版社　pp. 1-142
西南民族大学西南民族研究院編（2008b［1954］）「草地蔵族調査材料」『川西蔵族羌族
　　社会調査』（民族改革与四川民族地区研究叢書）民族出版社　pp. 143-268
西南民族大学西南民族研究院編（2008c［1954］）「羌族調査材料」『川西蔵族羌族社会
　　調査』（民族改革与四川民族地区研究叢書）民族出版社　pp. 269-442
王鈞衡（1900）「四川西北区之地理與人文」『辺政公論』4-9、10、11、12

第 6 章　四川の黒水チベット族と「猼猔子」伝承

王明珂（2003）『羌在漢蔵之間――一個華夏歴史邊縁的歴史人類学研究』台北：聯經
王明珂（2012）「民族考察、民族化与近代羌族社会文化変遷」『民族論壇』2012-11　pp. 25-32
楊仲華著・村田孜郎訳（2009）『西康事情』（近代チベット叢書6）慧文社
于式玉（2002a［1943］）「記黒水旅行」『李安宅―于式玉蔵学文論選』pp. 484-525（原載『旅行雑誌』18-10）
于式玉（2002b［1945］）「麻窩衙門」『李安宅―于式玉蔵学文論選』pp. 468-483（原載『辺政公論』3-6）
于式玉（2002c［1945］）「黒水民風」『李安宅―于式玉蔵学文論選』pp. 526-565（原載『康導月刊』6-5・6）
在上海・日本大使館特別調査班訳(1942)『川康各縣々政概況・第1集――茂縣・峨邊』（特別資料輯編・第四篇）
仲偉民（2009）「19世紀中国鴉片的生産替代及其影響」『文史哲』2009-5　pp. 104-112
庄学本（2009a［1937］）「羌戎考察記」『庄学本全集』上　中華書局　pp. 34-111（原載1937『羌戎考察記』上海良友図書、再刊2007『羌戎考察記――撮影大師庄学本20世紀30年代敵西部人文探訪』四川民族出版社）
庄学本（2009b［1946］）「西康夷族調査報告」『庄学本全集』下　中華書局　pp. 494-575（原載1946『西康夷族調査報告』（寧屬考察報告第七号）西康省政府印行）
庄学本（2009c）『庄学本全集』上・下　中華書局

付表 松潘ルートの「蛮子」(1930年)

期日	地名	海抜(m)	戸数(戸)	民族	物資	
7/21	灌州	890		背子（漢、羌、戒蔵）		
	龍渓鎮					
	娘子嶺	1,780			コムギ、トウモロコシ、タバコ	*1
	映秀湾		30	馬子（戒蔵）		
7/22	東界県					
	銀杏坪		10			
	桃関					
7/23	沙垻			苦力（羌）		
	汶川（綿虒鎮）		70	蛮子（戒蔵）		
	板橋		12			
7/24	磨刀渓		20			
	七盤溝		30			
	威州(汶川県城)	1,590	200		コウリャン（モロコシ）	*2
	雁門				サンショウ、クルミ、ナシ	
	青坡		30			
	鳳毛坪					
7/25	白水鎮				クルミ	
	石古				サンショウ、クルミ、ナシ	
	宗渠			土人（漢）	（石造家屋）、ヤギ	*3
～7/27	茂州	1,960	1万人	蛮子（羌、黒）、漢人、西蕃人（羌）	サンショウ、貝母、松茸、花紅、ヤギ、金、朱沙	*4
7/28	渭門関					
	溝口					
7/29	花紅					
	小佛寺					
	木樗舗		10			
	石代関		10			
	大定里		15, 16			
	馬老坪					
	水苦子鎮					
7/30	白馬官関				コウリャン（モロコシ）	
	畳渓		50	蛮子（羌）		
	平羌溝			蛮子（羌）	ヤギ、羊	*5
	沙湾			蛮子（羌）		
	普安鎮		10		黄牛	
7/31	太平					
	平定堡		17, 8		麻、大麦、コウリャン（モロコシ）	*6
	清坪		15			
	鎮坪		15, 6			
	平夷鉢		16, 7	土人（漢）		
8/1	平蕃夷		20			
	鎮江間		30			
	北定関		20			
	帰化					

第6章　四川の黒水チベット族と「猼猓子」伝承

	新陶関		蛮人（草蔵）	
8/2	得勝堡	25, 6		ヤギ、メンヨウの群
	安順関	30		
	雲東堡	15		
	西寧関	20		
	俊渓店	40		ケシ
	松潘	3,650	漢族、蕃族（草蔵、羌）蕃人（草蔵）、黒蛮民（草蔵）、西番（草蔵）	獣皮、羊毛、薬材、木材
8/5	漳臘		蛮子、蕃人（草蔵）	金鉱
8/7	水冷関	2	蕃人、蕃女（草蔵）	
8/8	風洞関	1	蛮家（草蔵）	
	［雪山］		蛮人（草蔵）	

↑ 涽江
↓ 涪江

	福溝	9		
	［黄龍寺］		蕃人（草蔵、西蔵族蒙古族）、背子（漢）	
	三舎	5, 6		
	（小鎮）	3		
	鎮源	2		
	（小鎮）	2		
	施家堡	20数		
	四完堡	20		
	龍灘堡	15	蛮人（草蔵）	
	北街	2		
	小河城	40余		
	峯岩堡	7		
	木瓜墩	30		
	葉塘	7, 8		
	水唱堡	40		
	拍子園	10		
	水進站	30余		
	澗達垻	50余		
	全切堡	6, 7		
	梯子易	5, 6		
	伯庄垻	7, 8		
	蚕黄廟	8		
	鉄龍堡	5, 6		
	平武（龍安）		苦力（漢）、背子（漢）土人（漢）	

凡例：漢は漢族、羌はチャン族、戎蔵はギャロン・チベット族、草蔵は草地チベット族、黒は黒水チベット族。

注：1　28軍。
　　2　理蕃への交通路〔屯殖独立隊〕。
　　3　厘金局。
　　4　綿陽への交通獣皮毛、薬材の集散地〔松理懋茂汶屯殖督弁署〕。
　　5　郵便局、宿、寺廟。
　　6　〔四川漢軍松藩司令部〕。

出所：「成都から松潘へ入る」（第四巻中国を記録する）、「青海を望みて」（［大旅行誌22］）をもとに筆者作成。

第 7 章

『大旅行誌』の食記述にみる書院生の心情変化

―― 「雲南ルート」選択の意義を探る

須川妙子

はじめに

　東亜同文書院生が記した大調査旅行の記録『東亜同文書院大旅行誌』(以下、『大旅行誌』)には書院生が大調査旅行中の心情を吐露した記述がみられ、とくに食に関する記述からは時々の心身の状態をうかがい知ることができる。大調査旅行では書院生の安全確保と同時に、正確な現地調査が遂行できる安定した心身状態を保つことが重要であったことは想像に難くない。代々引き継がれる大調査旅行の知識、情報、コツといったノウハウの蓄積から主要調査地へ向かうルートが選択されてきたとすれば、そこに心身状態を安定させる最大の要因である食料事情が勘案されたことは間違いないであろう。

　本章ではベトナムから雲南省へ入り、大陸内部への過酷な陸行へと向かった班の食に関する記述から、書院生の心情を分析し、大調査旅行において雲南ルートが選択されたことの意義について考察する。

1　書院生の食文化背景

　書院生が大調査旅行を遂行するのは成人直後の時期であり、書院入学までの日本での生活が彼らの生活文化背景、食に対する概念を形成したと考える。書院生が如何なる生活文化背景をもって大調査旅行を遂行したのか、書院生が成人に至る時期までの日本における食文化の概要を比較資料で確

認する。本分析の対象とした第8～18期生のおおよその誕生期から入学までの期間にあたる1892年から1920年頃の日本の食文化の特徴は以下の4つの点である。

(1) 食料事情の安定
 「主食の割合が（略）明治20年ごろには米がふえ、穀物全体の50％を越えるようになった。（略）政府は米の生産を調整（略）米価は比較的安定」［昭和女子大学食物学研究室編1971: 145］との記録にあるように、米の供給が安定し消費が増大した時期である。また、砂糖をはじめ食料の輸入も盛ん[1]になり食料事情が安定且つ消費が増大した。

(2) 食への関心の高まり
 「牛乳は病人と乳児のもの」［昭和女子大学食物学研究室編1971: 94］などといった栄養概念が広がり[2]、衛生観念[3]が根づき公的機関による食品検査が始まるのもこの時期である。
 また、新聞・雑誌での料理記事の掲載がはじまり[4]、料理講習会が広く行なわれ[5]て男子対象の料理講習会[6]も始まっている。
 清浄な環境で、適切な食料を摂取することの重要性に気づき、また、見慣れない食材の調理方法を積極的に学ぶ姿勢が家政を担う女子に限らず男子にもみられる。

---

1 1893年輸入砂糖が増加。当時、砂糖といえば黒糖を意味し、黒7白3の割合。白砂糖は薬局でも販売していた［下川・家庭総合研究会編2000: 224］、1903年台湾バナナが神戸に入港。バナナ輸入の初め［下川・家庭総合研究会編2000: 300］など。
2 1902年ミルクフード、粉乳など小児、病人用の牛乳加工品の宣伝が盛ん［下川・家庭総合研究会編2000: 296］など。
3 1892年細菌と腐敗に対する関心が高まり、米飯や煮物の保存法が雑誌に解説される［下川・家庭総合研究会編2000: 216］など。
4 1894年家庭向き西洋料理として、雑誌などにロールキャベツ、コロッケなどの記事が増える［下川・家庭総合研究会編2000: 232］など。
5 1900年札幌の田中ナカが洋食の料理教室を開く。ナカは明治21年から5年余り滞米していた女性で、本場仕込みの洋食の料理教室は地方では珍しかった［下川・家庭総合研究会編2000: 282］など。
6 1898年石井治兵衛（四条流8代目庖丁師）を主任とする割烹学校が開校、男子にも調理法を教授。週1回で授業料は50銭［下川・家庭総合研究会編2000: 262］など。

第 7 章 『大旅行誌』の食記述にみる書院生の心情変化

(3) 嗜好品摂取の日常化

　食生活の洋風化に伴い、西洋的な嗜好品である氷菓・清涼飲料、生の果物、ビール・ワイン、コーヒー・紅茶、洋菓子が市場に出回り家庭での摂取も定着している[7]。「アイスクリームがめっきりさかんになり、雑誌にも家庭での作り方が紹介され」[昭和女子大学食物1971: 97]との記録もあり、嗜好品が家庭で作れるまでに急速に普及している。西洋の生活文化、いわゆる「ハイカラ文化」を食生活においても積極的に取り入れ、食べることを「楽しむ」のが当時の食の風潮であったことがうかがえる。

(4) 食事の簡便化

　和洋の飯屋、甘味屋・喫茶店での外食習慣が広がり[8]、その影響を受けたパン食[9]などの簡易な食事様式、駅弁や食堂車[10]が登場し移動中の食事が容易になった。出先での食事の懸念なく外出できることは人の活動範囲を広げ、また外食を楽しむことが外出の目的ともなっていく。

7　1892年東京・新橋の壺屋支店がクリスマスケーキを発売、ボンボン、フロンケーキなど4種 [下川・家庭総合研究会編2000: 214]、大阪麦酒会社から「アサヒビール」が発売される [下川・家庭総合研究会編2000: 212]、1899年明治製菓が缶詰め天然オレンジジュースを販売。ソフトドリンクブームのきっかけとなる [下川・家庭総合研究会編2000: 274]、1899年加藤博士、インスタントコーヒーを発明 [下川・家庭総合研究会編2000: 274]、1903年家庭でビールを飲むことが一般化 [下川・家庭総合研究会編2000: 306]、1907年鳥井信治郎（寿屋、現・サントリー）、赤玉ポートワインを製造販売 [下川・家庭総合研究会編2000: 332]、1904年中元として果物が人気。西洋モモ1籠（15個）40銭、リンゴ1箱（20個入り）70～80銭、ブドウ（2斤入り）45銭 [下川・家庭総合研究会編2000: 310] など。
8　1897年東京の料理店476軒、飲食店4,470軒、喫茶店143軒、銘酒店476軒 [下川・家庭総合研究会編2000: 254]、1907年三越呉服店が食堂・写真室などを開設。食堂の料理1食50銭、すし15銭、和菓子・コーヒー・紅茶5銭、洋菓子1皿10銭 [下川・家庭総合研究会編2000: 332]、1911年画家の松山省三が、東京・京橋にカフェ「プランタン」を開店。東京のカフェの第1号 [下川・家庭総合研究会編2000: 366] など。
9　1893年「読売新聞」に東京・神田の食堂が衛生食料「サンドイツ（サンドイッチ）」の広告を掲載。1食4銭5厘 [下川・家庭総合研究会編2000: 222]、1900年相馬愛蔵、東京・本郷の帝大正門前にパンの製造販売の中村屋を開業 [下川・家庭総合研究会編2000: 288]、1903年サンドイッチに関する知識が広がり、すしやにぎり飯並みに扱われるようになる [下川・家庭総合研究会編2000: 306] など。
10　1892年富岡周蔵、東海道大船駅に大船軒を創業、輸入ハムを使用したサンドイッチを駅で販売 [下川・家庭総合研究会編2000: 214-215]、1897年山陽鉄道に初の食堂車が登場 [下川・家庭総合研究会編2000: 285]、1900年四国・讃岐鉄道、弁当・ジュースなどの車内販売を始める [下川・家庭総合研究会編2000: 282] など。

2　『大旅行誌』の食に関する記載と書院生の心情の関わり

　食に関する記述が大調査旅行中の書院生の心情を反映しているものなのかを検証する。『大旅行誌』への食の記述頻度は一様ではない。執筆者の食への関心の高さがその頻度に反映されたのであろう。本書の分析対象地域である大陸周縁地域とは地域を異にするが、食の記述が比較的多くみられる第10期生（1912年）青島秦王島班、第11期生（1913年）安慶宜昌班、第12期生（1914年）安徽河南班の記述から食に関する記述と心情の関係をみると、現地の食への関心、日本的な食習慣への執着、心身が萎えた時に求めたもの、食について書かない時の心情の4つの視点が浮かび上がった。

(1) 現地の食への関心

　行程中の食事に関しては「朝から一鎮店で焼餅を詰め込む」［大旅行誌6: 23］「茶館にて饅頭」［大旅行誌6: 85］「兵糧として饅頭と白糖とをウンと仕入れた」［大旅行誌6: 117］などの記載が散見され、饅頭、粥、麺などを現地で入手している様子がうかがえる。しかし、「麺に塩と生卵をかけて食ふ。これが朝飯兼昼飯だ、此所は卵が一銭に二つ、こんな田舎に来ては朝飯の昼飯のと規則だって食ふ事は出来ぬ。ある所では食ふ、ない所では六時間でも七時間でも絶食」［大旅行誌6: 44］「温い粟の粥をすゝってジメジメした土間の上に油紙を敷いて疲れた躰を横へた」［大旅行誌7: 174］などの入手状況や味についての記述によれば、現地の食事情は満足できるものではなかったようである。

　「焼餅などを齧って居ては日本人の恥だからと云はるる伊東氏の好意を否みかねて食事は毎度御厄介となる事とす」［大旅行誌6: 38］との記述からは現地の食への好意的な関心はみられない。さらに、「舟を雇ふて貰ってそれに乗じた（中略）船に初め乗る時に食料品をウンと買込んで置くと上陸する必要がなくなる」［大旅行誌8: 42］との記述からは、途中で現地の食に触れようとする好奇心もみられない。現地の食は調査対象ではあっても自身の「生活」に取り入れるほどの関心事ではなかった。

第 7 章　『大旅行誌』の食記述にみる書院生の心情変化

(2) 日本的な食習慣への執着

　現地での材料調達に苦慮しながらも、味噌汁、鋤焼、汁粉といった日本の家庭料理を頻繁に口にしている様子が以下のように散見される。

> 金家口に着いた時は腹が空いて居た、米は勿論ない、麺を買ひに行った留守に味噌汁を作ったが、帰った時には二人で半分位食ってあったので、又味噌を入れ添へ　　　　　　　　　　［大旅行誌6 : 21］
> 私等は快活なる警察署長の案内で城外の宿に投じた。翌日拝会の帰りに久し振に桂野里の地を忍ぶ可く鋤焼をする為に手を分けて材料の徴集に勉めた、（中略）堂々たる東洋人大人が肉を提げ、葱を提げて帰るその姿は何と喩へて好いか　　　　　　　　　　［大旅行誌7 : 178］
> 急に思ひ立ちてシルコを作らんと発起すれば田舎者の飢餓連中よりなる一行直ちに同意早速準備にかゝる小豆の代りに豌豆餅の代りに麦粉否高粱粉を粘りて団子となし廟の古き古き金を掃除して薪を買ひ込み焚く焚く凡そ三時間汗だらだら（中略）準備半ばにして知事大人の回拝あり（中略）知事サンと話してる中に大切なシルコ異様な臭ひするに於どろきオヤッと走り行き見れば水気なくして金底に焼き付けり。ヤー大変とそれより又味加減を作り直し漸にして四時頃出来上るサー食へと毎日下痢に眼ばかりキョロキョロ然たる一同元気を振り起して征伐にかゝる。小豆ならぬ豌豆のシルコは却って味よくなかなか風雅なり　　　　　　　　　　　　　　　［大旅行誌8 : 27］

　また、西洋的な食文化への興味関心の高さもうかがえ、日常的な日本の食に加えて日本のハイカラ文化を楽しんでいる。

> わざわざ車を走らせてアイスクリームを飲みに行った
> 　　　　　　　　　　　　　　　　　　　　　　［大旅行誌7 : 208］
> 午後南城街より葡萄酒とバナナケーキを求め夕飯にライスカレイの御馳走それに前の葡萄酒と菓子とを加江淋しき廟の中にて一ヶ月祭を挙行　　　　　　　　　　　　　　　　　　［大旅行誌8 : 26］
> 急行列車　青島で諸先輩から頂戴したミュンヘンビールを傾ける

［大旅行誌6: 99］

「贅沢」「祝い」として特別な食事と位置づけた時には西洋料理を食べている。

> 突然今日の夕食は食堂車で西洋料理を食べやうではないかと某君が発議した一同無論双手を挙げて大賛成何は偖措早速食堂車に飛び込みパンやライスカレーを詰め込んだ今迄粗食のみやって来た余等には此の西洋料理は無限の御馳走であったので此の時の味は今尚忘れんとするも忘れる事は出来ない　　　　　　　　　　　［大旅行誌8: 32］
> 先達からK君の誕生祝と余の誕生祝を合併で開封で開かうではないかと約束して居たので今日は天気よし暇ではあるし祝をやるには持って来いの日であるから今夕催すことにした太陽ビール、サイダー、ビスケット、ミルクなどを買求め宿屋に御馳走を作らせて内庭の涼しい堂で一同集て祝盃を挙げ大に歓を盡し飲み且つ食ふて旅の無聊を忘れた　　　　　　　　　　　　　　　　　　　　［大旅行誌8: 34］

　大調査旅行中においても書院生の日本の食生活への執着は根強く、また材料入手は多少困難ではあるが実現できる状況にあったことが現地の食に関心が向かないことの一因ともみえる。

(3) 心身が萎えた時に求めたもの

　困難な行程中には「着いたら何より先づアイスクリームをと談り合うた天津へ向って居る」［大旅行誌6: 51］「仙頭に着けば氷菓子を丼に一杯贈って呉れるよそれを楽しみに歩こう(中略)氷菓子飲み乍鋤焼の御馳走が」［大旅行誌8: 338］などと日本的な食、嗜好品を思い起し、目的地に着けばそれらが口にできるとの思いで切りぬけている。

　また、体調のおもわしくない時には「腹工合が悪いとの事で片栗を食ふた」［大旅行誌8: 82］「然し笠井君は食へぬ、片栗粉に鶏蛋を溶いて君に与へた」［大旅行誌7: 136］と日本で一般的な家庭療法を試みたり、「日本飯を食ったら少しは病気も癒ったろう」［大旅行誌8: 207］の記述からは

第 7 章 『大旅行誌』の食記述にみる書院生の心情変化

日本的なものを食べることで心身を癒していた様子がうかがえる。

(4) 食に関して書かない時の心情

　食に関して詳細な記述をするのは比較的ゆとりのある行程においてであり、困難な行程や不幸な報に接した際には記述がなくなるという傾向が見うけられる。

　現地での知事や卒業生からの豪勢な接待のあとに、その地での滞在期間の身分保障（安全の保証）とそこから次の地へ向かう道中の警護体制が確保できると、書院生の関心が食に向かうようである。満足不満の両面を含めて比較的食に関する記述が増える傾向が見うけられる。

　比して、食が確保できなかった行程は当然ながら記述すべき食べものがなく、現地の人との交渉、言葉が通じないなどコミュニケーション面での記述になる。それゆえか困難を乗り越えた後の高揚した気分の際には羽目を外したかのように食への関心が高まっている。

　また、第10期生の場合は行程中に明治天皇薨去の報に接した後の10日程度は食に関する記述がなくなる。喪に服するとの意味があったのか。第11期生は行程中に書院生1名が病気で亡くなっており、闘病中および逝去の直後は食の記述が控えられている。食への関心のあからさまな表明に対しては不謹慎な感を抱いていたのではないか。

　食に関しての記述の有無は書院生の置かれた状況に大きく影響されていて、まとめれば①行程中は現地の食を基本としているが嗜好を満たしていたとは言い難く、好意的な関心はない。②西洋的な食も含めた日本の食文化への強い執着があり、また困難ではあるがそれを実現できる状況にもあった。③食に関する記載の多少は書院生が置かれた状況を如実に反映している。となり、食の記載から行程中の書院生の心情をはかりしることができると結論づけた。

3　雲南ルートにおける食の記載からみた書院生の心情

　雲南省を経由するルート中、食に関する記述が比較的多くみられる第8

期生・雲南四川隊［大旅行誌4］、第12期生・雲南班［大旅行誌8］、第18期生・雲南四川班［大旅行誌13］の記述内容から書院生の大調査旅行中の心情を分析する。

この期の書院生の日本における生活様式は1で述べた内容と一致する。食料事情の安定した中で、日常生活では伝統的な日本式の文化、非日常的な憧憬すべき文化として西洋的なハイカラ文化を目にして育った青年達である。

彼らの行程を内陸部陸行への準備期間、内陸部陸行中、内陸部陸行後の3つに分けてその時々の心情の特徴を分析し、大調査旅行中の心情の変化から雲南ルートを選択した意義を探る。

(1) 内陸部陸行への準備期間——ベトナムから雲南省入り

この期間における書院生の心情として注目すべきは「ワインやシャンペンに舌を潤しつつ、贅沢三昧に雲南まで来た」［大旅行誌4: 355］との記述に代表される書院生の「贅沢をしている」という心情である。大調査旅行の代名詞ともいえる「過酷」とは縁遠い生活ぶりが「日本風呂に垢を落とす」［大旅行誌4: 353］「領事館にて湯に入ったり御馳走になったりして暮らす」［大旅行誌13: 19-20］などの記述からも読み取れる。その生活には「現地をみる」意識は感じられず、「日本」的な生活に安堵し「贅沢」を満喫している。また、「運動会が開かれた。招待に依って参観することができた。終了の後余等は特別に一室に導かれて非常なる饗応を受けた。会話は流暢なる江戸子語により少しも支那語が交えられなかった」［大旅行誌4: 354］のように接待を受ける際に日本語で会話がなされ、「言葉が通じる」ことへの安堵がさらに贅沢を満喫する気分を加速させたであろう。

「景色も日本化して来た」［大旅行誌4: 353］と風景にも日本を感じ、「実に自然の楽園の様だ」［大旅行誌4: 348］「雲南の深山、幽草歩々美花を競ふ。麗しさこの上なし。深山の花は今の世に咲ける何に例へんものもなし」［大旅行誌4: 366］「雲南の山は我を霊化せり、今雲南最後の山を去るに及んで感無量なり」［大旅行誌8: 309］「絶景に入った（中略）嗚呼……絶景……」［大旅行誌4: 347-348］とその美しさには感慨無量の感を多く記している。風景に関する描写からは、書院生の心象風景に響いた様子がみえ、

この感動も贅沢のひとつだったであろう。

「日本的な」生活において味わった贅沢感は、日本の庶民の日常生活ができたということではなく、「ワインやシャンペンに舌を潤しつつ」[大旅行誌4: 355]「熱い珈琲に舌鼓を打ち、仏蘭西パン、バタに半熟の卵といふ贅沢な腹を作って」[大旅行誌8: 282]「夜は府上洋行が晩餐会を催して我等を歓迎さる、フランス料理とやら、行儀よく呑んで暴れず」[大旅行誌13: 21]などの記述にあるように、日本での西洋的生活文化いわゆる「ハイカラ文化」を享受できたことからくるものである。

日本での非日常、憧憬の文化を、過酷であるはずの大調査旅行中に満喫していることは大調査旅行の本来の目的である「現地を知る、凝視すること」を忘却しはしなかったのか、とさえ思わせる。しかし、雲南省を離れる時期が近づくと、「汽車汽船に身を託し（中略）贅沢三昧に雲南まで来たが、支那旅行の真の趣味を遠く離れて居った丈、常に何処かに物足らぬ感がした」[大旅行誌4: 355-356]などの記載がみえ始め、書院生の冒険心が再起する様子が伝わる。雲南省までの贅沢三昧の生活は、書院生の冒険心を高め、大調査旅行の目的を再確認するために是非にも必要なものであったのであろう。

(2) 内陸部陸行中——雲南省を離れて

「土匪の巣窟地なり、これからだな、少し面白くなって来たぞ」[大旅行誌8: 292-293]雲南省で高まった冒険心がこのように表現されるほど意気揚々と内陸部への陸行を遂行していく。しかし、これまでの生活とは雲泥の差である陸行中の生活は現地の食に対する表現からその過酷さがみえる。

> 果物薪菜等を背に負ふて売りに来て居る（中略）梨子を食ふた御蔭で下痢気味であった　　　　　　　　　　　　　[大旅行誌4: 350-351]
> 宿で呉れた黒い飯に腹を満たして藁蒲団に横はって（中略）初めて支那旅行の真味を感じた　　　　　　　　　　　[大旅行誌4: 356]
> 草廬に入り羊肉を食ふ　　　　　　　　　　　　　　[大旅行誌4: 360]
> 途中野老柘榴売る。麓よりは二倍の高値なり。渇するものは價を問わ

ず	［大旅行誌4: 363］
黒い黒い栗粥が出来上がった	［大旅行誌8: 285］
玉蜀黍の焼き立てをポケットに詰めて山道に入る	［大旅行誌8: 292］
高粱酒で杯を上ぐ、悪臭ありて呑むに堪えず、旅の疲れを医することもできず	［大旅行誌13: 24］

　値を問わずに食料を入手しなければいけない状況、「黒い」飯、粥、「悪臭」のある酒……食に対する不満は現地人や現地の生活文化の酷評として記述され、心が荒んでいく様子がみえる。

| 支那人はどうしてこんなに陰険で奸悪なのだろう。純朴なるべき此の田舎人が | ［大旅行誌8: 298］ |
| 餘り良い気持ちはせない。宿に着いても風呂などないどころか菜もない | ［大旅行誌13: 23］ |

　心身ともに疲労している陸行中における「癒え」は僅に出会える「日本」であった。

途中の松林にて初茸を探り、宿に至りて茄子と共に煮て晩餐の飼とすれば味また格別なり	［大旅行誌4: 362］
今川焼きと湯麺に舌鼓を打つ	［大旅行誌8: 295］
寒くて爐邊にて羊を割きて鋤焼を作る	［大旅行誌13: 24］

　この時に求めた「日本」は「日常の」日本の食であって雲南省で体験した日本の「ハイカラ文化」ではない。
　また、「雲山万里遥かに東空を仰ぎ国旗を捧げて謹み天長の佳節を祝し奉る（中略）卓子には山海の珍味並べられたり。曰く餅、小豆のシルコ、干魚、火腿、枝豆、菓子、桃柘榴など取々に贅沢の限りを尽したり」［大旅行誌8: 302］「中秋節である　土人は皆月餅を食ったり御祭りの準備をしている（中略）中秋には大酒せり」［大旅行誌13: 40］の記述がみられ、天長節、中秋節などの行事も忘れずなんらかの宴を用意していることは、

第 7 章　『大旅行誌』の食記述にみる書院生の心情変化

陸行の生活において如何に「日本」を思い、実現しようと努力することで心身の平常を保とうとしたことがうかがえる。

(3) 内陸部陸行後——土匪出没の危険地域を抜けて

　過酷な陸行を抜けた際に書院生がまず目指したのは領事館や日本企業、卒業生のもとである。

> 直ちに帝国領事館を訪れた（中略）湯に入ったり御馳走になったりして暮らす　　　　　　　　　　　　　　　　［大旅行誌13: 19］
> 保田洋行の客となった書院生の此地に来るもの必ず保田洋行の厄介になると云ふ　　　　　　　　　　　　　　　［大旅行誌13: 13］
> 日本領事館の門前に立った（中略）一同食卓に着き、酒好きな領事が虎の子の様に大切にしている日本酒を皆に盛りて領事の発声で杯を挙げて呑んだ時の刹那酒は既に杯の中になかった　　［大旅行誌13: 67］
> 日清汽船の辻先輩より啤酒一打送られ祝杯を上ぐ　［大旅行誌13: 75］

　その目的は大調査旅行のこの先の行程についての情報収集が第一であろうが、上記のような記述には書院生の心情が包み隠さず表現されている。「御馳走になる」ためである。御馳走の内容は「朝食は純日本式だ、味噌もあり海苔もあり沢庵漬ある、食ひまくる、百有余日にして初めて日本料理にありついたわけだ」［大旅行誌13: 68］といったものであり「純日本式」いわゆる「庶民の」「日常の」日本の食で、書院生はその接待内容にいたく感動し陸行の苦労を払拭したのであろう。陸行前に満喫した「ハイカラな」「西洋的な」日本の食ではないことは大変興味深い。接待する側が大調査旅行中の書院生の心情の変化を知りつくした上での接待であったことがうかがえる。

　さらに次のような記述からは、大調査旅行に送り出す際の書院での指導も垣間見える。

> 東川鉱業公司に盛氏を訪ふた、夕方に盛氏より晩餐会に招待する書状がまひ込んだ、学校で習った様に一度御返ししたが、腹の中では占め

たと勝時の聲がする、美味い雲南名物の茸料理はいちばん振っていた
　　　　　　　　　　　　　　　　　　［大旅行誌13：25］（傍点筆者）

　招待があった際には「一度は辞退するよう」に指導されていたのである。書院も、書院生も大調査旅行中における領事館や日本企業、卒業生からの盛大な接待を期待していたということであり、それを見込んだルート設定、食料確保などの計画がなされていたとみてもよいのではないか。

おわりに

　ベトナムから雲南省にかけての行程は大調査旅行の準備期間と位置づけられ、物理的な準備とともに精神的な準備すなわち英気を養う期間でもあったとみる。ゆえに、書院生の生活文化背景に沿った過ごし方をすることで精神的な安定を築いた。すなわち、現地の「日本人」からの接待、「日本的な」風景と食事に心を癒したのである。
　また、調査「旅行中」であるため「非日常」を求める心理もはたらくのであろう。日本の食文化の西洋化が著しい時期に幼年期を過ごしたとはいえ、日常的に西洋的な食生活を送っていたのは都市部生活圏者に限られたはずで、地方出身者が大半を占める書院生にとっては珈琲、パン、アイスクリーム、ビール等の西洋の嗜好品は憧憬のもの、「非日常」であったに違いない。上海の書院生活でもそのような「ハイカラな」食文化を体験したうえで、さらにベトナムで一層洗練されたフランスの食文化を目の当たりにした書院生の高揚ぶりは想像に難くない。
　そのような浮足立つ期間を経て内陸部への過酷な行程。これが大調査旅行の本目的であるとはいえ、言葉の通じない不自由さ、土匪の襲撃への恐怖心、衛生観念に対する不快感などを抱えながらの行程において、現地を凝視することは彼等の仕事である「調査」で精一杯であり、調査をはなれた「生活」時間においては現地から目をそらし、ベトナム、雲南省での「豊かな思い出」を心の支えにして過酷な行程を乗り切っている。
　そして、過酷な行程を経た後はまた「日本的」な接待を受けて心身を癒している。この時に書院生が求めたのは心が浮き立つようなハイカラ文化

ではなく「庶民の」「日常的な」食であり、過酷な行程の前後において心身が癒される食の内容に変化が見られる。

　大調査旅行のルートは交通事情、国際情勢など種々の条件を熟考したものであろうが、上海から直接に大陸内部に向かわず、あえて周辺地域から入るルートが選択された場合は、「食によって心身の安定を求められる地域」を組み込むことが大調査旅行を安全に確実に遂行できる条件のひとつとして意識されていたのではないか。ベトナムから雲南省に入り内陸部へ向かうルートはその条件を十分に満たすものであり、雲南ルートが複数の班に選択された意義をここにみる。

参考文献

大学史編集委員会編（1982）『東亜同文書院大学史——創立八十周年記念誌』社団法人滬友会

藤田佳久編著（1994）『中国との出会い』（東亜同文書院　中国調査旅行記録、第1巻）大明堂

藤田佳久編著（1998）『中国を越えて』（東亜同文書院　中国調査旅行記録、第3巻）大明堂

藤田佳久編著（2002）『中国を記録する』（東亜同文書院　中国調査旅行記録、第4巻）大明堂

藤田佳久（2011）『東亜同文書院生が記録した近代中国の地域像』ナカニシヤ出版

季増民（2008）『中国地理概論』ナカニシヤ出版

中林広一（2012）『中国日常食史の研究』汲古書院

西澤治彦（2005）「食事文化史からみた中国の南北」『武蔵大学人文学会雑誌』36-4、pp. 95-119

下川耿史・家庭総合研究会編（2000）『明治・大正家庭史年表』河出書房新社

昭和女子大学食物学研究室編（1971）『近代日本食史史』近代文化研究所

高木秀和（2008）「書院生は上海で肴を食べていたか——各期回想録にみる書院生の食事情」『愛知大学東亜同文書院大学記念センター・ニュースレター』4

高木秀和（2009）「魚を食べていた東亜同文書院40期台生の食事情——倉田俊介氏より頂いたお手紙を中心に」『愛知大学東亜同文書院大学記念センター・ニュースレター』5

第8章

『大旅行誌』の思い出に記された香港
—— 大正期の記述を中心に

塩山正純

はじめに

　東亜同文書院の大調査旅行には、南方を主目的地とするコースも多いが、中継地として香港を経由するケースがかなりの頻度で見られる。長旅の中継地としての香港滞在は、多くの場合、いわゆる「正課」の調査対象たる主目的地とはひと味もふた味も違って、彼らの本拠地・上海にならぶ当時の東アジアにおける一大国際都市たる香港で、各々が自由なスタンスで見聞を広める得難い機会でもあったのである。「正課」にはない、ある種の気楽な見聞の記録、一見すると時間の無駄遣いにもみえる香港における数日間の記録は、その場に身を置いた者にしか感じられない空気を体現した、ひと味違う歴史記録、観光記録として、我々の眼前に当時の香港の世界を生き生きと蘇らせてくれる。当時の知識人である同文書院の若者たちが香港をどう過ごしたのか。彼らが香港で見るべきもの、見たいものは何であったのか。また、時代の移り変わりによって何が変化し、なにが変化しなかったのか。本章は、紀行文その他の同時代資料とも比較しつつ、大正期以前の『大旅行誌』に掲載されている香港経由35コースに記述された香港滞在中の足跡を辿ることによって、その実像の一端を紹介するとともに、「一見、時間の無駄遣いにもみえる」街歩きの意義についてもあわせて考えてみようとするものである。

1 見どころと街並み

(1) 景色

　香港は周囲の海とともに全体が「一幅の画」を形成している[1]。建物や公園、広場、教会、街路などの街並みそのものが見所であるだけでなく、植物園やハッピーバレー、競馬場といった名所も数多い。そんななかで、同時代資料で言及される双璧はヴィクトリア・ピークからの眺め、そしてピーク或は海上からの夜景であったが[2]、書院生たちによる『大旅行誌』の記述も例外ではなく、香港を経由したほとんどのコースがその両方の眺めを楽しんでいる。

　ヴィクトリア・ピークに関しては、「ピーク、カーにて山頂に上れば船も市街も海も島も皆一望の下にあり絶へて久しき大洋の渺茫たる様を見て心気拡大せられたるが如し」［大旅行誌4: 176］をはじめとして記述も数多いが、香港の景色それ自体もさることながら、イギリス及びイギリス人の植民地建設・建設のスケールの大きさにリンクさせて記述したものが目立っている。

　もう一方の夜景については、その感嘆の気持ちをひと言で表したものは「夜景こそは香港風景の第一ならむか」［大旅行誌13: 269］、「名にし負ふ東洋第一の夜景だ」［大旅行誌14: 295］、「殊に其の夜景の美観の壮麗さと雄大さよ」［大旅行誌13: 452］、「眩せんばかりの香港のイルミネーション」［大旅行誌14: 210］、「誰か言った香港の夜景を見ずに香港の様子を談ずることは僭越だ」［大旅行誌14: 210］など多数。詳細な記述に至っては、「香港の夜景たるや世界一と称せられ…（中略）…一度は驚き、一度は讃美せない人はないだらう。三千年来風月花鳥の自然的原始的美の外に、人が人工を以て大自然と匹敵する程の技工的美を創造すること出来なかったが、其れを完成したのは二十世紀の文明の民である、香港の夜景も二十世紀の

1　宮川［1922: 73］「宛として一幅の画に接するの感じがいたします」参照。
2　三木［1911: 21］は「香港で見物すべき場所は先づ御定りのピークだ」と言い、夜景についても川瀬［1908］「日が没すると水際からピークの頂巓まで、数千の電灯、奇光皎々（中略）高きは星辰の如く、低きは蛍光の如く」、越村［1919: 55］「香港遊覧者の見落とす可からざるものは香港の夜景とす…（中略）…さては市街の無数の灯光晃々として、宛かも一大蛍籠を見るが如く真に之れ天下の奇観と称すべし」など言及は多い。

第 8 章　『大旅行誌』の思い出に記された香港

文明人が作った景象美の一つである」［大旅行誌12: 305］という文明的価値への賞讃の記述だけにとどまらず、「その夜景に至っては、世界無比と聞いたが成る程白日のそれとはまた一段の美だ」［大旅行誌8: 263］、「斯くて吾々は山上からの香港の美に幻惑したが、海上から見た香港の夜景にも驚嘆の叫を酬ひずには居られなかった」［大旅行誌11: 202］、「香港の夜景は天下一品と称讚されてゐる」［大旅行誌15: 411］、「美くしき香港は夜景に止めを刺す。そして香港の夜景は是非とも海から眺めなくてはならん。…（中略）…琥珀色の光の海に青い灯と赤い灯を溶かし込んで水晶の海に映じ出したのが香港の夜景だ」［大旅行誌16: 141］のように、むしろ「美」そのものに感嘆する心情が見て取れる。また、ほかに「全島の夜景は船から見ると素晴しい。故郷の長崎の港と似通ふ」［大旅行誌17: 171］のように故郷の風景に重ね合わせたものもある。

(2) インフラ

　また、インフラに目を向けると、日本ではようやく東京・大阪といった大都市部で道路の整備・舗装が行われつつあった時代に重なる[3]。そして、「往来は何処に行って見ても皆コンクリートで立派に固めてある」など[4]、同時代資料からも整備された立派な道路、コンクリートやアスファルトによる舗装に注目していたことがうかがえる。書院生の場合、地方出身者なら、彼らの地元にはまだそれほど舗装された道路もなかったはずである。そんな当時に、香港の舗装道路を目のあたりにして「山には縦横にコンクリートで堅めた通路が通って居て」［大旅行誌6: 264］、「コンクリートの道は白く峯より峯に続り」［大旅行誌8: 234］、「山胸にはコンクリートで堅めた幅一間許りの道が巡ってゐる」［大旅行誌14: 295］、「アスファルトで固められた平かな道路は蜒々として」［大旅行誌14: 546］と、わざわざ

3　国土交通省 HP の「道路」の項「道の歴史」の記述によると、自動車通行のための道路の舗装は、東京に初めて自動車が登場した明治36（1903）年、東京・大阪などの大都市で本格的にアスファルト舗装による道づくりが始まったのは大正 8（1919）年のことである。
4　三木［1911: 22］参照。また、三木［1911: 21］は「上海に比べては一層市街が繁華で建築は壮大」なこと、林［1923: 12］は「香港附近は石灰に富み、セメントの安価なること労銀比較的低廉なる」ことを指摘し、服部［1925: 246］は「アスファルト道路が開設せられ、自動車がヒュー〳〵駛ってをるには、サイエンス万能を叫ばずには居れぬ」と言う。

153

記述したその心情には注目してもよいだろう。

2　宿泊と飲食

次に香港滞在中は、何処に泊まって、何を食べていたのかという点について見ていきたい。

(1) 宿泊

日本人経営による宿泊施設がある香港では、ほぼ例外なく、松原旅館・松原別館、千代田、旭、吉岡、野村といった日本人経営の旅館に宿泊して、「晒台はないけれ共久し振りの日本畳障子を見て大に喜ん」［大旅行誌9: 478］で久々の畳や風呂を楽しむ[5]。大多数は埠頭附近コンノートロード19号（或は18号）の松原旅館に投宿した[6]。35コースの記述に計16回「松原」が登場する。旅館のクオリティーとしては東京ホテルに次ぐ上位であるが、「今宵の宿はコンノート、ロード、松原旅館。楼上の大広間、今盛んに雑魚寝の幕を演出致候」［大旅行誌3: 420］、また別施設ながら野村旅館の「どうも僕等は余程の因縁があると見えて又々屋根裏の四階に追い上げられた」［大旅行誌9: 478］という記述からもうかがえるように、施設そのもののランクこそ高いものの、彼らが通されるのは安値での宿泊が可能な部

5　前田［1919: 134-135］には「今より約七八年前迄（つまり1910年頃…筆者注）は旅館、料理店、洗濯業、理髪店、木工業、靴店其他一切の雑業は至って微々たるものにして殆んど言ふに足らざりしも、漸次日本人の増加するに従ひ日本との交通頻繁となり、現今に於ては奈何なる雑業も営まれ殊に旅館料理店等は著しく発達して不自由を感ぜざるに到れり。〇旅館業は最近に至って設備を整へ、既に純日本式の旅館ありて其の主なるものは一、東京ホテル一、松原旅館　一、野村旅館　一、いろは旅館　一、朝日旅館　等にして、最も確実信用あるは松原旅館なりとの風評あり」とある。

6　所在地は越村［1919: 43］による。また『香港日報』［1909］各号の広告欄には「香港海傍干那道拾八号」とある。宿泊料については、梶原［1913］は「宿料は一日三食東京野村は二円五十銭乃至五円松原はそれより安い」と言い、鉄道院［1919: 421］は「日本旅館」は「東京ホテル宿料五弗以上、松原旅館宿料三弗五〇以上、野村ホテル宿料二弗五〇以上、日の出旅館宿料二弗五〇以上、以上孰れも Connaught Rd. にあり」、一方で「当地第一流の欧風旅館」は「宿泊料は室代、食事代共七弗以上各種あり」と記載する。また越村［1919: 43］によると、日本旅館では、東京ホテルが最高で一等6弗、二等4弗、松原は一等4弗50仙、二等3弗、三等1弗50仙、野村・旭・吉岡等は一等3弗、二等2弗50仙、三等1弗、一方、欧風旅館は6弗以上、最高級では10弗以上となっている。この外に海外事情研究会［1922］にも簡単な紹介がある。

屋に限られたと思われる。

　また、「どうやらこふやら山の中腹の日本小学校に行き…（中略）…丁度教員が帰国して住宅があいてゐるといふので、幸ひそれを借る事にした」［大旅行誌15: 691］というように、例外的には日本人小学校校長の好意で同教員宿舎への間借りというケースもあったが、何れにしても彼らの落ち着く寝床は「日本」であった。ちなみに第19期生が孫文への紹介状を貰いに訪ねた山田純三郎は、日系旅館では最高級の東京ホテルに宿泊していたようである[7]。

(2) 飲食

　では、香港で一体何を食べていたのかと言うと、35コース全体を見渡してもあまり「食」そのものをテーマとした記述は見られない。個別の事例についても多くを語ることなく、例えば日本食に関しても、「夕食は日本食と来たので僕の腕前を大に発揮した」、そして具体的には「久し振りに牛鍋をつつい」たという記述があるのみである[8]。

　一方で、イベントとしての歓迎会については割と記述がある。会場として明記されているのは「日本人倶楽部」と「ウエストポイントの金陵酒楼」や「陶々仙館」の広東料理店で、宴会には山のように御馳走が出たであろうが、具体的に記述されているのは、日本食では「牛鍋」、中華では舌鼓を打ったのは「蛙」のみ[9]。「蛙」は余程印象に残った様子である。また、果物では「茘枝」が明記されている[10]。手元不如意の節約故か、いずれにしても飲食に関する記述は少ない。

　そして、おそらく上記のように、「旅費に乏しい身の安閑と香港に居る訳に行かぬ」［大旅行誌6: 335］ゆえ、英領植民地のわりに、西洋料理や洋菓子を食べたという記述は極めて少なく、「三井に菱谷さんを訪ふてカッ

7　「広東に着いたら孫逸仙を訪問する気なので、丁度東京ホテルに投宿中の南京書院卒業生山田純三郎氏を訪ね紹介状を貰って帰る」［大旅行誌14: 296］参照。
8　［大旅行誌9: 479］参照。
9　林［1923: 12］に「午後一時香港ホテルの別館に入り、ホールに於て昼餐を喫し、更にドライブを続け、晩に市の西端（ウエスト、ポイント）の金陵館に支那料理の饗応を受く、室名づけて「白壁」と云ふ蓋し白玉、ヒスイ等を以て満室を飾るが故なり」とある。
10　「夜茘枝を食ふ、甘み云ひ難し。」［大旅行誌13: 177］参照。

フエーアレキサンドラに小食を喫して」［大旅行誌11: 200］、「凉いレモネードに気持よい凉を採つ」き［大旅行誌14: 548］、「チヨコレートショップ「ブリユーバード」」で「ストローベリー、アイスクリーム、ソーダウオーター」を注文しようとする［大旅行誌17: 477］3例が僅かにあるのみ。

3　乗り物

　［海外事情研究会1922: 284］の記述に依れば、香港はその地形ゆえに、平地の交通手段、高地との連絡のための交通手段、そして香港島・九龍半島間の連絡のための交通手段があった。［中村・押川1908: 234］は「電車、人力車、支那輿、ケーブルガー」を挙げ、［与謝野1914: 12］は「一本線の電車、二頭の牛を附けた撒水車、赤い地に真鍮粉の梨地をした力車」を挙げた。これらは書院生たちの目にはどのように映っていたのであろうか。

(1) 平地を疾走するもの
　市内電車そのものは日本国内でも京都を皮切りに、大都市で相次いで営業が始まっていて、当時すでに珍しいものではなかったが、『大旅行誌』の中で繰り返されるのが、「二階付の電車は海岸に沿ふて支那人の商業区の南北行からヴヰクトリヤ町の中心を横ぎって湾仔を遠く海軍船渠まで貫ぬく」［大旅行誌12: 100］のような路線の区間や景色に関する描写と、「電車の二階は狭い香港では好個の避暑地である」［大旅行誌12: 100］、「好個の避暑地なり」［大旅行誌13: 269］、「電車には二階がある、夏は涼しくて良さそうだ」［大旅行誌14: 295］のような「二階」部分についての記述である。

(2) 平地と高地とを連絡するもの
　さきに述べたようにヴィクトリア・ピークが外せない名所として、香港経由のコースの殆んどで記述されているが、その交通手段としての「ピークカー」もまた、「之の地に遊んでピークに乗ってヴイクトリヤ山に登らぬ人もないだろう」［大旅行誌14: 210］と言うように香港の名物である。「ピークカーは実用に供せんとするものに非ずして小天地の娯楽物なり」

第 8 章　『大旅行誌』の思い出に記された香港

[大旅行誌13: 269]、「殊に香港の名物として一異彩を放って居るものは「ピークカー」である。二千余尺の高峰を四十五度の急傾斜を以て上下する電車で全然人間技とは思はれない施設である」[大旅行誌16: 520]など交通手段と言うよりも文明の利器への感嘆とでも言うべき評価が多数記述されている。

(3)　海の渡し

　「旅館の前には香港九龍間を連絡するスターフエークボートがある、片道一等は一名十仙でその距離は僅か一哩しかない、朝五時から夜の十二時まで五分毎に両方から発する民船に乗るよりは便利で安く、その上、海賊に出会ふ危険もないのである」[大旅行誌6: 264]と記述されるこの香港九龍間の渡船は、彼ら書院生にとっては、両岸間を渡る交通手段であるとともに、前述の「夜景」を海上から楽しむための観光スポットとしての役割も大きかったと言える。ちなみに、この「スター」フェリーは現在もヴィクトリア港両岸の足として大活躍している。

(4)　島を一周する自動車

　自動車が徐々に身近な存在にもなりつつあって、市街地のみにとどまらず郊外にまで足を伸ばして香港島全体を見てやろうという時代になり、『大旅行誌』にも嘘か本当か「島廻りは香港に来た誰しもがやると云ふ行事の一つだと聞いてゐる」[大旅行誌14: 545]という記述が見られる。松原旅館のスタートからゴールまで「約二十五哩を一時間半で馳せ」[大旅行誌14: 545]、「香港の遊覧は此の（自動車による…筆者注）島廻りによってはしめて完全に達せられる」[大旅行誌14: 546]のである。「ケーブルカーによるピーク上りは雄大は雄大だけれども此の変化なく、又此の刺戟がない電車による遊覧は単に騒雑な市中を一歩も出る事は出来ない」[大旅行誌14: 546]のだそうである。

4　訪問と面会

(1) 領事館・書院等と歓迎会

　領事館に関する記述は全コースにある訳ではないが、「領事館」ということばが延べ19箇所あり、到着の折は、卒業生の勤務する企業とともに、ほぼ定例として訪問していたこと、「草君」なる書院卒業生が勤務していたこと等がうかがえる。

　そして、「我領事館はコンノート路にあり。宏大なる建物の四階の窓より日章旗を飜し居り候。昇降器にて四階に登れば僅かに二部屋借りにて他は余所のオフィスにて候ひき」［大旅行誌8: 236］、「特に情ないのは吾総領事館である。十階の狭苦しい頂辺にあって、エレベーターの昇り下り不便甚だしい、夫でも日章旗だけは十階の窓からニユット出してあるのを見ると涙がこぼれる」［大旅行誌12: 305］という風に「ハコモノ」としての貧弱さを嘆くものの[11]、「一同打ち揃って日本帝国総領事館に面会して色々香港の話を承った」［大旅行誌6: 265］、「今井総領事を訪問した」［大旅行誌6: 301］、「総領事館を訪ふ。先輩田中氏あり。総領事に会ふ。堂々たる風貌、荘重なる語調、所謂四方に使して君命を辱めざるものか。余等を延きて親切に語らる」［大旅行誌7: 203］、「領事から一通り香港の事情を聞かされて外に出る」［大旅行誌17: 465］など、先輩の会社訪問とあわせて、情報収集その他の用事を兼ねて毎コース、コンスタントに訪問するのである。

　また、在留邦人の社交兼娯楽機関である日本人倶楽部は[12]、「六時日本人倶楽部にて同窓先輩諸士の温かき歓迎を受く」［大旅行誌7: 203］、「此の夜日本人倶楽部にて同窓諸先輩の歓迎宴に招れ候」［大旅行誌8: 235］というように、現地在住の日本人、書院同窓などによる書院生の歓迎会の会場として使われていた様子である[13]。

11　一方で「香港の総領事館は見晴らしのいゝ所にある。ベランダに出ると涼しい風が吹く」［大旅行誌16: 140］と言う記述あり。

12　当時の日本人倶楽部の詳細については林［1917: 70–82］に、日本人懇和会、日本人慈善会とあわせて詳細な説明がある。

13　日本人倶楽部についての記述は［大旅行誌9: 479］、［大旅行誌11: 203］と合わせて計4例である。

(2) 日本人学校

1920年代の2グループは日本人学校校長の川北長一郎と接触している[14]。記述は「七月二日　終日雨、香港日本人小学校長川北氏来訪ビールを傾けつゝ快談す」[大旅行誌14: 296]、「どうやらこふやら山の中腹の日本小学校に行き川北氏を訪問した」[大旅行誌15: 691] の2例のみであるが、当時はすでに日本人学校としての基盤が安定していた時代であって、訪港中の書院生ともコンスタントに接触があった可能性もうかがわせる。

5　日本人・中国人への視線

(1) 日本人とそのコミュニティーへの視線

同時代資料では「吾輩は香港へ来て最も苦々しく思ったのは、日本人の風儀が一般に能くないことである」[中村・押川1908: 235] というように、日本人の不味いところを指摘するような記述が散見されるが、一方で「東アジアに対する上から目線」的な態度もなきにしもあらずでる。ところが、大正期以前の『大旅行誌』の記述には、日本人の「偉大さ」のような要素をことさらに強調する上から目線の記述がまず見られない。

いずれも英国的なものとの対比からの見解であろうが、「湾仔の日本下級商人の生活のみじめなのを見ては誰でも気の毒に思はぬものはないだろう」[大旅行誌9: 480]、「こゝに住む同胞今や約二千であるが、其勢力の微弱なること、上海の夫よりも甚だしい。三井三菱の大商社も二階三階の一間を借りておるに過ぎない。特に情ないのは吾総領事館である。十階の狭苦しい頂辺にあって、エレベーターの昇り下り不便甚だしい、夫でも日章旗だけは十階の窓からニュット出してあるのを見ると涙がこぼれる、其他の洋行個人商店などは推して知る可きである。五階六階の小さい一間に陣取って、劇しい商戦に苦戦しておる」[大旅行誌12: 305]、「夜ボーイに伴はれて湾甸なる日本人町を見る上海の蘇州路以下なり」[大旅行誌13: 268]、「日本語を片仮名に綴って、横さに読ませた様な同胞の生活振り、

---

[14] 小島勝 [2004: 46-48] によると、川北長一郎は1920年に着任、1933年に退任するまで、同校にて約14年の長きにわたって校長を務めた。ちなみに当時の生徒数は、1922年103名、1923年80名である。

海岸通に何軒となく開かれて居る『日本床屋』は評判が良ければ良い程恥晒しである」［大旅行誌17: 170］という風に、マイナス思考のオンパレードである。さらに、「当地の支那人は車夫や苦力迄が吾々に調弄ふに「日本湾仔」の語を以て致し候。実にや此の湾仔の一角には香港のダークサイドを成せる我出稼ぎ女の根拠地あり。天草辺より遥々南洋其他に出掛くる女達は宛も欧州各地と東洋との貿易が必ず当港を通過して中継ぎせらるゝが如く皆一度は此処湾仔にて仕訳否裁定せらるゝ由に御座候。実に此の湾仔は堂々たるものにて邦人以外の同業者を尽く圧倒せるの観有之候。我国の対面上誠に恥辱の至りに候へども一方彼等が本邦人海外発展の先導者たるスタンドポイントより見れば又以て意を強うするに足るとも申し得べきか」［大旅行誌8: 237］、或は「「共食ひ」は日本人到る処の通弊である。湾仔は日本人町である。湾仔の重要なる日本人が女であることは勿論である」［大旅行誌12: 101］のような湾仔地区についての記述は多く、所謂「からゆきさん」への言及も散見されるが、いずれも所謂概略的な記述にとどまっており、その詳細まで語るものは皆無と言ってよい[15]。

(2) 中国人とそのコミュニティーへの視線

例えば、「香港埠頭に支那苦力を殴る」［中村・押川1908: 229-238］、「郵便局で切手を買ふても往々悪銭の釣銭が混つて来る…（中略）…万年筆を散歩して居る間にうまく掏摸取られた」［三木1911: 24-25］等のように、同時代資料には中国人やそのコミュニティーに対するマイナスイメージの記述が多い。

確かに、『大旅行誌』にも「十一時発の九龍鉄道の汽車に入った時乗合へる支那人が異様の目付で我々を見た」［大旅行誌6: 266］、或は中国人の能力を小さく見積る「八十年の昔は問はず現在に於ても支那人は此れ丈けの事をなし得るかは大なる疑問でなければならぬ。否支那国民性としては多くの場合為し得ない事と思ふ。されば事務的、経営的才能に缺如して到

15　呉偉明［2008: 94-95, 99-103］によると、日本人の売春業は当時の香港における日本人コミュニティー及び経済活動においてそれなりの勢力を持っていたことが指摘されている。また村岡伊平治（1960）『村岡伊平治自伝』、宮岡謙二（1968）『娼婦　海外流浪記』などにも当時の香港における日本人の売春業に関する回顧的な記述が見られる。

底自己夫自身の開発をも為し得ない支那人は独り香港、青島、上海等の小部分に止らず全国を或程度迄外人の前に提供してその手腕によって支那の開発を為す事は独り支那の為許りでなく人類の幸福ではないか」［大旅行誌14: 547］の様な記述もあるにはある。

一方で、例えば「支那人は、金利に抜目がない、外人に虐げられて権利を剥奪され取扱を犬猫と等しくされても、彼等は黙々として実質の上に牢固たる、勢力を築き得る。山西人。広東人を中心とした南北行を除外しては今や香港の取引は立ちゆかぬと曰はれる。哈爾賓の傅家甸に到っては蓋し此処以上なることを後に知った。日本人は然らず「共食ひ」は日本人到る処の通弊である。湾仔は日本人町である。湾仔の重要なる日本人が女であることは勿論である」［大旅行誌12: 101］と言うように一見するとマイナスだが、実は中国人のしたたかさを肯定的に捉え、対比的に日本人の情けなさを指摘していると見なすことができる記述も多々ある。この他には、「欧人街の四方一帯は支那人街であって、各種の支那商店軒を並べ、殊にその中央部は支那人商業の心地で、当地に於ける支那人貿易の大部分は此の附近で行はれる。又西端は East Point と云って支那料理店一廓を成して支那人歓楽の地である」［大旅行誌14: 552］など、支那人街の所在地や特徴を事実として客観的に記述したものが数多く見られる[16]。

6　イギリス・イギリス人への視線

前節で紹介した日本や中国に対する見方とは相反して、植民地経営者たるイギリス及びイギリス人に対しては、自らも植民地経営者たる列国の末席に加わった者としての意識によって思考され、記述されたものが数多く見られる。典型的な記述としては以下のようなものが見られる。

（1）香港が東洋第一とはすでに何人も否定し得ざる相場にて、今更、吾等はこれを彼此吹聴する程の酔興は不致候、ただ英国が東亜の一隅にかゝる良港を経営せるに一時は驚愕し、一時は浦山しくやがては小面憎く思れ申候。［大旅行誌3: 420］

---

[16]　例えば、［大旅行誌8: 236; 12: 304-305; 14: 547］などがある。

（2）街路整然として、清潔に家屋亦宏壮にして諸般の設備整頓せりと云ふ。然れども少くも余に映せし香港は、余りに人工的に、余りに拘束的で、且つ毛唐臭く、一種圧迫さるゝ様な感に打たれた。台湾の放磊的、且つ幽遂なるに比し、香港の規則的且つ浮薄なるに比し、何れが是となすやを知らず。［大旅行誌11: 288］

（3）こゝで、吾が物顔に振り舞ふ人種は、矢張謹直にして保守的、常識に富み慣例的なるジョンブルである。領有後七十余年結据経営よく今日の盛大を致した、目下は押しも押されぬ、東亜に於ける大ブリッテン国の策源地である。占領当時は岩角露出せる不毛の島嶼にして、極めて不健康地であった。其のため新植民地の悪気に倒れ、流行病に死するもの算なかった。然共彼等は不撓不屈、惨憺たる浮目に遭ひつゝ、貴重なる人命と、鉅万の資とを投じ、樹木を移植し、市街を設計し溝渠を穿ち、街路を整へ、衛生的設備を完ふして、今日の香港を創造したのである。鳴呼彼のアングロサクソンの気魄の夫に、植民的才能の優秀にして、英人の足印する処、何れの天涯なりとも、小ブリテン帝国を樹立せずんばやまない、彼等の意気や敬す可きではないか。［大旅行誌12: 305-306］

（4）全体として香港は左程美麗なる所に非ず。バンドの如き臭の臭なるもの。西洋人も上海よりその風貌見劣れる心持すと。只英人比較的多くゼントルマンライクなるは上海に見得ざる所なり。［大旅行誌13: 268］

（5）英国の手に帰するに及んで、爾来最も不健康地と称せられて居た香港も、アングロサクソンの不屈不撓絶大なる努力奮闘と、其の後に擁する豊富なる財力とに依って、貴重なる人命を多く犠牲として苦心経営する事、茲に数十年にして、今や世界に比類なき美景の島殊に其の夜景の美観の壮麗さと雄大さよ、私は英国のこの香港経営を為すに当りて大なる努力と、財力とを、惜まざりし彼の殖民政策実現に対して、あく迄斃れて後止むの後精神大気概のあるのは、流石大国民たる英国なるかなと大なる敬意と深き尊敬とを払ふに吝かならざる者である。［大旅行誌13: 452-453］

（6）私は島廻りにまって此の香港に尽された英人の足跡の大きいのに驚かざるを得なかった。［大旅行誌14: 546］

（7）英仏米日の殖民地を見て懐かしい母校に帰る事が出来た、此の旅に依って私達は香港に彼等（英人…筆者注）の落付た偉大な頭の働を見…（中

略)…る事が出来た。[大旅行誌14: 411–412]

　(8) そして最初つまらぬ禿山に過ぎなかった此の島を、斯くまで立派なものにした英人の力のなか〳〵に大きい事を思うたのであった。[大旅行誌17: 235]

　このように各々の記述からは、彼らの言うところの「不毛の島嶼、不健康地、つまらぬ禿山」にすぎなかった南方の自然豊かな一島嶼を、わずか数十年で、上海に並ぶ東洋第一の都市たる「香港」として創造し得たイギリス人の英知、意気、努力に感嘆し、尊敬の念を抱いているであろうことがうかがえるのである。

7　ことばについての記述

　ことばについては、香港ではいずれも感想めいた記述に終始し、中国国内ルートにおける「官話」をはじめとする中国語の様な事象に関する記述の豊富さとは対照的である。

　英語については「何がさて調査などには手が付かず殊に英語は当方が不得手なる」[大旅行誌8: 234]、「西洋人は口早々何かしら喋り続けた。夫は英語だか何だか、又何を云ってゐるのか一寸もわからなかった。漸く落付いて英語で話し掛けてゐるんだなあと解った時に余りの口早なので所々簡単な単語が聞き取れる丈で初めの方を聞いてゐないから話の意味は全然取れなかった」[大旅行誌14: 549]の2例があった。

　中国語については「官話は全く支那人に通ぜず之には少からず手甲擦り申し候」[大旅行誌8: 234]、「車夫がおかしな支那語を使ふそれでもその、ゼスチエアーで大部分想像し江た」[大旅行誌14: 295]等、書院で学習した官話が役に立たないことに言及している。

　日本語については、「支那人に何処からともなしつき纏れた。矢張此間と同じ手の奴だ。生半可な日本語で「何処へ行きますか。」「何時行きますか」など問ふ」[大旅行誌14: 550]等、客引きか何かの中国人にシツコク勧誘されたことを記述している。香港は言わずと知れた広東語圏であり、彼らが書院で学習した官話のチカラを発揮できる場所ではないためか、いずれにしても、ことばそのものを論じた記述が見られない。

8 総体的印象と感想

　書院生は、住みたい程に気に入った香港に対して[17]、「這麼都会地に長居すると、旅費がなくなるので、見るべき所も見残して立たねばならぬ」[大旅行誌17: 171] という名残惜しさを感じつつ、ひと言で表すならば「さても香港はよき処ぞかし」[大旅行誌3: 420]、「あこがれの地香港」[大旅行誌13: 177]、「何れにしろ香港はよきとこ…（中略）…嗚呼香港は良い所だ」[大旅行誌13: 413] というような気持ち、詳しく言うならば「誰でも彼に鬱蒼と茂った山と、整然と建ち並んでゐる大きな建物とを眺めた時そこに止め得た人間の力の悔る事の出来ないと云ふ事を感ずるであらう。而して夫れが英國人の手によって成った事を知ると英国人の殖民地としての労力に感歎の声を発せずにはゐられまい。香港の地を一歩でも踏んだ人は更に此の感を深くするであらう」[大旅行誌14: 546]、「人口五十万有余万を抱擁する外観の美しい香港の市街は内容も麗はしい所である。一寸散歩して見ても流石は理智に富む英国人が畢生の腕を振って築き上げた東亜の一大根拠地と点頭かれる所が多い」[大旅行誌16: 519–520]、「実際香港は東洋第一の商港たるに恥ぢない。そして今更ながら英人の鋭眼と之れが建設に払った偉大な努力が思はれる」[大旅行誌16: 520] など、概して肯定的な印象を以て香港から旅立ったのである。

おわりに

　本報告では大正期以前の大調査旅行のうち、香港を経由する35コースの同地滞在に係る記述について、同時代資料と照らし合わせつつ考察してきた。

　先ず、具体的な旅の足跡については、行くべき所に行き、乗るべき物に乗り、見るべき所を見ていることは数多くの記述にあらわれているが、何を食べたり飲んだりしていたのか、ということについては公式の宴会等の幾つかの記述以外にはあまり見えてこない。言い換えれば、明記された「蛙」

---

[17] 「一行のもの皆んな香港に住みたいと云ってる、すっかり気に入ったらしい」[大旅行誌14: 295] その他の記述に依る。

や茘枝、久々の牛鍋、アイス、ソーダ、レモネードは余程印象的だったのかも知れない。宿泊先については、松原旅館をはじめ、きちんとした日本旅館を好んで利用して「日本」を味わっていたことがわかる。

つぎに、「印象」については、中国エキスパートとして養成された彼らの学問の集大成における記述にしてからが、実は香港で圧倒的多数を占めている中国系住民やそのコミュニティーに対しては、記述の割合から言えば「いない」に等しいくらいの扱いでしかない。一方で、植民地経営者たるイギリス或はイギリス人、そして彼らが80余年の経営で築いた事象への言及はことさらに多く、羨望・嫉妬・卑屈・賞賛など様々な心情が複雑にからみあった表現ながら、多くの記述がその業績を冷静或は客観的に評価している。また、その裏返しとしてか、日本或は「支那」についてのプラス思考とは言いがたい言及も散見される。彼らが中国エキスパートとして養成された「国際派」ゆえに、当時の平均的日本人の中国・東アジアへの目線とは一線を画している、というのが報告者の印象であるが、この点についてはさらに詳細な考察が待たれる。

また「憧れの香港」に居てさえも、「或は前途を考へて胸を躍らせたり、又時には何故とも知れず暗然となるのであった。実に旅は淋しい人生の縮図のやうな気がした」［大旅行誌17: 239］と、こんな心情が吐露されたりもする。こうした一つひとつの記述も「大調査旅行」が書院生にとってどれだけ大きな意味を持った人生経験であったかを如実に物語っている。

参考文献

呉偉明（2008）「戦前の香港における日本人コミュニティの歴史的及び社会的研究」『日中社会学研究』16、日中社会学会

服部源次郎（1925）『一商人の支那の旅』東光社

林金五郎（1917）『南洋前編』桐生屋出版部

林安繁（1923）『欧山米水』（非売品）

香港日報社『香港日報』（1909（明治42）年9月1日、9月8日、11月2日）

海外事情研究会（1922）『海外渡航研究』邦文社

梶原保人（1913）『図南遊記』民友社

川瀬三郎（1908）『紅波遺稿』（非売品）

小島勝（2004）「香港日本人学校の動向と香港本願寺」『仏教文化研究所紀要』43、龍

谷大学仏教文化研究所

国土交通省 HP（http://www.mlit.go.jp/index.html）アクセス日：2017.2.7.

越村長次（1919）『南洋渡航須知』南洋協会台湾支部

前田宝治郎（1919）『南方研究第一書香港概観』南洋協会台湾支部

三木克己（1911）『欧洲絵行脚』画報社

宮川義雄（1922）「香港便り」『廿周年記念号』佐賀県立佐賀商船学校

中村直吉・押川春浪（1908）『亜細亜大陸横行』博文館

奥田乙治郎（1937）『明治初年に於ける香港日本人』台湾総督府熱帯産業調査会

鉄道院（1919）『朝鮮満洲支那案内』南洋協会台湾支部

与謝野寛・晶子（1914）『巴里より』金尾文淵堂

第 9 章

書院生、東南アジアを行く!!
―― 東亜同文書院生の見た在留日本人

加納　寛

はじめに

　東亜同文書院の大調査旅行は、その範囲を中国大陸に限定することなく、北に南に東に西に、大きく外延していった。東南アジアも、こうした中国大陸外の大旅行の対象地として多くの東亜同文書院生が調査を実施した地域である。筆者の調査によれば、東亜同文書院の大調査旅行のうち、約 8 ％にあたる54路線が、東南アジアを経由している（表 1 参照）。

　東南アジアへの大調査旅行の展開に関しては、東亜同文書院大学研究の第一人者である藤田が、東南アジアへの大調査旅行記録を含む一部の記録を『中国を越えて』と題した書籍にまとめるとともに［藤田1998］、大調査旅行に関する研究をまとめた『東亜同文書院生が記録した近代中国の地域像』においても言及している［藤田2011: 67, 152–161］。しかし、中国大陸での大調査旅行展開に比べ、東南アジアでの大調査旅行は、これまでそれほど注目されているとはいえず、第25期生の雲南・ビルマ・コースを除いては、ほとんど分析がなされていない。東南アジアのうち、仏領インドシナについては、主に第18期生の大調査旅行記録を史料とした、移民史の湯山による在留日本人についての研究があるが［湯山2006］、その他の地域についてはまだほとんど手付かずである。

　本章では、東南アジア地域における大調査旅行から、近代の東南アジアと日本との関係を垣間見ることを最終目的として、とくに在留日本人について観察し、現段階での到達点を明らかにするとともに、今後の展望について示していきたい。

表1 大調査旅行の東南アジア路線

年	期	巻	総路線数*	東南アジアを含む路線数	%
1907	5	1	13	0	0
1908	6	2	12	0	0
1909	7	3	14	0	0
1910	8	4	11	1	9
1911	9	5	12	0	0
1912	10	6	10	0	0
1913	11	7	8	0	0
1914	12	8	11	0	0
1915	13	9	11	0	0
1916	14	10	13	0	0
1917	15	11	14	1	7
1918	16	12	14	0	0
1919	17	—	14	nd	—
1920	18	13	23	4	17
1921	19	14	20	1	5
1922	20	15	21	3	14
1923	21	16	17	3	18
1925	22	17	18	4	22
1926	23	18	15	1	7
1927	24	19	15	6	40
1928	25	20	15	5	33
1929	26	21	19	3	16
1930	27	22	17	3	18
1931	28	23	19	4	21
1932	29	24	25	0	0
1933	30	25	31	1	3
1934	31	26	26	0	0
1935	32	27	22	2	9
1936	33	28	25	2	8
1937	34	29	29	3	10
1938	35	30	30	3	10
1939	36	31	21	4	19
1940	37	—	28	nd	—
1941	38	32	31	0	0
1942	39	32	38	0	0
1943	40	33		0	0
計			662	54	8

*藤田2000: 334　表7-2による。

第 9 章　書院生、東南アジアを行く!!

写真 1　タイ・マレー国境の第22期生［大旅行誌17: 359］
（「安南兵」との説明は誤解であると思われる。）

1　20世紀前半期日本から見た東南アジアの位置付け

　ここでは、東亜同文書院の大調査旅行ルートについての分析を始める前提として、まず大調査旅行が展開された20世紀前半期における日本から見た東南アジアの位置付けについて概観しておきたい。

　図1は、20世紀前半の日本の総貿易額に占める対「南洋」貿易額比率の推移を示したものである。1910年代初頭、日露戦争後の、「一等国」に列したという自負の一方で財政・経済の再建を最大の国内的課題とした日本において、東南アジアや太平洋地域への日本人の積極的発展を鼓吹する「南進論」が盛んとなり、第1次世界大戦によって欧米植民地宗主国との貿易上の真空状態が生じた東南アジアへの関与を劇的に増大させ、1920年代には日本と東南アジアとの経済関係は急速に本格化した［清水1990: 18-26］。それにともなって日本人の東南アジア進出も盛んとなり、東南ア

169

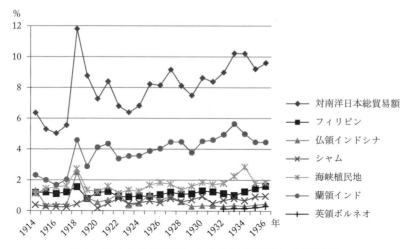

図1　日本の総貿易額に占める対南洋貿易の割合推移
出典：「本邦対南洋貿易総額表」（台湾総督官房外事課編『南洋年鑑第34版』南洋協会台湾支部、1937、pp. 1683-1684）から筆者作成

ジアの在留邦人数は10年間で2倍以上の伸びを示した（図2参照）[1]。

　このような状況のなか、東亜同文書院の学生たちの東南アジアに対する関心も高まり、現地に大調査旅行に出ていくことになるのである。図3は、彼らの移動経路の概略を、各都市間の「路線」を単位としてまとめ、「路線」経由回数の大きいものほど太い線で表現したものである。ここからは、東亜同文書院の学生たちが東南アジアの広い範囲に足跡を残していたことがわかる。以下、大調査旅行の年代順に、彼らの足跡の特徴や変遷を、また彼らの現地経験を通してみた東南アジア在留日本人像の変遷や特徴を、観察していきたい。

---

[1] こうした日本人の活動について総合的に論じた先行研究としては、「無告の民」の動向を含めて明治以降戦後に至るまでの日本の「南方関与」を描写した矢野の先駆的業績がある［矢野1975］。このなかで矢野は、東南アジアにおける日本人社会を、一流企業の社員で2〜3年で日本に帰国してしまう「グダン族」と、現地に永住する「無告の民」の集団である「下町族」との分離を含めて、大局的に描き出している。

第 9 章　書院生、東南アジアを行く!!

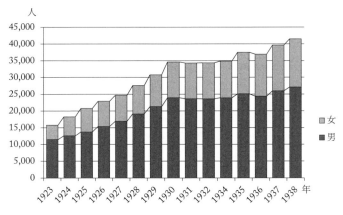

図2　東南アジア在住日本人数推移
出典：内閣統計局『日本帝国統計年鑑』43～58より筆者作成

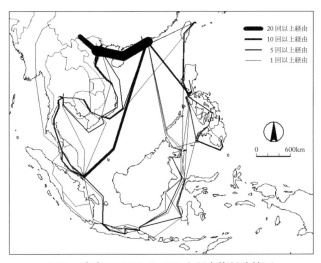

図3　東南アジアにおける大調査旅行路線図

2　東南アジアへの大調査旅行の拡大初期（1910-19）

　大調査旅行が、現在の東南アジア地域に拡大していくのは、1910年、

第8期生からである[2]。

　第8期生が辿ったルートは、ベトナムのハイフォンからハノイを経て雲南に入るルートとして使用されているが、このルートはその後も1917年、第15期生以降頻繁に用いられることになった。第15期生は、雲南に入った後、ビルマに下り、シンガポールにも寄って帰還しているが、これは東南アジア地域の経由が当初から計画されていたわけではなく、雲南において発症した病気による偶発的な計画変更によって四川へのルートから代替されたものであった［大旅行誌11: 406］。ここからは、雲南→ビルマ・ルートが、雲南→四川ルートに比べて、病身にも耐えられる路線として認識されていたことがわかる。実際、東南アジアへの大調査旅行は、その後も一貫して鉄道や航路、バスや自動車を使用するもので、徒歩移動も多かった中国本土の大調査旅行とは大いに異なるものであった。

　香港から海路ハイフォンに向かい、鉄道で雲南に到達するルートは、雲南への経路としては当時すぐれて無理のない自然なルートとして目されていたようであり、その意味では、この時期の大調査旅行での東南アジア経由は、第15期の偶発的なビルマ・シンガポール経由を除けば、「中国」旅行の一部として認識されていたと考えることも可能であろう。

　第15期生までの書院生が東南アジアを歩いた1910年代は、移民史としては主に写真店等の小規模商店や「からゆきさん」が東南アジア諸地域に進出していった時期であり［湯山2008: 783］、書院生の記録からもその状況を見ることができる。

　第8期生は、ハノイからラオカイへ向けての行程においても「各通過駅の社宅には必ず一二の日本婦人」があり、「日本マッチある処日本醜業婦あり」［大旅行誌4: 348］といった記録を残している。仏領インドシナにおける在留日本人数を見ると、他の東南アジア地域に比して際立って女性比率が高く、とくに1920年代までは一貫して女性数が男性数を上回っていたほどであり（図4参照）、この地域に「からゆきさん」が多かったであろうことが推測できるが、他の東南アジア地域でも1910年代までは「からゆきさん」の存在が書院生の目に留まったようである。1917年に大調

---

[2] この点、藤田の研究における大調査旅行の東南アジア地域への拡大は、1920年からの「円熟期」とされており［藤田2011: 67］、事実とは異なっている。

第 9 章　書院生、東南アジアを行く!!

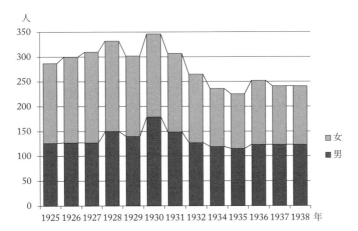

図 4　仏領インドシナにおける在留日本人数推移
出典：内閣統計局『日本帝国統計年鑑』45〜58 より筆者作成

査旅行を実施した第15期生も、ラオカイで「二人の若い日本の女」を見ているほか［大旅行誌11: 382］、ビルマ北部のバモーでも現地滞在10年近くになる 2 名の「大和撫子」が、またシンガポールでも「例の大和なでしこ関係者」として「からゆきさん」がいると記述している［大旅行誌11: 422］。1910年代の書院生の東南アジアへの大調査旅行はまだ限定的であり、突発的なビルマ・シンガポール行を除けば、雲南に入るベトナム北部ルートに限られているが、おそらく他の地域においてもこのような状況は観察されたのではないかと推察される。また、この時期、ハイフォン、ハノイには既に日本旅館があって宿泊しているが、その他の町でも在留日本人に世話になっており、1910年代末までには東南アジアにおいてかなり広範な日本人の分布が完成していたことがうかがわれる。

3　東南アジアにおける大調査旅行の充実期（1920–31）

　東南アジアにおける大調査旅行が量的に大きく拡大するのは、1920年第18期生以降であり、とくに1927年第24期生では15ルート中 6 ルート（40％）が、1928年第25期生では15ルート中 5 ルート（33％）が東南アジアを訪れている（表 1 参照）。

東南アジアをインドシナ半島を中心とする大陸部とマレー半島および島々からなる島嶼部とに分けて考えると、大陸部への調査の本格的開始は1920年第18期生から、島嶼部への調査の本格的開始は翌1921年第19期生からである[3]。第20期代において経由地のバリエーションは次第に増加していき、1920年代において東南アジアにおける大調査旅行は質・量ともに大いに充実した。とくに、ベトナム北部・中部・南部、マレー半島、ジャワ島、ボルネオ島、ルソン島には、多くの期が継続的に訪れている。ベトナムと島嶼部が重点であることがわかる（図3・表2・図5参照）。いずれのルートにおいてもシンガポールが一つのハブとして機能している。

　大陸部については、ハノイが雲南ルート、仏印ルート双方のハブであり、サイゴン、バンコクを経由するルートが多い。島嶼部については、台湾から容易にアクセスできるマニラを経由するルートが多いことがわかる。カンボジア、タイ、スマトラ島、セレベス島、ビサヤ諸島には、期によっては縦横断等の集中的な旅行が実施されている。

　なお、彼らが訪れた多くの町には日本人経営の日本式旅館が存在しており、そうでない場合にも在留日本人宅に宿泊させてもらうことができていた（図6参照）。この時期、東南アジアに薄いとはいえ日本人ネットワークが広く展開していたことがわかる。

　その一方で、大調査旅行ルート上、まったくの、もしくはほぼ空白の地域となっているのは、タイ北部・東北部・南部、ラオス、ラオカイを除くベトナム西北部、バリ島以東の小スンダ列島などであった。ビルマも偶発的理由による2例（第15期、第25期）しか通過例がないことから、計画上は空白であったといえよう。さらには、日本の委任統治下の南洋群島や南アジア地域が大調査旅行の範囲から外れている点は、今後その原因を研究する必要があろう。

3　ただし、この後の調査においても、自らの東南アジア行を東亜同文書院大調査旅行史上「初めて」と認識するような記述は見られ、上級生たちの残した記録等を、下級生がどこまで読んでいたのか、その実態には疑問が残る。たとえば、ベトナム中部・南部については第18期の調査がすでにあるが、第22期の記録にも「同文書院も例年の大旅行に一大革新を加え」、「恐らく印度支那に旅行班を出したのは今年始めてである様」だとしている［大旅行誌17: 314］。36期でも、サイゴンからの大陸部横断を「先人未踏の仏印横断」としている［大旅行誌31: 350］。この点、荒武の指摘（本書第2章）と重ね合わせて考えると興味深い。

第 9 章　書院生、東南アジアを行く!!

表 2　大調査旅行の主要経由地域

年	期	大陸部						島嶼部									
		ベトナム北部	ベトナム中部	ベトナム南部	ビルマ	カンボジア	タイ	ペナン	マレー半島	シンガポール	スマトラ島	ジャワ島	セレベス島	ボルネオ島	ミンダナオ島	ピサヤ諸島	ルソン島
1907	5																
1908	6																
1909	7																
1910	8	○															
1911	9																
1912	10																
1913	11																
1914	12																
1915	13																
1916	14																
1917	15	○			○					○							
1918	16																
1919	17																
1920	18	○	○	○													
1921	19	○	○					○	○	○	○	○		○			○
1922	20	○															
1923	21	○															
1925	22	○	○	○			○	○	○	○	○	○	○	○	○	○	○
1926	23	○															
1927	24	○	○	○		○		○	○	○		○	○	○			○
1928	25	○	○	○	○			○	○	○							○
1929	26	○							○	○		○					○
1930	27	○	○	○			○					○					
1931	28	○	○	○						○		○		○			○
1932	29																
1933	30									○	○	○					
1934	31																
1935	32	○															
1936	33	○													○	○	○
1937	34	○	○	○		○		○							○	○	○
1938	35	○		○		○	○	○	○	○		○		○			○
1939	36	○		○		○		○							○		○
1940	37																
1941	38																
1942	39																

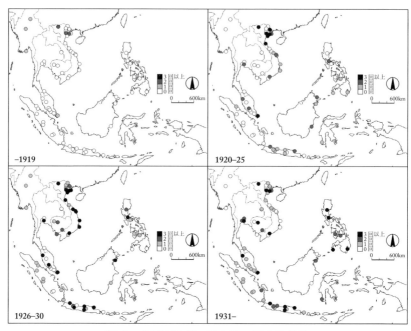

図5　大調査旅行の滞在地・経由地推移

　1920年代のこの時期は、第1次世界大戦後の日本の経済進出期に当たり、商社等の大企業社員が海外に赴任することで、海外の日本人社会に変化が訪れることになった［湯山2008: 783］。これにより、矢野が描くような「グダン族」と「下町族」との分離が生じていくのである［矢野1975: 124-129］。東亜同文書院の卒業生にも「グダン族」として東南アジアに赴任する者が多かったことは、書院生たちが現地において先輩たちを頼っていることからもよくわかる。書院生は大都市では先輩たち以外にも日本の大銀行や商社を頼っており、この時期に日本の資本が東南アジアに組織的に進出していたことがうかがわれる。

　その一方、日本の大資本が入っていない町では、雑貨商や写真屋、氷屋といった小規模商店主の日本人を頼っている。

　1920年代の記述でそれ以前の記述と大いに異なるのは、「からゆきさん」目撃体験の減少である。第20期生はハイフォンについて、「以前さしも盛んなりし娘子軍も今や殆ど其の後を絶」ったとしているし［大旅行誌15:

第9章　書院生、東南アジアを行く!!

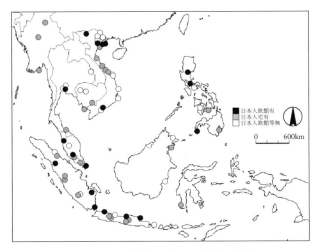

図6　日本人旅館・宅での宿泊の有無

3]、第22期生はホンガイにおいて「2,3年前までは仏官憲の依頼によって娘子軍の一隊が居た」が「今ではその影さへも見受けなかった」と過去形で語り［大旅行誌17: 282］、サイゴンにおいては「邦人の此の地に住むもの約200余、正金、三井、領事館等の会社員を除けば大部分は娘子軍名残りの銘酒屋散髪、雑貨、写真屋、洗濯と云ふ有様」［大旅行誌17: 312］、サンダカンにおいては「女郎の方では曾て日本の娘子軍が全盛を極めたものであるが近来甚だ淋れていた」と記しており［大旅行誌17: 394］、「からゆきさん」が過去のものとなりつつあることが読み取れる。一方、第20期生によればハイフォン在住の日本人女性50人の大部分が「洋妾」であるとしているし［大旅行誌15: 52］、安定的に外国人の配偶者を得ている日本人女性との軽微な接触体験は、その後も旅行記に多く登場する。

「からゆきさん」の減少とは逆に、1920年代に大きく増加したのは、ダバオ領事館管内のフィリピンに渡航する日本人移民であった（図7参照）。第22期生も、ダバオ行の船において日本人移民100名ほどと同乗している［大旅行誌17: 406］。さらに1920年代半ばに旅行した第24期生は、スレンバンでは「已に日本人が百二三十名この地に働いて」おり「日本語で不自由を感じない」状態や［大旅行誌19: 70］、バギオ日本人学校は生徒50人ばかりで創立4年になることを記録しており［大旅行誌19: 571］、東南ア

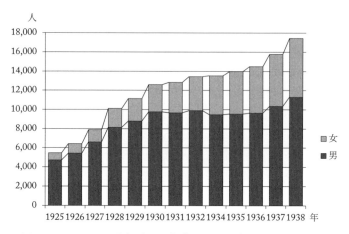

図7　フィリピン群島ダバオ管内における在留日本人数推移
出典：内閣統計局『日本帝国統計年鑑』45〜58より筆者作成

ジア各地での日本人の増加を証言している。

　しかし、1920年代後半には、済南事件等の影響で書院生のプノンペンでの宿探しが難航したり［大旅行誌20: 325］、ペナンで日本人ボイコットに遭遇して華僑宿から「執拗に立退きを迫」られたりするなど［大旅行誌21: 485］、日本の対アジア進出によって生じる摩擦が華僑の多い東南アジアでも実感されるのであった。

　日本人以外の華僑や現地人、宗主国役人との接触については、旅行記を読む限りでは、日本人との接触に比べてはるかに少ない。それは、日本人の男性たちよりも宗主国人や華僑、現地の人々とはるかに深い関係性を有したであろう日本人女性との接触が限定されていることと通底しているものと思われる[4]。華僑や現地人、宗主国役人たちとの接触に際しては、「一等国」意識が複雑な感覚を書院生たちにもたらしている。書院生は「一等国民」として自らを任じながらも、十分な資金がないために貧乏旅行をせ

---

[4] もっとも、ハイフォンの日本人社会のリーダー的存在であった石山旅館の女将や、ビンの「マダム・オアイ」こと奥村愛子など、世代や生き方の差など相互理解できない部分はあったようであるが、強いリーダーシップを発揮する女性たちには大いに世話になっている。第27期生は「明治時代に仏領へ来た彼女と1930年型のモダン学生気分の上海児とは話の合はぬ所が多分にある」としながらも、親切に「感謝は言葉に尽きて涙をさそふ」と述懐している［大旅行誌22: 275］。

ざるをえない場合も多く、またフランス語や現地語がほとんどできないために意思疎通にも問題があり、「一等国民」としての自己認識と周囲からの待遇に大きなギャップが生じてしまっていることがわかる。

4　東南アジア調査の縮小（1932–）

　このような、東南アジア大調査旅行の隆盛は、1932年以降になると急速に衰えていく。これは、藤田のいう「制約期」に当たる［藤田2011: 67-68］。満洲事変後の国際情勢によって、東亜同文書院の大調査旅行は、中国本土においても大きく制約されていくことになった。東南アジアにおいては1933年第30期生がジャワ島を中心とした大調査旅行を実施しているが、その前後の年は東南アジアでの大調査旅行は実施されていない。1935年以降は1939年までほぼ毎年ベトナム北部に大調査旅行の足跡が残されているほか、1936年第33期生によるフィリピン調査、1937年第34期生によるフィリピンと大陸部横断、1938年第35期生によるタイ、マレー半島調査が見られ、1939年第36期生は、仏領インドシナ、タイ、マレー半島、フィリピンにおける一地定着を基本とした調査を実施しているが[5]、これまでには見られなかったような植民地勢力や華僑による強烈な排日気運との各地での遭遇が記録されている。

　1936年にダバオを訪れた第33期生は、ダバオの人口3万のうち邦人1万5千はフィリピン政府の「圧政」（土地収用問題）に直面、その裏に華僑の排日記事があるとしている［大旅行誌28: 530–540］。1938年に東南アジアを回った第35期生は、ハイフォンでの上陸時には問題がなかったものの、ハノイにて仏人刑事の取調を受けた。ハノイ総領事館の塩見書記生によれば「近来日本人の監視は頗る厳重で何時も何処からか冷たい監視の眼が光ってゐる」［大旅行誌30: 323］といい、そこに「仏当局の反日援支

---

[5] 1936年以降の東南アジア調査の再隆盛は、1936年8月の「国策の基準」および「帝国外交方針」において南進政策が国策として明らかに打ち出されたことと軌を一にするものと考えることもできるかもしれない。

態度と邦人圧迫の事実」を見るのであった［大旅行誌30: 326–327］[6]。この時期にはサイゴンでも「越南華僑福建救済游芸会のポスターが目に」つき、バンコクでも華僑の日貨ボイコットに遭遇するが、とくにシャムを出てマレーに入ると「馬来の空気は事変の波を食って急に緊張したように感じられ」、「馬来方面でも最も抗日の熾烈な所である」華僑の多いペナンでは抗日事件に遭遇して「殺気に満ちた形相の凄さ」を感じ、「華僑は抗日意識に燃え、抗日宣伝の徹底的な洗礼を受けているのだろうか」と歎じている［大旅行誌30: 350］。シンガポールでも盧溝橋事件一周年の日に「赤旗を立ててトラックに乗った華僑青年が歌いながら会合から帰って来るのに出会」っている［大旅行誌30: 375］。フィリピンでも、日本人による比島乗っ取り計画の噂が流れていたという［大旅行誌30: 387］。蘭領のマカッサルでも、「何方を見ても青天白日旗の渦の中」で［大旅行誌30: 408］、スラバヤでは1937年10月に国民政府の官吏が来て救国公債を募集したといい、街頭でも中国側の宣伝写真を見ている［大旅行誌30: 416］。バンドンへ入ると「直感的に華僑の動静が少しく激烈であるのを知得」し［大旅行誌30: 425］、人口の半数が華僑であるというメダンでは、華僑の動向を探ろうと中国寺院の寄付帳を調査し、さらに「極端過ぎる排日教育」のため閉校処分となった「札付の蘇東中学」に忍び込んで取り囲まれ、上海大学の学生と称して難を逃れた［大旅行誌30: 459–460］。翌年に東南アジアを旅した第36期生は、ラオカイでスパイ容疑による投獄・裁判を経験した［大旅行誌31: 330–332］。彼らは、ハイフォンとハノイでは中国人に成りすまして抗日宣伝を調査しているが、ハイフォンの中華会館には「中国国民精神総動員」「長期抗戦」「打倒日本」の幟を見、「華僑街は抗日宣伝のポスターでいっぱい」であり、抗日映画宣伝による募金もなされていたという［大旅行誌31: 340–341］[7]。

　各地での抗日運動の高まりの中、書院生がシャムとの出入りの際に空気の違いを感じ取っていたことは興味深い。彼らはシャムを出て英領に入る

---

[6] この塩見聖策は、1913年生まれ、大阪外国語学校出身の気鋭の領事館員であったが、1939年12月末に雲南国境を視察旅行中、中国兵に拉致され行方不明となり［朝日新聞1939.1.4: 2］、銃殺されたとの噂が広まった［大旅行誌30: 328］。

[7] 書院生たちはこの反日映画のビラをもらい、実際にその夜に映画を見に行っている。蔣介石が出てくると「蔣介石万歳の三唱、万雷の拍手」であったという［大旅行誌31: 340–341］。

第9章　書院生、東南アジアを行く!!

と空気の緊張を感じ［大旅行誌30: 350］、仏領を出てシャム領に入ると、緊張から解放されるのであった［大旅行誌31: 362］。シャムは英領マレーや仏領インドシナに比べて日本人たる書院生にとって抗日的空気による緊張から、多少なりとも解放される地であったのである。

その一方、とくに華僑の多い地域において、書院生たちは激化する華僑たちの抗日運動にさらされていく。しかし、彼らの旅行記を読む限り、書院生たちは、華僑に対して、危険を感じつつも怒りはあまり感じていないようであることは特記すべきである。宗主国官憲に対しては大いに抱いている怒りが、何故華僑には向かないのか、その点に書院生の意識のあり方が読み取れるように思う[8]。

その一方で、書院生の怒りや憤りは日本側の官憲にも向けられている。サイゴンでは、第35期生も第36期生も領事館を訪ねたのであったが、判で押したように、領事に「昼寝のため」の面会謝絶にあい便宜を断られて、癪に障ったり［大旅行誌30: 330］、呆れたりしている［大旅行誌31: 351］。ラオカイにおいてスパイ容疑で拘束された第36期生は、仏印当局の処分に「激憤」は高じたが、「出先日本官憲の消極的態度に依りて泣寝入りとなっ」た［大旅行誌31: 332］。

また、書院生の観察によれば、安南人は親日であったという［大旅行誌31: 343–347］。その親日を妨げるのは「仏印当局の恐ろしい監視の目」であるというのが書院生の理解である［大旅行誌31: 362］。しかし、現地の人々や社会に対しての書院生の視線は、「一等国民」を自負する日本人の目から「幼稚」で「怠惰」かつ「低能」な「土人」を見るものであって、決して対等な関係を前提としたものではなく、当時の日本人の意識をそのまま反映したものであった。

おわりに

大調査旅行の記録には、こうした地域における日本人の活動が活写されており、近代の東南アジアと日本との関係を考える上で重要な情報源の一

8　この点は、書院生の意識を分析する上で、今後深く考究する必要があろう。

つとなりうる。さらに本調査記録の重要性は、これまでも藤田らによって指摘されているとおり、その記録内容が長期に及ぶ蓄積を有している点にある。ベトナム北部については30年近くの、そのほかの地域でも20年近くの記録の蓄積があることから、様々な変化も観察しえよう。

　以上、本章では、東南アジアにおける東亜同文書院大調査旅行の展開と、そこから見える（あるいは見えるはずの）東南アジアと日本との関係等について、現状でわかることをまとめてみた。

　その結果、東南アジアへの大調査旅行の拡大は、先行研究で言われていたよりも古く、1910年に端を発し、1920年とその翌年には、それぞれ大陸部と島嶼部における本格的な大調査旅行が開始されていたことがわかった。1920年代には、東南アジアへの大調査旅行が質・量ともに大いに充実していった。しかし、1930年代以降、国際情勢による大調査旅行の制約にあわせて、東南アジアへの大調査旅行も縮小していった。

　地域については、ベトナムと島嶼部が重点であり、シンガポールが一つのハブとして機能していたことがわかった。移動には、中国の大調査旅行のような徒歩ではなく、主に鉄道や汽船、自動車やバスが利用され、広大な範囲を所狭しと駆け回った。その一方で、タイ北部・東北部・南部、ラオス、ラオカイを除くベトナム西北部、バリ島以東の小スンダ列島などは、ほぼ空白となっており、さらに日本の委任統治下の南洋群島や南アジア地域は大調査旅行の範囲から外れていたことが明らかになった。

　書院生たちは、現地宗主国官吏の振舞いに怒ったり、排日運動に燃え上がる華僑に危険を感じたり、自国領事の怠惰に呆れたり、現地の人々を見下したりしながら、「一等国民」としての意識と貧乏旅行の実際との狭間を歩んでいたことがわかった。

　また、彼らは書院で磨き上げた北京語がほとんど通じない環境のなかで、多くの在留日本人と接触し、また依存しながら東南アジアにおける大調査旅行を経験したが、そこからは1910年代までの「からゆきさん」や小規模商店主を主な構成員とした日本人社会が、1920年代以降日本経済の東南アジア進出にともなって「グダン族」の進出を受けて変容していく姿や、ミンダナオ島へ日本人が大量に移民する様子を直接的に体感していった。その一方で、現地の人々や華僑、宗主国官吏などとの接触は限定されたも

のであり、彼らとの結びつきが強かったと思われる日本人女性との接触も、日本人男性への接触と比べると非常に軽微なものであったことも浮かび上がった。ここからは、書院生の関心が、将来、中国や華僑に限定することなく、アジア全体を舞台とするような「日本」の経済関係を担う人材として育つことにあったことが見えてくるように思われる。そして実際、多くの書院出身者が「グダン族」として東南アジア各地で日本経済を支えていくのである。

参考文献

青木澄夫（2013）「オランダ領東インド（蘭印）時代のスマトラ島メダンにおける1910年代までの日本人社会の形成と変遷」『貿易風――中部大学国際関係学部論集』8

藤田佳久（1998）『中国を越えて』大明堂

藤田佳久（2000）『東亜同文書院　中国大調査旅行の研究』大明堂

藤田佳久（2011）『東亜同文書院生が記録した近代中国の地域像』ナカニシヤ出版

早瀬晋三（2012）『フィリピン近現代史のなかの日本人――植民地社会の形成と移民・商品』東京大学出版会

疋田康行（1995）『「南方共栄圏」――戦時日本の東南アジア経済支配』多賀出版

The Imperial Government Railways of Japan. (1917). *An Official Guide to Eastern Asia. vol. 5 East Indies*. Tokyo: The Imperial Government Railways of Japan. (Reprinted by Edition Synapse, 2008)

郭晶（2007）『東亜同文書院大調査旅行之研究』愛知大学大学院中国研究科博士学位請求論文

加納寛（2014）「戦時期バンコクにおける日本側活動の空間的特性――1942〜43年の宣伝活動を中心に」『日タイ言語文化研究』2

波形昭一編（1997）『近代アジアの日本人経済団体』同文舘出版

清水元ほか（1985）「特集・戦前期邦人の東南アジア進出」『アジア経済』26-3

清水元（1990）「戦間期日本・経済的「南進」の思想的背景――大正期「南進論」の形成」杉山伸也ほか編著『戦間期東南アジアの経済摩擦――日本の南進とアジア・欧米』同文舘出版

矢野暢（1975）『「南進」の系譜』中央公論社

湯山英子（2006）「東亜同文書院生の仏領インドシナ調査旅行」『植民地文化研究』5　不二出版

湯山英子（2008）「仏領インドシナにおける日本人社会」蘭信三編『日本帝国をめぐる人口移動の国際社会学』不二出版

第4部

日本の勢力圏における大調査旅行

第 10 章

書院生のまなざしに映る
20世紀前半満洲地域の日本人

荒武達朗

はじめに

　本章は『大旅行誌』を主な資料として1920年代から30年代にかけて満洲地域[1]に生きる日本人の姿を描出することを主目的とする。主に満洲事変前後を対象とするが、これは遺された史料が豊富であることによる。第1節では書院生の大調査旅行が時期を下るに従いどのように変容したかを概観し、日本の満洲進出の進展を跡づける。満洲が日本の勢力圏へ巻き込まれていく中で、彼らの大調査旅行はどのように変質したのだろうか。書院生は旅行中に出会った様々な業種の日本人について書き留めている。そこで第2節では書院生の眼に映じた日本人の姿に目を向け、満洲の邦人社会の特徴を考察する。本章はすでに明らかとなっている客観的な事実関係の中に、彼らが見聞きし経験した事柄を位置づけていくこととする。言わば歴史教科書の記述をより具体的で、生彩に満ちたものにするようなことを目的としている。

　書院生の第1回目の大調査旅行は第5期生最終学年の1907年に実施された。本書第1章は1907年から1919年までを「試行・拡大期」、1920年から1931年までを「円熟期」、1931年の満洲事変以降を「制約期」とする時

---

[1] 満洲地域とは、本書第2章でも述べたように、時期によってその範囲が拡縮している。筆者は内モンゴルの東部も満洲に重ね合わせている。

期区分を行っている[2]。表1は各期の書院生の実際に行われた大調査旅行総路線数の中で、満洲へと足を踏み入れた路線の占める数をあらわしている。ここから満洲旅行には上述の「円熟期」においても一つの劃期を見出すことができる。第23期（1926年）までは満洲への旅行に赴いた班はそれほど多くはなかった。これに対して第24期（1927年）と第25期（1928年）を境に全体の中で占める満洲旅行の割合は3分の1程度にまで増加した。本章の考察範囲とは異なるが、東南アジア方面への拡大が見られるのもこの頃である。これは北伐の進行と日本の在華権益との衝突、済南事件、張作霖爆殺事件、それに付随した日中対立の先鋭化、その結果活発化した排日運動及び護照（パスポート）発給の遅滞という情勢を反映したものであった。これらの困難によって必然的に日本の勢力圏にある満洲への旅行が増加することとなったのである。

　この情況の下で1931年6月に第28期の大旅行が本格的に始まった。満洲にあっても、日本の勢力が次第に固められつつあったとはいえ、排日事件や官憲の厳しい検査を受けるなどの障害に見舞われた。長春の邦人が「遂に満洲にやがて戦争が起るだらう」（「お坊ちゃん」［大旅行誌23: 194］）と噂話を口にしていたが、その時その本人は、またそれを聞く書院生も、その3カ月後に発生する事件とその後の歴史的展開を予期できたであろうか。

　そして9月18日に始まる満洲事変と1932年3月の満洲国建国を経て、国民政府との関係は極度に悪化した。これより大調査旅行は「制約期」へと入っていく。日中関係の緊張により第29期（1932年）、第30期（1933年）の各旅行班はほぼ全てが満洲へと目的地を限定せざるを得なかった。第31期（1934年）には一部山西省へと中国本土での大調査旅行が可能となり、第32期（1935年）以降は再び護照（パスポート）が発行されるようになったが、以前のような自由な旅行とはほど遠いものとなった。第34期（1937年）はその最中に盧溝橋事件が勃発したために旅行を中断せざるを得な

---

[2]　［藤田2011a: x–xiii］では「施行期」「拡大期」「円熟期」「制約期」「衰退期」の5つの時期区分が設定される。［藤田2011b: 60–69］によれば、1907年から1919年が「拡大期」、1920年から1930年が「円熟期」、1931年以降が「制約期」、1939年の書院の大学への昇格以降が「消滅期」と位置づけられる。

第10章　書院生のまなざしに映る20世紀前半満洲地域の日本人

表1　満洲へ向かった旅行路線数

期	旅行年	総路線数	満洲入域数	期	旅行年	総路線数	満洲入域数
5	1907	17	0	24	1927	17	7
6	1908	12	2	25	1928	15	8
7	1909	15	1	26	1929	19	8
8	1910	12	3	27	1930	20	6
9	1911	12	1	28	1931	20	8
10	1912	11	0	29	1932	27	26
11	1913	10	0	30	1933	32	30
12	1914	11	0	31	1934	26	20
13	1915	11	1	32	1935	22	12
14	1916	13	2	33	1936	25	3
15	1917	11	1	34	1937	29	2
16	1918	14	1	35	1938	30	?
17	1919	欠		36	1939	21	1
18	1920	23	1	37	1940	8	0
19	1921	22	3	38	1941	32	0
20	1922	22	4	39	1942	欠	
21	1923, 24	17	3	40	1942	38	4
22	1925	19	2	41	1943	欠	
23	1926	15	1	42	1944	欠	

補注：「欠」は『大旅行誌』の欠落を表す。
　　　総路線数は都市駐在班も加えている。旅行班の一部が分離した場合は別個のものとして計算しており、それ故に旅行班の数とは一致しない。満洲入域数は旅程の一部に満洲を組み込んでいる路線を指す。ただし明らかに通過と考えられるものは含まない。例えば33期、34期、38期はそれぞれ15路線、21路線、16路線が奉天・大連等を訪れているが除外した。35期は旅行予定表のみ現存、満洲の経過予定路線は25と多数に及ぶ。しかしその多くが天津→奉天→大連→上海というルートを取り、調査を行っているかは不明。1919年の欠落は、五四運動の影響により大旅行が卒業式直前まで持ち越されたことにより、旅行誌が刊行されなかったことによる［藤田2000: 298］。また1921年に書院のカリキュラムは3年制より4年制に移行した。それ故に第21期生の旅行は1924年に実施されることとなった。

かった。その後は全て日本の占領下での"大"調査旅行という強い制約が課せられることとなった。

　この第24期1927年以降の情勢の変化、特に第29期（1932年）と第30期（1933年）の中国本土での旅行禁止という事態は、外在的な要因によるものである。また下準備に十分な時間を割くことができず、書院生にとって残念かつ不本意なことだったかも知れない［藤田2011a: 535］。しかし旅行の路線が満洲に集中し、加えて1933年には各県に駐在する手法が整備されたことにより調査は深化した。そしてこの期間の満洲に関する記述が豊

富となることで『大旅行誌』『調査報告書』（本書第2章参照）相互の比較対照を可能とする質的、量的充実が実現されたことは否定できない。皮肉なことであるが、「制約期」と位置づけられるこの時期に同文書院の満洲調査は形の上では「拡大期」「円熟期」を迎えたと言えよう。この時期の調査資料から読み取れる満洲の辺境地域像と地域認識については本書第1章に詳しい。

1 日本の満洲進出と調査旅行の変容

　書院生の中国旅行は、まず到着したある県の衙門（役所）を訪れ、可能であれば知県（県知事）と面会して社交辞令を交わし、護照の検査などを受け、宿舎や護兵の手配を依頼するのを通例とした。滞在中の調査は、書院の先輩や在住日本人の"つて"を頼り、商会や公司を訪問して、聴き取り調査や刊行物の閲覧を行った。宿屋の不潔さに代表されるような旅行の苦難についてはここで繰り返すまでもない。

　満洲においてもこの形式は基本的に踏襲されていた。一例を挙げると1916年の北満を旅行する旅行班は「日長夜短記」に綏化で道尹、呼蘭で知事に面会した時のことを記している。両地ともに比較的詳細な面会の記録が残っている理由は、その当人や家族が日本への留学生（明治大学と法政大学）であり印象に残ったためかもしれない。この呼蘭で知事と面会した後の下りには

> これも日支交渉の結果でしょう、私共の宿屋には常に二三人の探偵がついて居って、私共の動静を一一報告して居るんです
>
> 　　　　　　　　　　　　　　　　　　　　　　［大旅行誌10: 304］

と、21カ条要求に端を発する日中関係の悪化が記されている。1915年以降、書院生は中国各地で排日気運の盛り上がりを目の当たりにすることになる。周知の通りそれは1919年の五四運動を契機に全国的な運動へと発展していくが、残念ながら1920年代前半の満洲地域では旅行班の数の少なさもあり、その形跡をほとんど見ることはできない。

第10章　書院生のまなざしに映る20世紀前半満洲地域の日本人

　書院生の満洲旅行が漸増していく1927年、特に28年以降、当地でも排日気運が高まっていく[3]。例えば1928年の「線を描く」は黒龍江を黒河へ向かう旅程において

　　船中の空気が吾等に対してとても険悪なので不愉快でならぬ、乗客の総てが我等をぢろぢろ見ながら、日本人の悪口を云っている
　　　　　　　　　　　　　　　　　　　　　　　　［大旅行誌20: 356］

と記す。黒河では

　　六月二十九日　今朝の支那紙には大きな見出しで『多数日人到黒河遊歴』として山東出兵から書き出す　　　　［大旅行誌20: 360］

という。また1931年の「吉会の旅」は吉林省敦化の状況を次のように語る。

　　……間島日報を見れば、二面に一号活字で『日本側で組織した視察団敦化に入る』との見出の下に。
　　『若一林郎〔若林一郎〕外四名の視察団が十九日敦化に入ったが時局柄吉会鉄道敷設の視察団と見て支那官憲側に於て目下厳重監視中（間声日報）』云々とあり、之を見て一同大笑ひである。
　　　　　　　　　　　　　　　　　　　　　　　　［大旅行誌23: 272］

　この2つの記事から満洲でのメディアの普及に気づく。これが世論の排日的風潮の形成に寄与していると考えられる。これらの記述は、書院生の主観が入っているとはいえ、彼らに向けられた中国人の視線を表しており貴重な史料である。少なくとも約10年前の21カ条要求時に比べれば、反日感情を伴うナショナリズムの高まりが中国人の間で広く共有されるようになったことが窺える。
　中国各省の旅行に護照の携帯は必須であった。これより前の時期の『大

3　第25期（1928年）では［大旅行誌20］所収の「サハリンへ行く」「胡砂朔風」「胡馬征塵」「線を描く」がある。翌年以降も1931年まで多くの旅行誌にその雰囲気が記されている。

旅行誌』からは儀礼的な護照の検査をめぐる話題はそれほど現れない。当時はルーチンワークとして粛々とこなされたために記録に残らなかったのだろう。ところがこの時期にはより高い頻度で護照検査や官憲・兵士による取り調べの記事が出現する。幾つか例を挙げると、1927年の「間島紀行」によれば図満江の国境では

> ……直ちに巡査の頑張って居る派出所には入って行く。
> 『何処から来ました？』此の前より言葉だけは稍々叮嚀である
> 　　　　　　　　　　　　　　　　　　　　　　　［大旅行誌19: 32］

という。1928年「線を描く」の記す黒龍江省富錦では

> こゝでは仲々上陸を許されなかった、兵隊共や、巡警共の厳しい訊問を受けて……。警察所長御自身の出馬だった。護照を見せるとしては吉林省の発行でないから、『不行』と難癖をつける。
> 　　　　　　　　　　　　　　　　　　　　　　　［大旅行誌20: 352］

満洲事変前の1931年「挿秧・麦秋・熱沙」によれば遼西の錦州では

> 交番の巡査が言ふことには
> 『護照がなければ、どうしても泊る事は出来ん。』と。
> 　　　　　　　　　　　　　　　　　　　　　　　［大旅行誌23: 109］

同じく1931年「お坊ちゃん」は斉斉哈爾(チチハル)での出来事を記している。

> 支那の巡査が傍らにやって来て。
> 『何処から来た何者だ』と尋ねた。　　　　　　　［大旅行誌23: 183］

以上は一面では日中関係の悪化により高まる排日気運を背景としている。また一方で満洲地域における張作霖・張学良政権、国民政府の行政組織の充実と社会統制の浸透によるものとも考えられる。

第10章　書院生のまなざしに映る20世紀前半満洲地域の日本人

　この時期の満洲での書院生の調査では冒頭で述べたような県衙門の訪問が全体的に目立たなくなり[4]、その反面、満鉄公所への訪問が大きな位置を占めるようになった。訪問する相手も満鉄公所の職員を筆頭に、警察署長、税関長、またその職に就いている書院先輩が中心的地位を占めている[5]。満洲の中国人社会と接触する記事は意外に少なく、日本の関係機関との関係を深めていく傾向が、この1931年の満洲事変へと至る時期の旅行の特徴である。

　日中関係の行く末は書院生の大旅行に大きな影響を及ぼしていた。その転機が1931年9月18日に端を発する満洲事変である。書院生は直接"事変"を目にしたわけではないが、その前後の社会の雰囲気を記録しており、その社会の変容を読み取ることができる。

　ここでは三姓と海倫の事例を紹介する。まず黒龍江省の東部に位置する三姓（依蘭）の事例から満洲事変の前後の変容を見てみたい。

①1929年「そして、日本の官憲の援護のない此等の人達が、直接の事件が起れば道尹と交渉し、他に援助のない支那人の中での生活を、これからも続けて行くことは、私たちに一種の頼もしさを感ぜしめた。
　而し三姓の日本の勢力も、年と共に昔日の俤が薄らぎつゝある事は事実である。支那人が云ふ商埠地は決して大びらに商売の出来る場所ではない。碼頭から城内に至る草の生へるに委せた一帯。それが支那の開放した商埠地なんだから。……。只惜むらくは、支那の官憲に誠意の足りない事で、表面上商埠地と云っても事実はこんな調子だから、自ら日本人を排斥してゐる結果になるのである」[6]

②1932年「当時此の方面にゐたのは李杜[7]の軍隊だ。ハルピンを追はれ方正で破れて遂に退って三姓の本拠に頑張ったのだが此処をも放棄

4　1931年に錦州にて宿屋から護照不携帯で宿泊を拒否された時に、やむなく衙門を訪問し便宜を図ってもらおうとした事例がある。「挿秧・麦秋・熱沙」［大旅行誌23: 110］参照。
5　「満洲行人茶話」「サハリンへ行く」「胡砂朔風」「線を描く」、以上［大旅行誌20］所収。「お坊ちゃん」［大旅行誌23］所収。
6　「極光を慕ひて」［大旅行誌21: 376］。
7　李杜、事変時には依蘭鎮守使。32年1月には吉林自衛軍総司令、後ハルピンを撤退。

してとう⌒東へ走ったのである。……
　今三姓の市政はすっかり皇軍の手で復旧されてゐる。……」[8]

事変前の①からは当地に暮らす日本人の苦境、基盤を拡げられず反対にこれまでの地歩を徐々に浸食される姿が描かれている。商埠地の設定により外国人はこれまでの居住と活動の自由を制限された。書院生はこれを"排斥"と称するが、これは必ずしも排日運動のみを指すのではない。視点を変えれば中国、張作霖の張氏政権による行政の整備を意味している。②からは事変後に日本軍の駐屯によって治安が回復したことが読み取れる。後述するようにこの軍隊の駐屯によって書院生の調査も便宜を得ていたことは否定できない。

　続いて1929年から33年にかけて北満の哈爾濱(ハルビン)北方の穀倉地帯に位置する海倫を訪れた4つの旅行班の記述を引用する。海倫の事例からはより詳細に事態の推移を読み取ることができる。

③1929年「海倫、此の地方は前世紀の終り迄は少数の満洲人、達呼雨(ダウル)〔爾?〕、巴爾虎(バルガ)、額魯特(オロト)、漢人等が住んで所謂遊牧生活だった。其後支那政府の組織的移民に依り現今海倫市人口は六万九千余あり鉄道開通後又急に発展し出した。
　夜八時過ぎ吉田さん処へ請安に行けど支那人相手に麻雀中なりし為匆々失礼する、東方客桟は乗合自動車を経営してゐるので明日の特〔拝?〕泉行を約して寝につく。毛布一枚、油紙一枚の旅にも慣れて南京虫も何のその、皆んなぐっすりと。」[9]

④1931年「『私共は満鉄公所を訪ねたいと思ふのですが』と云ふと、その人は『実は先頃排日の時この海倫では日本人は全部立退きを命ぜられて自分達もこういふ処に隠れてゐるのですから、余り日本人といって尋ねない様にして下さい、満鉄公所の人は二人ゐますがその人も支那人の製粉工場に隠れてゐます』……

8　「北満の穀倉を貫く」[大旅行誌24: 218]。
9　「白樺の口吻」[大旅行誌21: 402]。

第10章　書院生のまなざしに映る20世紀前半満洲地域の日本人

国際運輸の人の話の様に、日本人は前回の排日の時、全部立退きを命ぜられたが自分達はこゝの製粉工場主が非常な親日家で自分達を隠まってゐて呉れるのだ。ハルピンの満鉄公所でも自分達の居所は知らぬ筈だから帰っても話さない様に呉々と頼まれた。」[10]

⑤1932年「駅へ着いた時は午后の四時過ぎだった。コンクリート作の駅の建物の頂上に新満洲国旗と日章旗を飜し乍ら剣付鉄砲を抱して立つ哨兵の姿は凄味のある勇しさだ。……
　当地駐屯歩兵五〇聯隊の仮兵舎は嘗て馬氏[11]の妾宅の跡だと云ふ。聯隊長及兵隊さんに敬意を表しに行く。
　まだ兵隊以外に誰れも来た者がないと云ふのに僅か五人ばかりで良くやって来たなあ、まだちょい〳〵匪賊が出るから用心しろと誉められたり嚇かされたり、其の筈呼海鉄道が開通したのが此の二三日前だ。兵隊さんの行く処必ずついて来ると云ふ娘子軍、可憐な朝鮮娘の一隊でさへ姿を見せないんだ。」[12]

⑥1933年「当地には水戸第二聯隊本部が駐屯してゐる。……刺を通ずると早速聯隊長に面会を許される。……。地図上の赤印は匪賊状態を示すものとの事に、注意して見ると県内には二三箇所しかなく、而も註せられた日附は古い。『治安状態頗る良好』と御鼻の高いのも宜なる乎。」[13]

③から⑥は1929年から33年まで、満洲事変前後での地方都市の邦人社会が被った変容を描写しており興味深い。③の旅行班は何の兆候も感じ取ることはできなかった。ところがその2年後、1931年満洲事変直前の④には激しい排日運動の情景が描かれている。これが日中関係の悪化を反映したものであることは明らかである。情勢は極度に緊張し在留邦人の退去が

10　「旅の印象」[大旅行誌23: 461–462]。
11　馬占山であろう。
12　「北満の穀倉を貫く」[大旅行誌24: 206–207]。後掲【史料18】。
13　「Ⅰ　Ⅱ　Ⅲ」[大旅行誌25: 282]。
　　　アデイン　ドゥヴァ　トゥリ

195

命ぜられた。残留した日本人は人目を避けて隠れ住まざる得なかった。この旅行班の訪問から2カ月後、満洲事変が始まった。同年末には北満へも波及し、1932年3月には満洲国が建国された。そして⑤の旅行班が海倫を訪れた。日本軍の占領で事態は落ち着いたとはいえ、この時点ではまだ事変前の様相を復したとは言えない。だがその前年に身を潜めるしかなかったような状況は見出せない。日本人はこの地の支配的地位を占めるようになったのである。翌年⑥には農村地帯まで治安が回復したことが見える。⑤に描かれる「娘子軍(じょうしぐん)」については次節で詳しく述べることとする。

満洲事変以降、つまり第29期（1932年）より後に書院生の調査旅行はどのような影響を受けたのだろうか。まず従来記事に現れていた護照検査の記述はほぼ見られなくなった。それに代わって1932年の「洮南よりチゝハルへ」によれば東蒙古方面への入域では

　　入浴後隣家に住んで居る蒙古軍顧問〇〇大尉[14]を訪問し、単身達爾罕
　　行きの許可を願った　　　　　　　　　　　　　［大旅行誌24: 142］

というように、軍から入域証或いは許可を得る必要があった。また1933年「熱河行」は熱河入域でも

　　熱河に入るには錦州兵站監部から熱河入省許可證を得た上で……
　　　　　　　　　　　　　　　　　　　　　　　　［大旅行誌25: 442］

と記す。1933年の「二克嶺を仰ぎつゝ」も北満の通北では

　　関東軍の方より調査県に行ったら該地軍隊に就き相談するが宜しからう　　　　　　　　　　　　　　　　　　　　　　　　［大旅行誌25: 328］

と、調査に当たっても軍への協力依頼をすることが望ましいと指摘している。かつては県衙門に依頼していた次の町までの交通も、鉄道のないと

14　松井清助大尉か？

第10章　書院生のまなざしに映る20世紀前半満洲地域の日本人

ころでは満鉄関係や軍関係に依頼して便宜を図ってもらうようになった。

既述の通り満洲国の成立後、1933年からは各県駐在型の調査方式がとられるようになった。これは当然日本の影響が各県まで浸透していったことを背景としている。上の三姓や海倫の事例に記される軍隊の駐屯も無関係ではない。書院生の訪問先もこれまで県衙門や商会・公司に限られていたものが、まず満鉄公所がそれに加わり、満洲事変後には公署、軍隊、警備隊、公安局、税務署、協和会、各種公司、糧業公会、糧桟、農会、商会、銀行、学校、監獄など様々な機関への訪問が行われるようになった[15]。中国人の県長ではなく、最初にそこの県の日本人の参事官を訪問しその協力を仰いでいる点が、満洲国の性格とそこでの調査旅行の性質を端的に表現している。

またこれまで足を踏み入れられなかった農村地帯が含まれるようになったことも指摘せねばならない。地域によっては治安の関係上県城より離れることができなかったが[16]、安定した地域では護兵をともないながらも農村地帯へと分け入っていくこともあった[17]。一部の『調査報告書』が詳細な分析を残している理由の一つには、日本の満洲支配の基盤拡大とそれによる書院生の大調査旅行の充実がある。

2　書院生の眼に映った満洲の日本人――娘子軍を中心として

前節で述べたことは日本の満洲進出という教科書的知識を、書院生の調査旅行の変容という軸に沿って裏付けたにとどまる。日本の満洲への勢力拡大過程を踏まえるならば、彼等の活動がより広範なものになり、内容も多岐に亘る充実したものへと変化していくのも頷けよう。しかしながらこの日本による満洲支配の社会における実態に目を向けるならば、当地の在留邦人の姿からは必ずしも順調に進まない「進出過程」が浮き彫りになる。満洲に赴いた日本人に関して当時の新聞資料などに基づいて実態解明を行った［塚瀬2004］によれば、満洲にいた日本人には現地社会と溶け込

15　［大旅行誌24、25、26、27］所収の各旅行誌を参照。
16　「風来坊」及び「拉賓線突破を志して」［大旅行誌25］所収。
17　「四人の旅」、「名も懐し西安」、「吉敦吉海」、「仮寝の夢」など。すべて［大旅行誌25］所収。

まず、日本人同士の経済関係のみを取り結び、結局中国商人には太刀打ちできなかったという特徴が見出せる。種々の職業の日本人が満洲へと流入したが、その尖兵となった者が売春婦であったという。この売春婦については本節で詳しく論ずることとするが、まず『大旅行誌』に描かれる日本人の姿を改めて提示し、日本の満洲進出と"支配"の実像について考察をする。

　書院生はしばしば満洲の奥地に進出する日本人が稀であることを指摘している。県によっては参事官とその家族しか日本人がいないという場合もあった。阿城県はハルピンの南郊という立地であったが、1933年「拉賓線突破を志して」では

> その参事官様の部屋が外観より又ひどい。……日本人のめったに来ない所に、唯一人彼等支那人の間に交って行く参事官の犠牲も大きい
> 　　　　　　　　　　　　　　　　　　　　　　　　［大旅行誌25: 137］

と記される。また1934年の「徳恵九台回想録」によれば満鉄本線を新京からハルピン方面へ約90km進んだところにある徳恵県においても

> こんな僻陬の地、日本人といっては数人にすぎないのに、大和撫子が淋しげに咲いてゐようとは　　　　　　　　　　［大旅行誌26: 349］[18]

とある。阿城も徳恵も小県ではあるが鉄道沿線にほど近い場所である。大都市との交通も確保されていたが、日本人は少数であった。ところが、それにもかかわらず「大和撫子（売春婦）」が姿を見せていることが分かる。奥地では、例えば「北満行」によれば北満洲のチチハル北東約250km 嫩江（墨爾根）では1937年に

> 県副参事官宅を訪ねたが、こんな不便な奥地に務めてゐる役人の奥さんは気の毒である。子供があれば主人の留守中は、まあ子供にでも紛

18　後掲【史料25】。

ぎらされよう。だが子供も未だない若い新妻はどんなに主人の帰りを待ちわびてゐることだらう。　　　　　　　　　　　［大旅行誌29: 221］

満洲事変後6年が経っても奥地では県城ですら日本人の数は限られていた。
　さらに満洲の日本人の生業についても、大きく成功しているという印象を得る記述は少ない。一般的な傾向を述べると、1932年「蘇・満国境に立つ」によるとチチハルでは

> 日本人は事変以来約六百人の増加であるが、皆相変らずの同志喰ひで、未だ満洲国人相手に一膚ぬがんとする者は一人も居らぬ状態である。料理屋やカフェーの進出のみ目覚しいものがあった
> 　　　　　　　　　　　　　　　　　　　　　　［大旅行誌24: 174］

という。1932年に満洲を訪れた27人の書院生は「満洲国印象記」としてそれぞれ一文を寄稿している。ある書院生は次のように危機感を抱く。

> 見よ！　漢人の偉大なる移植力の前に、日露戦争に莫大な犠牲を払って得た我が特殊権益も蹂躙されて、僅に満鉄一本に頼る二十万の邦人により蕭條たる満洲が築かれたに過ぎぬではないか。
> 　　　　　　　　　　　　　　　　　　　　　　［大旅行誌24: 493］

1933年に通遼を訪れた書院生も「漢人の蒙古」に

> 日本人はどうしてこんなに奥地に弱いのだらうと涙が出る。通遼は必ず大発展をするであらうが、日本人の活躍する余地の少いのは如何することも出来ないだらう　　　　　　　［大旅行誌25: 93］

と慨嘆する。在留邦人の多くは大都市や幹線から離れた地域には定住できず、人口の大多数を占める中国人相手ではなく日本人相手の生業を営んでいたのである。この点は前掲［塚瀬2004］が明らかにした日本人の姿に

一致している。

　この在留邦人の中で、ある一群の人びとが書院生に強い印象を与えたようだ。上に引用した例にも現れる「娘子軍」、すなわち日本人（一部、朝鮮人を含む）の海外売春婦の存在である。彼女等については倉橋正直の先駆的研究があり、必読文献と言える[19]。以下本章もその先行研究を参考としながら、この娘子軍とそれを取り巻く人びとの実例を提示し、そこから在満邦人の一側面を描出する。この売春婦に関する史料は本章の末尾に一括して掲載した。【史料○○】の数字はその整理番号である。

　娘子軍は19世紀の後半に北満洲、シベリアに出現した。これは当該地域での開発の進展によるもので、日露戦争を経てその数は急増した。1916年のチチハルでは

　　在住の日本人は時計商一洗濯屋一パン製造者一で其他のものは例の植民先駆者の娘子軍が居なくてもよいのに随分発展してロシヤ魂を手際よく抜いて居る。……　　　　　　　　　　　　　　【史料1】

　　一時は随分繁昌したもので可成の成金も出来たそうであるが今日ではロシヤ人の減少と支那人の自覚とで日一日と淋しくなって来たとのことである　　　　　　　　　　　　　　　　　　　　　【史料2】

というように、ロシアの勢力の強い北満にも彼女らは進出していた。だが1931年に満洲里を訪れた旅行班が聞くところでは

　　彼等は且て日本がシベリヤ出兵を行ひし当時、一時此の満洲里を往来する日本軍頗る多く、軍事の中心地となり辺境の都会としてはいさゝか殷盛の観を呈した。此の状態を見て日本商人並びに彼等娘子軍の当地に来住する者多く、軍人相手に利益を得んとしたのである。……日

19　本章では娘子軍と呼称を統一するが、彼女等についてはその代表的出身地より「島原女」、他に「売笑婦」「醜業婦」「酌婦」「女給」「大和撫子」という呼び方もある。また彼女等を抱える場は「カフェー」「料理屋」「待合」などという看板を掲げていた［倉橋正直1989; 1990; 1993; 1994; 2010; 2015］。

本シベリヤ撤兵を行ふや、彼等は一時に頓挫を来し、商取引の対称を失ひ、内地或は南満方面に引上げる者多く、一時華やかなりし満洲里は過去の歴史として葬り去られたのである。　【史料11】

シベリア出兵による軍の駐屯が商人や娘子軍を引き寄せたが、撤兵により再びその数を減らしたのだという。先述したように、日本人は満洲の中でも都市に集住し、地方を忌避する傾向にあった。ところが彼女らはその他の日本人のはいり込もうとしない地域へも向かったのである。『大旅行誌』にも彼女らが日本人進出の"先鋒"であるという描写が散見される。例えば1922年の満洲里では

日本人が皆なで八十人ばかりゐるが、その内の三十人は例の島原女だから驚く。第一線に立つ邦人の三割が娘子軍だと言ふのは余りに皮肉な沙汰だ。　【史料4】

1931年の黒河では在留邦人と出会った旅行班は「数名の支那服を着た日本婦人」について

あとで聞いたことであるが、この人達は、常に日本人海外発展の第一線に立つ娘子軍の既に予備役に編入された人々であり、今では支那人の妾となり或は正妻となっておられると——　【史料8】

と記している。同年の海拉爾（ハイラル）でも

邦人は朝鮮人を含めて約五十人位。昭和盛、天泰利といふ馬の売買、薬屋、医師、質屋、旅館（といってもあいまいなものだが——）を営んでゐる。邦人の大部分を占めてゐるのは朝鮮人の女で皆売笑婦である。これ等に混って正真正銘の大和撫子も咲いてゐる。諸君、笑ひ給ふな海外発展の第一線を行く者は実にこの娘子軍さうだから。

【史料10】

この文中の"旅館（といってもあいまいなものだが——）"は売春宿を暗に指している。1933年の阿城でも

> 翌日他の班の者に別れを告げ九時阿城行のバスの人となった。三人の日本服のメッチェン〔※ドイツ語由来で少女の意〕が同乗して居たので心をなぐさめるものがあった。言葉つき、身なりで満洲開発の第一線に立つ娘子軍であることはすぐわかった。　　　　【史料22】

以上、書院生の間で娘子軍が日本人海外発展の第一線であるという認識が共有されていたようだ。このような娘子軍とそれを抱える売春宿は満洲の片田舎にもその姿を現した。1933年の海林では

> 此処に居留する邦人は領事館警察員若干名に宿屋一軒、高岡号出張所、守備隊一個小隊、それに女郎屋二軒が総べてである　　　　【史料23】

という。先に検討した阿城（1933年）、徳恵（1934年）、墨爾根（1937年）の日本人参事官駐在の姿を想起すれば、行政関係と守備隊の配置は当然として、これに加えて公司の出張所が一つと娘子軍のみ、というのが満洲の地方における邦人社会の一つの典型であろう。既に引用した満洲への日本人進出が都市に限られ奥地に見られないという記事（1932年のチチハル、33年の通遼）とも符合しており、事実であると考えられる。この娘子軍と、本章では言及しないが麻薬密売人は[20]、その他の業種の日本人に先駆けて満洲の奥地へと進出していったのである。前節で見た海倫の⑤の史料1932年「兵隊さんの行く処必ずついて来ると云ふ娘子軍、可憐な朝鮮娘の一隊でさへ姿を見せないんだ」【史料18】という記述は軍隊と娘子軍の密接な関係を表現している。

　では娘子軍が主にどのような場所へと向かったのかを見てみたい。建設事業が大々的に進められていた1934年の北満洲の北安では

---

[20] 「赤陽礼賛」［大旅行誌24: 93］にも錦州の「事変前の邦人は殆んどモヒ密売人」とある。このような記述は『大旅行誌』に散見される。

第10章　書院生のまなざしに映る20世紀前半満洲地域の日本人

　　大黒河への要路を扼して近時めきめきと発展した北安鎮は纔か一年有
　　余の間に、二三十戸の一寒村から人口五千を有するに至った新開地だ。
　　日本人一千人を構成する分子は満鉄社員であり、土木建築業者であり、
　　それを相手の商人であり娘子軍である。　　　　　　　【史料28】

同年、満洲東部の拉法とその近くの新站の状況は次のようであった。南北
に貫く拉賓線と東西を横断する京図線の交差する当地では

　　新站！　遠く山なみを背景に割合にひろい平野の中にその駅もポツン
　　と立てられてゐる。……。こんな何にも無い山あひに、これでも日本
　　人が四百五十人も居ると云ふ。然し彼等の半分は軍隊と鉄道の建設員
　　と追ふて生活する水草稼業の者のみなのだ。　　　　　【史料30】

このように満洲国で進行する建設の拠点には娘子軍が集中するようになっ
た。また1932年から33年にかけて戦局は遼西そして熱河へと移った。32
年の錦州では

　　室師団の入城を記念する室町通りを真直に行けば十町余りで城内に達
　　するが、駅前の建国ホテルを除いては覚束ない旅館、カフェー、待合
　　のオン、パレードである。人口七万と云はれる錦州の町には事変前日
　　本人は約四十人居た。それが一月三日の日本軍入城と共に娘子軍が先
　　頭を承はり続々詰めかけて当時千人を超えて居た。その中の三分の一
　　は尚春を鬻ぐ連中である。……。事変前の邦人は殆んどモヒ密売者で
　　当時ですら非常に支那人に嫌はれて、機会ある毎に排日を受けて居た
　　位である。　　　　　　　　　　　　　　　　　　　【史料14】

その翌年、同じく錦州では

　　……従前より相当日本人移住あり、商売も可成の成績を収めて居たの
　　であるが、続く抗日排貨の政策で手も足も出なくなったため、各地へ
　　引き揚げるもの続出し、事変直前は数十名しか居なかった。其れがど

うだらう。昨年一月多門中将が入城して以来押すな押すなで兵隊其の他に附いて這入り込んだものが、無慮二千人を突破し毎日二十名内外の増加があると共に、出入往来の数を入れると優に二千五百人を越えるであらうと領事館警察では見て居る。小学校の生徒数が急に増加したため、近く先生の増員をやらねばならぬと言ふ。だが此の内過半数は女にして、而も職業女が相当多い事は見逃されぬ。兎に角あのカフェー料理屋さう言った所に働いて居る女はチョンガーの男数以上の数だ。　　　　　　　　　　　　　　　　　　　　　　　　【史料20】

軍隊の移動と共に娘子軍の姿も現れたのである。
　建設ブームに沸く地域と軍隊の駐留する地点には日本人町が形成されていった。1932年の北満洲の穀倉地帯にある克山はその典型であろう。

　　十字大街の永生合雑貨舗に平松旅団司令部が有って其処から一丁程の所に克山館と云ふ家が有る。白粉さへはげた睡眠不足の血色の悪い女が前を乱して夜昼となく満鉄建設員や兵士を送迎して居る、……、日本名物娘子軍とは何と悲しい言葉ではないか。
　　　更に街を歩く。太陽牌文明鞋（朝日地下足袋）の紅い旗が支那人雑貨商の軒にはためいて居る。仁丹味之素の広告を貼った売薬商や雑貨商が有る。店舗の貧弱な点を見ると日本人の店だ。近所にはうどん、御菓子、畳屋等と掲げた家があって、既に日本人町が出来て居る。彼等の勇敢なのに驚く反面、故国の生活の延長と思って居るのを遺憾に思ふ。而して日本の植民は常に Goods and Capital follow the Weapon なる形式をとる事を思ひ出す。　　　　　　　　　　　【史料15】

先にも紹介した1934年の北安の記事は続けて次のように記している。

　　そして――、新開地特有の躍動的な気分と同時に享楽的な淫蕩的な空気が町全体を支配する。黄昏時ともなれば灯の陰に蠢く暗の女達の何と多い事よ。
　　　そして何処へ行っても青畳と味噌汁の味を忘れかねる日本人の哀れ

第10章　書院生のまなざしに映る20世紀前半満洲地域の日本人

むべき未練執着が高価な運賃を伴った日本商品を売らせ、カフェーを作らせ、日本人理髪屋を開業させて居る町。所詮は北安鎮も日本人が『まだ電気来了没有麼』と奇怪な日本式満洲語を公然と使用する町だ。
【史料28】

ここにも現地に溶け込まない日本人の姿が描写されている。書院生による主観的な評価の妥当性はさておいても、日本人町が建設現場や軍隊の駐屯地に付随して出現していた点は事実として認められる。日中全面戦争の始まる直前の冀東地区には日本人の進出が本格的に進んでいた。1936年の「冀東雑観」によれば通県（通州）では

殷汝耕を長官とする冀東防共自治政府が通県に置かれてより、通県の発展振りは素晴らしい。日本人の数も一日々々と増えてもう既にカフェーすら開かれて居る　　　　　　　　　　　　［大旅行誌28: 54］

というように、日本の影響が及ぶにつれて早くも"カフェー"が生まれた。このカフェーが今で言う喫茶店ではなく売春業と関係していることは、これまでの史料からも明らかであろう。

　書院生はその受けた印象のままに旅行誌を執筆した。まともな生業の人間は、あまりに当たり前すぎて、記録に値しなかったのかもしれない。むしろ真っ当でない人びとに出会った時に受けた印象の大きさ故に、記録に残されたと考えるべきであろう。しかし多数の事例をつきあわせて考えたときに、これら娘子軍が満洲地域において軍隊や建設現場と強い関係を持っていたことが興味深い事実として浮かび上がる。そして奥地の邦人社会においてはその特徴がむしろ本質的であったと言える。また【史料10、18、25、26、31】には朝鮮人と思しき娘子軍が登場している。業者に随うか、或いは単独か、日本人の娘子軍と同様に満洲へと流入している姿を窺い知ることができる。なお日本人開拓農民の姿は、彼等がその場所を訪れることが少なく、それ故に『大旅行誌』には余り出てこないことは附言しておきたい。1933年に佳木斯へと至ったある旅行班は「櫓声雁語」に当地の武装移民団を訪問し、一節を設けてその記録を残しているが、これは

数少ない例外である［大旅行誌25: 249–255］。

　この軍隊と娘子軍の関係は、現在も重要な研究テーマであり続けている。本章末尾に掲げた史料は、『大旅行誌』に現れた娘子軍に関する記事である。これはいわゆる"従軍慰安婦"の前史として重要な意味を持っている。ここに紹介した史料より後の時期、戦場がさらに拡大していく中で、彼女ら及び業者と軍隊との関係はどのように変化していくのか。残念ながら日中戦争期の『大旅行誌』には"戦場の性"についての記述は少ない。ただし満洲のようにある程度安定した局面での娘子軍の事例をそのまま中国本土へと拡がった戦場のそれに読み替えることはできまい。そこでは戦場の性の問題が顕在化し、売春婦と業者と軍隊の関係も変容せざるを得ない。占領地民衆への性暴力を防ぐという目的がある以上、その運営に対して軍が関与することは当然だからである。一方、本章で考察したような軍隊の後ろに付き従い、カフェーや料理店を設置する業者やそこで働いている日本人・朝鮮人の娘子軍が戦争を境にその姿を消したとも考えられない。

　強制か自発か――現在、数枚の広告や写真、新聞記事を提示して、あたかもそれが従軍慰安婦の"真実"であるかのごとく断定する議論が見られる。その一面的で単純な思考は一笑に付すべき類いのものであるが、それが有識者・政治家をはじめとして、発言力や社会的影響力を備えた人びとの間にも蔓延している事態に憂慮を覚える。2017年初頭の情勢を鑑みるに、日本、中国、韓国いずれの国であろうとも、粗雑な議論が相手方の中の非理性的な分子の蠢動を助長し、同時に自国の国際的地位を損なう結果を招いている点は否定できない。慰安婦となった（あるいは慰安婦にされた）経緯が一律であるはずもなく、戦場との遠近、都市とそれ以外、交通や治安状況の如何によって慰安婦のおかれた境遇は異なる。"時"と"場"によって取り得る形態は様々であろうし、それに基づいた多面的な考察が求められるのである。

おわりに

　本章では『大旅行誌』を通じて主に満洲事変前後の満洲社会に生きる日本人の姿、そしてそこでの書院生の調査旅行の変容を検討した。本章が新

たに発見した事実はないが、当該時期満洲社会の緊張感の満ちた雰囲気を読み取ることができる。

　最後に『大旅行誌』を読む今日的意義について述べておきたい。2016年8月1日、中央教育審議会の次期学習指導要領に向けたこれまでの審議のまとめ（素案）が公表された。そこに表れている通り、ここ数年学校教育において近現代史を学ばせようという気運が高まっている。「世界とその中における日本を広く相互的な視野から捉えて、現代的な諸課題の形成にかかわる近現代の歴史を考察する」というのがその趣旨である。現場の教師の負担増加と受験の混乱という問題を敢えて捨象するならば、その目的自体に異論を差し挟む余地はない。東アジア、東南アジアの国々と向き合うときに歴史を知らねば太刀打ちできない場面がいくらでもあるからだ。そのことを踏まえてか、近年「自国の立場をきちんと、しっかりと主張する」というフレーズをよく聞く。これまた重要なことであるし、殊更に反対する必要もなかろう。ただし惜しむらくは、事実に基づかぬ「妄想」はいかに"きちんと""しっかりと"主張しても所詮は「妄想」の繰り言である。歴史においては事実とは史料の読解を経て確認されるものであるし、本書第2章でも述べたように史料の恣意的な解釈は厳に慎まねばなるまい。それ故に史料を活用しそれを読み解いていく歴史教育の必要性は今後高まるばかりである。

　上記中教審のまとめ案には"世界とその中における日本"を相互的な視野から捉えさせることも目的として掲げられている。その精神に立脚するならば、日本のことだけではなく相手の国の姿を総合的に理解し分析する姿勢を身につけることもまた重要な意義を有している。その点において生徒・学生とほぼ同年代の書院生の遺した『大旅行誌』は近現代史を学ぶ上でも有用な教材となるにちがいない。日本と中国の狭間で葛藤した書院生に思いを致すならば、現今の情勢下に改めて『大旅行誌』を読み直す意義は大きい。

　第25期（1928年）の書院生は「胡馬征塵」に八達嶺の近くで遭遇した中国人の言を次のように記している。

　　私は次兄が高校在学中、兄を便って日本に遊んだ事がある。其の時私

> に示して下さった日本人の数々の御好意、心からなる御歓待、それは当時日本を誤解してゐた私にとっては意外なショックであった。……。山紫水明の日本で暖かい芳情の懐におさまった時、初めて真日本の正体を把握する事が出来た。こうした日本にどうして排日の飛沫が飛ぶのだらう。……　　　　　　　　　　　　　　　［大旅行誌20: 169］

これは2015年の流行語である"爆買い"に来た中国人が口にしてもおかしくない台詞である。これに対して書院生は

> ……そうだ。霞ヶ関の外交も此処から初まらなければ嘘だ。国民外交の真義も此処にあるのだ。仰々しい外交文書の美辞麗句が、どれだけ日支〔※日中〕親善の上に成果を齎らすのだ　　［大旅行誌20: 169-170］

という感想を日誌に残した。彼らのやり取りに対しては、もし現在であればネット上で活躍する両国の愛国者たちから手厳しい罵声が浴びせられることだろう。しかしながらこの対話の後の歴史的展開を知る我々にとって、互いの誤解と反感を解かねばならぬと切実に感じる書院生たちの姿は、約90年の時を隔ててもなお教訓をもって語りかけるものがある。自らを省みるべきは彼の国だけではない。我が国にも言えることである。

参考文献

藤田佳久（2000）『東亜同文書院　中国大調査旅行の研究』大明堂
藤田佳久編著（2011a）『満州を駆ける』（東亜同文書院　中国調査旅行記録、第5巻）不二出版
藤田佳久（2011b）『東亜同文書院生が記録した近代中国の地域像』ナカニシヤ出版
倉橋正直（1989）『北のからゆきさん』共栄書房（新装版：2000年）
倉橋正直（1990）『からゆきさんの唄』共栄書房
倉橋正直（1993）『島原のからゆきさん――奇僧・広田言証と大師堂』共栄書房
倉橋正直（1994）『従軍慰安婦問題の歴史的研究――売春婦型と性的奴隷型』共栄書房
倉橋正直（2010）『従軍慰安婦と公娼制度――従軍慰安婦問題再論』共栄書房
倉橋正直（2015）『戦争と日本人――日中戦争下の在留日本人の生活』共栄書房
塚瀬進（2004）『満洲の日本人』吉川弘文館

第10章　書院生のまなざしに映る20世紀前半満洲地域の日本人

『大旅行誌』中に現れる満洲の「娘子軍」関係記事

史料１　「日長夜短記」［大旅行誌10: 266-267］
（1916年・斉斉哈爾）「昂昂渓（斉斉哈爾駅）瞥見　七月十九日　……
　この地の有名なものは蒙古牛と魚類の集散地たることである、即ち驚く程大仕掛の大屠牛揚があって冬期には一日平均二百頭位屠し生牛のまゝ本国へ輸送する相だ、またこゝに集る魚類は蒙古の河湖に産するもので之れも一日平均二百牛車位集まって来てこゝからロシヤと南満地方に送られるといふことだ。在住の日本人は時計商一洗濯屋一パン製造者一で其他のものは例の植民先駆者の娘子軍が居なくてもよいのに随分発展してロシヤ魂を手際よく抜いて居る。……。」

史料２　「日長夜短記」［大旅行誌10: 273］
（1916年・斉斉哈爾）「斉斉哈爾滞在其四（斉斉哈爾見物）　……
　商埠地に今一つおかしい一劃がある。それは日本住民の先鋒といはれてをる長崎や天草島あたりより漂流して来た娘子軍である。国家の体面上賞めたものではない、がこんなところに来てさもしい生活をしておる彼等の耽溺──倫落の女を思ふと何とはなしに可愛相な気持がする。最後の目的は何であらふかと疑はずにはいられぬ。一時は随分繁昌したもので可成の成金も出来たそうであるが今日ではロシヤ人の減少と支那人の自覚とで日一日と淋しくなって来たとのことである。この種の不景気なら却って賀すべきである。」

史料３　「北満紀行」［大旅行誌12: 355］
（1918年・ロシア領ポセット）「此地に森コトと云ふ長崎の人で支那人の妻になってゐる四十八歳の日本人が一人ゐる。其の人の話によると彼女は熊本県天草郡の人にして十五歳の折誘拐せられて浦港に来り爾来流転に流転を重ねて今に至り既に子供四人を有し其の風俗等全く支那人と異るなく甚しきは殆んど日本語を忘れ漸く十五歳当時のいとけなき長崎弁を怪しく操り得るのみである。彼が親を慕ひ兄弟を思ふ其の涙ながらの物語りには如何ばかり我々の涙をそゝったことであらふ。誘拐された幾数年異境に泣く此種の日本人には旅行中屡々遇った。遇う毎に其の誘拐者を悪み其のものに幾度涙を流した事であらふ。伴れ帰らふと思ったことは幾度か知れん。」

209

史料4 「朔北行」［大旅行誌15: 137］
（1922年・満洲里）「日本人が皆なで八十人ばかりゐるが、その内の三十人は例の島原女だから驚く。第一線に立つ邦人の三割が娘子軍だと言ふのは余りに皮肉な沙汰だ。
　姉妹三人で来てゐるものもあり、五十がらみの婆さんもゐる。悲しい滑稽だ。」

史料5 「サハリンへ行く」［大旅行誌20: 63］
（1928年・満洲里）「夕刻七時、満洲里着、ここは七対三で露助の優勢な町である。露支国境市とは云へ密貿以外には商況とんと不振である。大和撫子は相当咲いてゐる。」

史料6 「サハリンへ行く」［大旅行誌20: 64］
（1928年・海拉爾(ハイラル)）「満洲里を立ったのが十六日の午前九時、午后の一時に海拉爾に着いた。砂ぼこりの町中を馬車に乗って宿を尋ねて廻はったが第一日本人の住家が仲々(ママ)見つからない。やっと見付け出したのが松江館といふ海拉爾唯一の旅館而も兼女郎屋と来てゐるので猛者揃ひの我々も流石にたぢ〳〵したね。然し外に宿る場所はなし勇敢に乗込んで一宿を明す決心をしたわけよ。この宿で旅の疲れで班長の城台が発熱して四十度の高熱でうなされる始末、我々も仲々(ママ)心配した。元気のある連中は別に見所もない町を歩きまはって、くたびれもうけた顔をして帰って来た。夜に入って病人は益々よくない。町の唯一の日本人医者の上田氏をお招きして診察して頂いた。籔に近いお方ではあるけれども誠を込めた御親切は実に有難かったね。更に売春婦諸嬢の熱心な看護にも我々は泣かされた。大和撫子と嘲る勿れだ。実に清純な気持ちだったよ。」

史料7 「胡砂朔風」［大旅行誌20: 100–102］
（1928年・満洲里）「十期の先輩で目下当地の税関長をしてゐられる山本恒三郎氏を訪れた。……
　『日本人はどれ位ゐますか。』『百人あまりでせうね。』『どんな仕事をやってゐるのですか。』『領事館に税関、旅館、薬屋、それに天草女が随分来てゐますよ。』『ロシヤ人は？』『ロシヤ人は多いですよ。六千人からゐると思ひます。』
……
　山本氏の御世話で大正旅館と云ふところに引き入れられる。こゝの主人も天草の方だとか。このすぐ隣りがおかしなところだ。奴さん達随分懐しいと見えて見ること〳〵、はげかゝった白粉の顔で――娘子軍の視線のすさまじい一斉

第10章　書院生のまなざしに映る20世紀前半満洲地域の日本人

射撃を受ける。『ウッカリすると危いぜ』とはSの彼等に対する直感そのまゝだったかもしれない。」

史料8　「アムールの流れ」［大旅行誌23: 38］
(1931年・黒河)「碼頭に着く、簡単な税関の検査を経て上陸する。都合のよいことには、頂度宮崎氏宅のコック君が出迎へて呉れたので、早速黒龍堂に向って馬を駆る。夕涼みのロシヤ人の前を、江に沿って二三百米下ると、其処に黒龍堂がある。重い扉をおして屋内に進むと、あゝ日本人だ、ひとたまりもなく、喜こびが腹の中からこみあげてくる。宮崎御夫妻を始め、在ブラゴエ日本領事館の柳書記生、漫遊途上のT君及び日本人墓地の草むしりの帰りで、風呂を貰らひに立ち寄られたのだと紹介された数名の支那服を着た日本婦人である。——あとで聞いたことであるがこの人達は、常に日本人海外発展の第一線に立つ娘子軍の既に予備役に編入された人々であり、今では支那人の妾となり或は正妻となっておられると——」

史料9　「アムールの流れ」［大旅行誌23: 41-42］
(1931年・黒河)「二三ヶ月前のことである。上流呼瑪地方から下ってきた汽船が、死にひんした三十才前後の日本女を夫である支那人と共に、大黒河に運んで来た。居留邦人一同の手厚い看護にそむいて遂に黄泉の客となった。姓名も故郷も告げずに彼女は去ったのだ。一本の卒塔婆は朝露にぬれて、波瀾重畳奇しき娘子軍の運命を語りたげに、しょんぼりと立ってゐる。」

史料10　「東支線を行く」［大旅行誌23: 561］
(1931年・海拉爾)「邦人は朝鮮人を含めて約五十人位。昭和盛、天泰利といふ馬の売買、薬屋、医師、質屋、旅館（といってもあいまいなものだが——）を営んでゐる。邦人の大部分を占めてゐるのは朝鮮人の女で皆売笑婦である。これ等に混って正真正銘の大和撫子も咲いてゐる。諸君、笑ひ給ふな海外発展の第一線を行く者は実にこの娘子軍ださうだから。そしてこれこそ本当に身を擲って実行し、無形輸出に尽力してゐる彼女達だ。国を離れて幾千里、ここ北満の地に咲く彼女達の生活はほんとうに可愛相（ママ）なものだ。而も相手は支那人といふ話、一掬の同情の涙なきを得ない。彼女等とてやはり我同胞だ。」

史料11　「東支線を行く」［大旅行誌23: 571］
(1931年・満洲里)「満洲里人口は約一万程にして露人其の大多数を占め、露

人と支那人の人口の割合は八対三で露人が優勢を示してゐ、一見露西亜人町の如き観を呈してゐる。国境の密貿都市として古くより知られた町である。当地在住の日本人は約五十人程にして、其の中内地人は二十名程で朝鮮人は約三十名程である。彼等日本人の職業とする処は買春婦、医者、質屋、薬屋、領事館干係人警察干係人である。其の中売春婦が最も多数を占めてゐると云ふ事は我等日本人にとって最もなげかわしい悲しむべと〔き？〕事である。彼等は且て日本がシベリヤ出兵を行ひし当時、一時此の満洲里を往来する日本軍頗る多く、軍事の中心地となり辺境の都会としてはいさゝか殷盛の観を呈した。此の状態を見て日本商人並びに彼等娘子軍の当地に来住する者多く、軍人相手に利益を得んとしたのである。かくて満洲里に於ける日本移民は一時百人以上を突破し、いさゝか見るべきものあったが、日本シベリア撤兵を行ふや、彼等は一時に頓挫を来し、商取引の対称を失ひ、内地或は南満方面に引上げる者多く、一時華やかなりし満洲里は過去の歴史として葬り去られたのである。現在満洲里に在住する日本人は殆ど当時よりの居残りし者である……。」

史料12 「東支線を行く」［大旅行誌23: 576–577］
（1931年・満洲里）「六月二十四日……二台の馬車に分乗し、風雨を冒して国境見物に向ふ。途中あれが日本人の淫売屋だと教へられその木のあせたかたむきかくった家をながめたときかゝる家に棲む彼女等のみじめな姿が想像されて暗然とした気持におそはれた。」

史料13 「赤陽礼賛」［大旅行誌24: 91］
（1932年・山海関）「駅前の大通を真直城門に向ふと日本人のバーが三軒程ある。それに薬屋が幾軒。どうせこゝら辺りは軍人相手のインチキ屋と禁制品商に決って居る。日本婦人の代表者として感心せぬ格好の女将連が、剥げたお白粉を襟足に覗かせて街を闊歩するのも日本軍あればこそだ。」

史料14 「赤陽礼賛」［大旅行誌24: 92–93］
（1932年・錦州）「室師団の入城を紀念する室町通りを真直に行けば十町余りで城内に達するが、駅前の建国ホテルを除いては覚束ない旅館、カフェー、待合のオン、パレードである。人口七万と云はれる錦州の町には事変前日本人は約四十人居た。それが一月三日の日本軍入城と共に娘子軍が先頭を承はり続々詰めかけて当時千人を超えて居た。その中の三分の一は尚春を鬻ぐ連中である。此等が支那側の如く一ヵ処に集らず市中に散在し、彼女等の街頭に於ける醜態

第 10 章　書院生のまなざしに映る 20 世紀前半満洲地域の日本人

と、夜を更かしての三味と鼓の騒ぎは、口にこそ出さね支那人の嫌悪の的となってゐると聞く。事変前の邦人は殆んどモヒ密売者で当時ですら非常に支那人に嫌はれて、機会ある毎に排日を受けて居た位である。これ等の連中よ、もう少し日本軍の活動の真意義を認識して彼等の行動を徒労に終らしむる事をなからしめよ！」

史料 15　「赤陽礼賛」［大旅行誌 24: 108］
（1932 年・克山）「十字大街の永生合雑貨舗に平松旅団司令部が有って其処から一丁程の所に克山館と云ふ家が有る。白粉さへはげた睡眠不足の血色の悪い女が前を乱して夜昼となく満鉄建設員や兵士を送迎して居る、故郷に於ける農村経済の破壊から生産過程の外に投出されて年老いた父母やいたいけな弟妹達とひきはなされて来た彼女等の身の上を考へると涙を誘はれるのだが、日本名物娘子軍とは何と悲しい言葉ではないか。
　更に街を歩く。太陽牌文明鞋（朝日地下足袋）の紅い旗が支那人雑貨商の軒にはためいて居る。仁丹味之素の広告を貼った売薬商や雑貨商が有る。店舗の貧弱な点を見ると日本人の店だ。近所にはうどん、御菓子、畳屋等と掲げた家があって、既に日本人町が出来て居る。彼等の勇敢なのに驚く半面、故国の生活の延長と思って居るのを遺憾に思ふ。而して日本の植民は常に Goods and Capital follow the Weapon なる形式をとる事を思ひ出す。」

史料 16　「洮南よりチゝハルへ」［大旅行誌 24: 150–151］
（1932 年・洮南）「人口は約五万位いで内日本人が百三十名、朝鮮人約五百名位い、日本人の殆んど大部分が戦後に移って来て、カフェー料店の目立ってゐる事は満洲各地と同様である。実に日本人は利には鋭敏であるが、あまりにも安易な道ばかりを歩きたがる。それは洮南においても、それが一つの雛形として表現されてをる。カッフェと、賤業婦、それだけが超特急的に展開を示しつゝあることだ。」

史料 17　「蘇・満の国境に立つ」［大旅行誌 24: 174］
（1932 年・斉斉哈爾）「人口は約七万、内日本人は七九一人、鮮人は六二二人である。日本人は事変以来約六百人の増加であるが、皆相変らずの同志喰ひで、未だ満洲国人相手に一膚ぬがんとする者は一人も居らぬ状態である。料理屋やカフェーの進出のみ目覚しいものがあった。」

213

史料18 「北満の穀倉を貫く」［大旅行誌24: 207］
（1932年・海倫）「当地駐屯歩兵五〇聯隊の仮兵舎は曾て馬氏の妾宅の跡だと云ふ。聯隊長及兵隊さんに敬意を表しに行く。

　まだ兵隊以外に誰れも来た者がないと云ふのに僅か五人ばかりで良くやって来たなあ、まだちょい〳〵匪賊が出るから用心しろと誉められたり嚇かされたり、其の筈呼海鉄道が開通したのが此の二三日前だ。兵隊さんの行く処必ずついて来ると云ふ娘子軍、可憐な朝鮮娘の一隊でさへ姿を見せないんだ。」

史料19 「安奉線を東へ！」［大旅行誌24: 386-388］
（1932年・安奉線車中にて）「突然、又夫人が話し掛けた。……『天草や、島原の女が一番偉いんですってね。豆満江を抜手を切って泳ぐんですって。そんな真似は私には出来ないわ。何でも島原、天草の女が第一軍で、長崎、福岡、山口、大分、愛媛、広島あたりが第二軍ですって。私、何軍になるんでせう。

　安奉線の出来る時分の事ですって。お金は皆指輪や腕輪にして肌につけ、金目なものは風呂敷に包んで自分の背中に背負ひ、大きなものは苦力に背負はして、五六人位一組になって、其の安奉線のレール伝ひを北へ〳〵と歩いて行くんですって。皆裾をからげて赤い湯もじを出して、大きなお尻を動かし乍ら、北へ北へと歩いて行くんですって。それが第一軍ですって。豆満江を抜手を切って泳ぐ手合ですって。

　私なんだが、其の女は今でも、レール伝ひに北へ〳〵と歩いて行ってる様な気がするの。』」

史料20 「ほゝ笑む錦州」［大旅行誌25: 42-43］
（1933年・錦州）「錦州には従前より相当日本人移住あり、商売も可成の成績を収めて居たのであるが、続く抗日排貨の政策で手も足も出なくなったため、各地へ引き揚げるもの続出し、事変直前は数十名しか居なかった。其れがどうだらう。昨年一月多門中将が入城して以来押すな押すなで兵隊其の他に附いて這入り込んだものが、無慮二千人を突破し毎日二十名内外の増加があると共に、出入往来の数を入れると優に二千五百人を越えるであらうと領事館警察は見て居る。小学校の生徒数が急に増加したため、近く先生の増員をやらねばならぬと言ふ。だが此の内過半数は女にして、而も職業女が相当多い事は見逃されぬ。兎に角あのカフェー料理屋さう言った所に働いて居る女はチョンガーの男数以上の数だ。……」

第10章　書院生のまなざしに映る20世紀前半満洲地域の日本人

史料21　「漢人の蒙古」［大旅行誌25: 92-93］
（1933年・通遼）「通遼には約三百人の日本人が在住してゐる。満鉄関係、国際運輸、領事館警察、県公署等の人々が主で、十軒許りの料理店にゐる娘子軍が八十人、一日五銭位の生活をしてゐるルンペン六十人の内容を知ると、実質の頼りなさを痛切に感じる。その他数件の質屋と特産商もあるが、阿片専売の行はれる様になった現在やはりその悲況に立つのを免れないと思はれる。銭家店の天照園移民団も悲惨な生活をして居り、結局成功が難かしいのじゃないかとの不安をどうすることも出来ない。日本人はどうしてこんなに奥地に弱いのだらうと涙が出る。通遼は必ず大発展をするであらうが、日本人の活躍する余地の少いのは如何することも出来ないだらう。難かしい問題ではあるが、奥地の日本人の内容をもう少し充実したいものだ。」

史料22　「拉賓線突破を志して」［大旅行誌25: 136-137］
（1933年・阿城）「ハルピンに滞在すること二日、ロシヤ娘に、心残りしながら十六日阿城へ出発の決心をした。着哈当日満蒙ホテルに先輩氏を訪問したとき、氏は『地方は君等が、考へて居る様なそんな平和な所でない。未だ小部隊の匪賊が居って極めて危険だぞ。兎に角あぶないと思ったら調査なんか問題にせず直ぐ帰って来給へ』と注意され、遭難した人々について話して下さった。が、二人は行く所迄行って見ようと腹をきめ、国際運輸のバスの便があるのを聞いてティケットを求めて帰った。翌日他の班の者に別れを告げ九時阿城行のバスの人となった。三人の日本服のメッチェンが同乗して居たので心をなぐさめるものがあった。言葉つき、身なりで満洲開発の第一線に立つ娘子軍であることはすぐわかった。バスはゆれ方がひどく時々例のメッチェン達が倒れて来るのには弱った。……」

史料23　「牡丹江々畔に遊ぶ」［大旅行誌25: 204］
（1933年・海林）「六月十九日の朝北満鉄道東部線海林站に辿り着いた。東部線のどの駅でもそうであったが此処でも在留邦人全部が出迎へてくれた。いかめしい領事館警察の警官達も、厚化粧の娘子軍の姉さん達も決して知人が来ると云ふのでもなければ、隣人が来ると云ふのでもないけれど、只日本人が往来すると云ふだけで皆一斉にホームへわざ〳〵出てきてはほゝえみながら、出迎へ見送るのだ。……。
　此処に居留する邦人は領事館警察員若干名に宿屋一軒、高岡号出張所、守備隊一個小隊、それに女郎屋二軒が総べてである。」

215

史料24　「卜魁に遊びて」［大旅行誌25: 380］
(1933年・溝帮子)「今日中に打虎山まで行く予定だったのが延着の為め余儀なく溝帮子に一泊する。溝帮子の町は汚い町だ。いや町と云ふより村と云ふ方が当って居るかも知れぬ。此処に居る日本人は約百二十人だそうだが大部分は前線の娘子軍達だとか。夜になると辻々に着剣鉄甲の歩哨が立って居て、低い底力のある声で誰何するし、火車站には日本の装甲列車が何時でも出動出来る様に頑張って居て呉れるので安心して假寝の夢が結ばれる。

　吾々の泊った溝帮子ホテルは名だけは実に堂々たるものだが、まるで馬小屋を改造した様な非度(ヒド)いものだ。でも宿泊料だけはホテル並みに三円五十銭だ。その上にカフェーと娘子軍の宿とを兼ねて居るには閉口した。」

史料25　「徳恵九台回想録」［大旅行誌26: 349］
(1934年・徳恵)「娘子軍の進出こそ、実に空恐ろしき限りである。こんな僻陬の地、日本人といっては数人にすぎないのに、大和撫子が淋しげに咲いてゐようとは。最(ママ)も、少し舌だるい処をみると、天草出ではなく、朝鮮育ちなのだろう。グレタガルボ型の眉をした、ロシヤ娘も居る。レコードは、猛烈に旅愁を誘ふ。良い気になって、酩酊し、何時のまにか睡ったのか、起された時は十二時近かった。」

史料26　「三つの心」［大旅行誌26: 382-383］
(1934年・彰武)「みすぼらしい藁ぶきの傾いた家だった。幾年雨風に曝され恐らくその昔輝ける日章旗であったらうと思はれる旗が、鼠色に薄ぎたなくなって、パタ〳〵夕風にはためいてゐた。成程『御料理』の看板が、あたりはもう薄ぐらくなってゐたが、かすかに見ることが出来た。思ひ切ってドアを押した。……。

　凸凹の土が歩きならされて、角が丸くなった暗い土間を足でさぐり乍ら歩いた。出来るだけ安く造り上げた様な部屋だった。恐らく板敷の上にすぐアンペラをしいたのであらう。歩くたびにガタピシ鳴った。鏡台が一つ、タンス代りの木の箱が一つ、それがこゝの天使らの財産のすべてであるらしい。ランプの下に机をもって来て、先ずビールの栓をはねる。女等の朝鮮語じみた日本語と、片言まじりの流行唄(と言っても私等には恐ろしく古い時代の流行唄なのだが)と、ひからびた様な笑ひ声をよそに、唯コップのビールをグッグッと乾した。こんな所まで落ちて来た女の艶のない、カサ〳〵した顔を見るのに忍びなかったし、こんな女の話はどんなに朗らかなことについてであっても、その話のと

ぎれとぎれにはきっと明ら様に女の過去を見せつける様な吐息をもらすものだといふことを知ってゐたので、余り話もせず、始終友だちの顔許り見て飲んだ。」

史料27　「内蒙古の旅」［大旅行誌26: 402］
(1934年・錦州)「非常な憧憬と希望を以て錦州の町へ着いたのは午後三時だった。だが駅前の室町通りを馬車が通過しきらぬ内に私はいやな気がして来た。成る程事変後邦人三千名を突破して居るとは云へ、その色町の多い事はどうだ、○○館、御料理××屋の看板は如何にも吾々に唾棄を催さしめる。然しそれはそれとして吾々は錦州を見る前に昭和七年一月皇軍が華々しく張学良の勢力を覆倒した当時を思ひ起して幾多の地下に眠れる忠勇義烈の聖霊に感謝せねばならぬ、遼西の要地錦州は前線に山海関を有する事により一層其重要性が意義付けられるわけだ。」

史料28　「白雲を仰ぎて」［大旅行誌26: 430-432］
(1934年・北安)「大黒河への要路を扼して近時めき〲と発展した北安鎮は纔か一年余の間に、二三十戸の一寒村から人口五千を有するに至った新開地だ。日本人一千人を構成する分子は満鉄社員であり、土木建築業者であり、それを相手の商人であり娘子軍である。○○○○○○○○の所在地たる北安鎮の街には日本軍隊の姿があちこちに見られる。……。

　……。一昨日の雨のせいでひどい道だ。一雨降ると所謂『泥濘膝を没す』で自動車、馬車、一切の交通機関は停止を余儀なくされ男も女もすべて道行く人はゴムの長靴で歩く以上何等の方法もない。三味線を肩に裾高らかにまくって行進する芸者の姿など、到底日本内地その他で見られぬ存在だ。

　そして──、新開地特有の躍動的な気分と同時に享楽的な淫蕩的な空気が町全体を支配する。黄昏時ともなれば灯の陰に蠢く暗の女達の何と多い事よ。

　そして何処へ行っても青畳と味噌汁の味を忘れかねる日本人の哀れむべき未練執着が高価な運賃を伴った日本商品を売らせ、カフェーを作らせ、日本人理髪屋を開業させて居る町。所詮は北安鎮も日本人が『まだ電気来了没有麼』と奇怪な日本式満洲語を公然と使用する町だ。……

　所謂『一攫千金』を『濡手で粟の掴みどり』を夢見つゝ或は之を実践にうつしつゝある男達が新開地北安鎮には殊に多い。

　『半年前なら今の三倍儲けはあがったんですがねへゝ……』

　といやしい笑をもらしつゝ語った同宿の商人の話通り、事実、半年前の北安鎮には新開地のどさくさ紛れに、満洲国人の無智に乗じ、その弱点を狙って莫

大な利益をあげた山師、不良商人がうよ〳〵して居た。『もう駄目ですよ、明日は奉天に帰ります』とかしこまった彼にはその十二時近く迄カフェー料理屋を荒し廻り、酔に乗じて二時近く迄二人の安眠妨害をする程、悠々たる余裕が与へられて居たのである。」

史料29 「白雲を仰ぎて」［大旅行誌26: 435］
(1934年・斉斉哈爾)「『あら大学生よ』駅を出るとすぐ後でなまめかしい日本語だ。途端にふり返った二人の目に粋な姐さん二人の純日本姿が強く焼きつく。『此処にも亦……』と無言の中に目で頷きあった二人が、たった一日の汽車旅行を満人ばかりの中で過して来たら、自分でも不思議な程やけに日本人が懐しくて、しげしげと二人の麗人を見守り乍ら日本人の島国根性を情なく思ってる間に、馬車夫、客引きの重囲に落ちてしまった。」

史料30 「曠野の瞑想」［大旅行誌26: 528-529］
(1934年・拉法)「新站！　遠く山なみを背景に割合にひろい平野の中にその駅もポツンと立てられてゐる。……。こんな何にも無い山あひに、これでも日本人が四百五十人も居ると云ふ。然し彼等の半分は軍隊と鉄道の建設員とを追ふて生活する水草稼業の者のみなのだ。……
　夜、町を歩いて見た。町と言っても約一町ばかりの両側にバラック式の平家が並んでゐるだけだ。すぐに目につく女の姿、男より女の方が多いのだから致し方ない。男相手の娘々軍の存在も必需品である為かも知れないが、見る方では本当にいやな気がするし情ない様な気もする。『カフェー』の看板の何と眼につくことであらう。」

史料31 「アムールの流」［大旅行誌27: 496］
(1935年・黒河)「日本人の勢力の発展は驚嘆に価する。小さいながらも日本人小学校もあった。だが、カフェー、料理屋の類の余りにも多い事と、濁音と半濁音を区別し得ない和服の女の群を見て、私はそれが他の町に於けると同じく日本人勢力発展の公式的存在である事を識りながら、暗い気持になるのだった。」

史料32 「北満行」［大旅行誌27: 218］
(1935年・北安)「『北満に北安あり、北安に北安会館あり』北安会館——七月二日北安ではじめてネオンのついたところ。女給達はまるで子供みたいに喜んでゐた。建設景気目当に連れて来られた直輸入の娘っ子達。……」

第 11 章

大調査旅行における書院生の台湾経験
―― "近代帝国" を確認する営み

岩田晋典

はじめに

　大日本帝国の植民地であった台湾も、大調査旅行の中で書院生が訪れた場所である。調査対象地として重視されていたかというと、けっしてそうではないが、台湾は華南地方沿岸部という、南方方面への大調査旅行において重要なルートに属していたために、大調査旅行全般を通じて少なからずの書院生が足を踏み入れた地にもなっていた。
　本章の目的は、書院生が台湾をどのように経験していたのかを調査日誌の記述を通して理解することにある。彼らは、製糖工場などの産業設備を見学し、"蕃社"（台湾先住民の集落）の見物にでかけ、神社に参拝し、そして温泉を堪能している。こうした、一見ばらばらに見える行動はどのように関連しているのであろうか。また、彼らの記述の中では本島人（植民地台湾の漢族系住民）やその暮らしぶりは無視同然と言いたくなるような扱いを受けているが、それはどのように解釈できるのであろうか。
　書院生の台湾訪問は、1908年から1942年まで30年以上にわたるものである。当然ながらその間の時代状況は一定していないし、また台湾についての記述にもさまざまなものがある。しかしその一方で、調査日誌の記述には一つのパターンと見なしうるものもいくつか存在している。本章では後者に注目し、大調査旅行における台湾経験を総体的に把握することを試みたい。

219

表1　台湾を訪問した班

期	旅行年	全ルート数	台湾訪問ルート数	班　名
6	1908	12	1	楚粤班
7	1909	14	1	漢口厦門班
9	1911	12	1	汕頭広州湾班
10	1912	10	2	寧波厦門班
				香港北海班
12	1914	11	1	広東班
13	1915	11	1	江西東線班
14	1916	13	2	広西班
				江西福建班
15	1917	14	3	福建香港班
				貴州班
				雲南班
16	1918	14	2	農工科四班
				両広湖南班
18	1920	23	5	南方移民班
				南支仲立商業調査班
				化学工業及原料調査班
				湖南水運班
				南方経済班
19	1921	20	1	南溟航運調査班
20	1922	21	4	江西広東菸業調査班
				粤漢沿線経済調査班
				南支水産業調査班
				広東駐在商業調査班
21	1923, 24	17	2	南支沿岸産業調査班
				南支沿岸産業貿易班
22	1925	18	3	広東江西調査班
				印度支那調査班
				南洋華僑調査班
23	1926	15	1	広東三角州班
24	1927	15	4	南洋諸島班
				南支沿岸経済調査班
				南支港勢調査班
				南支沿岸経済調査班
25	1928	15	2	華南溟越経済調査班
				仏領印度支那東京経済調査班
26	1929	19	3	（不明：華南沿岸）
				（不明：華南沿岸）
				（不明：東南アジア）
27	1930	17	1	南支沿岸仏領インドシナ調査班

第11章　大調査旅行における書院生の台湾経験

28	1931	19	5	南支沿岸遊歴班
				南支印度支那遊歴班
				南支沿岸遊歴班
				南支印度支那台湾遊歴班
				南洋諸島遊歴班
29	1932	25	1	第21班
30	1933	31	2	南支沿岸台湾調査班
				南洋調査班
31	1934	26	1	南支沿岸遊歴班
32	1935	22	3	湖南省・江西省遊歴班
				福建省・広東省遊歴班
				江西省・仏領印度支那遊歴班
33	1936	25	4	広東省遊歴班
				海南島調査班
				広西省遊歴班
				フィリピン遊歴班
34	1937	29	8	第15班（湖南省）
				第21班（福建省）
				第22班（福建省）
				第23班（広東省）
				第24班（広東省）
				第25班（広東省）
				第26班（仏領印度支那・暹羅）
				第27班（フィリピン）
35	1938	30	4	南支・南洋・暹羅方面旅行班・第1班（南支台湾）
				南支・南洋・暹羅方面旅行班・第2班（マレイ）
				南支・南洋・暹羅方面旅行班・第3班（暹羅）
				南支・南洋・暹羅方面旅行班・第4班（南洋）
36	1939	21	1	（不明：華南沿岸）
38	1941	31	10	第10班（江蘇省）
				第23班（福建省）
				第24班（福建省）
				第25班（福建省）
				第26班（広東省）
				第27班（広東省）
				第28班（広東省）
				第29班（広東省）
				第30班（広東省）
				第31班（広東省）
40	1942	38	2	第38班（香港）
				第38班（香港）
		合計	81	

1　台湾ルート

（1）大調査旅行と台湾訪問

『大旅行誌』全33巻に収められた合計662ルートの中で台湾を訪問するルートは81個確認することができる（表1）。先に触れたように、最も早いものは第6期生が1908年に調査し翌1909年に発行した『禹域鴻爪』に見られ、最も遅いものは、第40期生による1943年発行の『大陸紀行』に収められたものとなっている。

これら大調査旅行のうち約12％が台湾の地を踏んでいたということになるが、この中には台湾が単なる寄港地の場合もあれば、主要な調査目的地の一つに加えられていた場合もある。さらに第5期生・粤漢鉄道線路班（1907）のように、台湾に上陸したのか海から眺めただけなのかが判別しがたいケースもある。

台湾が単なる寄港地であったケースでは、調査目的地から上海に帰る途中に寄港する場所として「台湾」の名が挙げられているだけのパターンや、地図や経路概略から寄港が把握できるものの本文には台湾に関する記述が一切現れないパターンも含まれる。

後者、すなわち台湾が主な調査目的地に据えられた好例は、第29期生・第21班（1932）の調査であろう[1]。広州・香港・マカオとともに台湾を調査するもので、同班は高雄から日月潭を通って基隆まで南北を縦断し、「南華・台湾の旅」というタイトルの調査日誌を残している。

（2）推移

推移の点ではというと、台湾を訪問する路線は毎年のように大きな増減を繰り返しつつも、1930年代に一定の盛り上がりを示している。名称に直接「台湾」を加えた班には、第28期生・南支印度支那台湾遊歴班（1931）、第30期生・南支沿岸台湾調査班（1933）、第35期生・南支南洋暹羅方面旅

1　班名の直後に丸括弧で西暦を表記している場合、それは当該班が台湾で調査した年を表している。

行班第1班（南支台湾）(1938) の3つがある[2]。これらの班はいずれも1930年代に大調査旅行を実施している。

また、ルートが主に台湾で構成されているものとして、先の第29期生・第21班（1932）、上述の第30期生・南支沿岸台湾調査班、そして第38期生・第23班（福建省）(1941) の各ルートがあるが、これらの旅行時期も1930年代およびその直後となっている。

この時期に総ルート数の面でも増加と言える推移が指摘できるのも事実ではあるが、1930年代に台湾が主な調査対象地に選ばれた背景として、大調査旅行の蓄積と日中関係の悪化を指摘しておきたい［藤田1998: viii-ix］。1920年代には中国国内のコースはほぼ踏査されており、1920年代後半には調査対象地が中国国外にも拡大する傾向があった。また、それと平行して日中関係も悪化の一途を辿っており、中国政府からの大調査旅行のサポートも受けることができないようになっていった。藤田が言う「制約期」［藤田2011: 67］である。たとえば、1931年の満洲事変によって中華民国政府が以後2年間ビザを発給しなかったために、1932年の第29期生ならびに1933年の第30期生は調査地域の限定・変更を余儀なくされており、落胆した彼らの一部が調査地に選んだのが香港・台湾であった［藤田2012: 148］。このように、やむを得ない事情によって調査対象地として選択されることもあったというのが、大調査旅行における台湾の位置づけであった。

(3) 南方調査への組み込み

次に、台湾を訪問した路線の中で台湾が占めていた位置について考えてみよう。上述の「台湾」を班名に加えた3班の各名称には「南支」、「南支沿岸」、「南洋」、「印度支那」、「暹羅」といった南方の諸地名が含まれている。

また個々の省名を用いた班名でも、福建省をはじめとして、華南一帯の省名を持つものが多い。まれに第28期生・南支沿岸遊歴班A組（1931）

---

2 この班の名称には、調査日誌本文では「南支・南洋・暹羅方面旅行班・第1班（南支台湾）」というように「・」が含まれているが、ここでは煩雑さを避けるために抜いている。

が満洲や朝鮮半島にまで足を延ばした班もあるが[3]、基本的には南方方面におさまるルートばかりであったと考えてよい。つまり台湾訪問は、広義の華南や東南アジアを含む地域、つまり東亜同文書院があった上海から見て南方方面のルートに組み込まれていたことが分かる。

こうした路線には、上海と広東方面や東南アジアを往復するルートのほかに、上海を起点に華南地域を周遊するルートも少なくなかった。たとえば華南内陸部から調査を始め左回りに周遊した班に、第6期生・楚粤班（1908）がある。同班はおおまかに見て、上海→漢口→長沙→永州→桂林→梧州→広東→香港というルートをたどり、香港の後に台湾に寄っている。

逆に最初に沿岸部を南下する右回りの周遊ルートを取った班には第16期生・両広湖南班（1918）がある。同班のルートは上海→福州→台湾→厦門→香港→広東→梧州→桂林→長沙→漢口→上海と整理することができる。いずれにしても台湾を含む華南沿岸部はこうした周遊ルートにおいて、書院生にとっては馴染みのある一つの弧を構成していた。

また、華南沿岸部の一地点であることのほかに、台湾がフィリピン（さらには東南アジア島嶼部）への入り口になっていたことも指摘しておきたい。第24期生・比律賓華僑調査班（1927）のように香港マニラ間の直行便を利用した班もあるが、大調査旅行全体のうち計6班、すなわち第22期生・南洋華僑調査班（1925）、第26期生・班名不明（1929）、第28期生・南洋諸島遊歴班（1931）、第33期生・フィリピン遊歴班（1936）、第34期生・第27班（フィリピン）（1937）、第35期生・南支南洋暹羅方面旅行班第4班（南洋）（1938）が台湾からマニラに渡航している[4]。

また、基隆で上海帰還組と内地帰国組に分かれる場合のように[5]、日本が次の移動先になることもあった。

3　第28期生の大旅行誌『千山萬里』には、南支印度支那遊歴班のほかに、南支沿岸遊歴班という名称の班が2つ記載されている。両班ともに華南沿岸部を主な調査地域にしているものの、ルートは若干異なっているうえ、片方は満洲まで足を延ばし、もう片方は華南沿岸部内で調査を終えている。調査日誌も「南船北馬」と「港から港へ」と別々である。本章では、便宜的にそれぞれA組・B組と呼び分けている。

4　逆にマニラから台湾に入るルートは第19期生・南溟航運調査班（1921）のみである。

5　たとえば第13期生・江西東線班（1915）や第14期生・江西福建班（1916）。

第11章　大調査旅行における書院生の台湾経験

(4) 台湾内での移動

　表2は、台湾における調査について比較的まとまった分量の記述がある日誌を約十年ごとにピックアップし、台湾における行動内容をまとめたものである。三つの班の行動内容が示すように、台湾における書院生の行動範囲は、ほとんど台湾の西部に限られていた。

　台湾西部には主要な都市・産業の拠点が点在しており、南北に走る大動脈、鉄道・縦貫線を軸に鉄道の網の目が形成されていた。台湾を訪れた書院生の多くが利用した港は、その縦貫線の起点である基隆の港であった。全入台回数88回のうち[6]、分かるだけでも基隆港は51回利用されている。第2位は、縦貫線の終点高雄港の21回である。また一例だけであるが、第9期生・汕頭広州湾班（1911）のように、基隆港の整備が進む前に厦門から淡水港経由で入台したルートもある[7]。

　基隆から台湾に上陸するルートは、さらに台北に滞在してすぐに基隆に引き返す場合と、台北からさらに台湾中南部に進む場合に分けることができる[8]。前者の場合、台北市街とその近郊（北投温泉や烏来など）を訪問して、基隆に引き返し、そこから次の目的地に向けて出航するというパターンになる。

　台北からさらに足を延ばす後者の場合、主な訪問地になったのは台中や嘉義、台南、高雄などの都市、そして各都市近郊の産業施設、著名な観光地であった。これらの都市はすべて縦貫線で結ばれており、さらに縦貫線を軸に多種多様な鉄道が網の目のように広がっていた。軽便鉄道や台車（一般道路上に敷設された簡易軌道の上を人力によって走るトロッコ）を利用した書院生も少なくない。書院生は台湾西部に広がる鉄道ネットワークを駆使して、地方都市や諸々の工場、近代的なインフラ設備、先住民の居住区などを活発に見て回ったのである。書院生の中には、第14期生・江西

6　第30期生（1933）のように、一度の調査で2回入台しているケースがあり、その際は2回と計算している。また、出台地については記述されていない報告書が珍しくなく、不明な場合が多い。

7　淡水港は、基隆港の整備が進み、その輸送量が増大するのと反比例する形で衰退していった［高1999: 70］。

8　第30期生（1932）の南支沿岸台湾調査班のように、時計回りに台湾を一周する稀有な例もあった。

表2　台湾を訪問した班の例

第9期生・汕頭広州湾班（1911）

日付	主な行動内容	宿泊地	宿泊施設名
（7月4日）	（上海発・旅行開始）		
9月21日	淡水入港後、台北へ。台湾銀行に勤める先輩に会う。浴衣に下駄で散歩。	台北	北門の「某旅館」
9月28日	安平で製茶会社を見学。夜に嘉義着。	嘉義	（不明）
9月29日	塩水港製糖会社を見学。	嘉義？	（不明）
9月30日	明治製糖会社を見学。	嘉義？	（不明）
10月1日	台南へ。台湾日報に勤める先輩と会う。紅毛楼見学など。	台南	（不明）
10月2日	高雄（打狗）へ。港湾を見学し、対岸の旗後を訪問。午後台南へ引き返し、台南兵舎ついで安平港を訪問。	台南	「三井社宅」
10月3日	糖業試験所を見学。その後嘉義へ。ゴム栽培試験所見学。蒜頭に移動し、明治製糖工場を見学。	蒜頭	（不明）
10月4日	酒精工場を見学後、嘉義経由で林内へ。三菱竹紙製造場を見学。夜台北に戻る。	台北	（不明）
10月5日	天候不良で出発が延期したため、台北にとどまり総督府・医学校・中学校・水源地・監獄を見学。	台北	（不明）
10月6日	朝基隆に移動し、上船、福州へ。		
（10月11日）	（上海着）		

第20期生・広東駐在商業調査班（1922）

日付	主な行動内容	宿泊地	宿泊施設名
（6月27日）	（上海発・旅行開始）		
7月1日	基隆港に上陸後、台北へ。市内散策。	台北	一丸旅館
7月2日	新店経由で徒歩で烏来へ。蕃人と交流。予定を変更して一泊。	烏来	（不明）
7月3日	新店の石碧潭でボートを楽しむ。	台北	（不明）
7月4日	台中へ。帝国製糖株式会社、州庁、公園、水道設備などを見学。夜嘉義着。	嘉義	日の出旅館
7月5日	公園、試験場、製材所を見学。高雄へ移動、夕方着。	高雄	（不明）
7月6日	市内見学後、北部に引き返し、台南を訪問。その後台中へ。メンバーの一人の兄に世話になる。	台中	メンバー兄宅？
7月7日	台北に戻る。	台北	一丸旅館
7月8日	（不明）	基隆	（不明）
7月9日	厦門へ出港。		
（不明）	（旅行終了日は不明で、記述された最後の日付・場所は8月3日・広東となっている）		

第11章　大調査旅行における書院生の台湾経験

第29期生・第21班（1932）

日付	主な行動内容	宿泊地	宿泊施設名
（6月7日）	（上海発・旅行開始）		
6月19日	高雄港に上陸。台湾の果物・数日ぶりの入浴・浴衣での散歩を楽しむ。	高雄	寿館
6月20日	屏東で製糖工場・公園・神社・蕃社を見学。夕方台南へ。	台南	（不明）
6月21日	安平でゼーランディア遺跡を、台南で神社・孔子廟・商品陳列館・赤崁楼を見学。夕方嘉義到着後市内散策。	嘉義	青柳旅館
6月22日	朝、阿里山鉄道で沼の平地区へ。一帯見学。	阿里山	阿里山倶楽部
6月23日	祝山登山。下山して沼の平見学。嘉義で製材工場・農事試験場を見学。二水・水裏杭経由で夜魚池へ。	魚池	魚池旅館
6月24日	バスで水社（日月潭）へ。独木舟・杵声を楽しみ、蕃社を見学。涵碧楼で昼食。	水社	（涵碧楼？）
6月25日	午後3時に水社を出て夕方台中着。台中公園を見学。	台中	（客引きの旅館）
6月26日	午前1時に台中を出て台北へ。市内散策、総督府・博物館訪問。草山温泉・本島人街訪問。	台北	日の丸屋
（不明）	角板山へ。手押し台車を利用。製茶工場・マラリア治療所・蕃童教育所を訪問。	角板山	（現地の宿）
（不明）	（上海着）		

福建班（1916）のように、台湾総督府交通局鉄道部から"鉄道パス"を発行してもらった者もいた。

2　台湾に求めた"日本"

(1) 日本らしさの満喫

　台湾の記述でまず目を引くのが、台湾に「日本」を見出している点、そしてその"日本らしさ"がきわめて肯定的に描かれている点である。こうした視点は、後で論じるように、台湾の"支那"性については無視と言ってもいいくらいの扱いしかしていないことと対照的である。

　1895年の台湾割譲の14年後の1909年に台湾を訪問した第7期生は、「今日は愈我大日本領土に足を入れるかと思へば勇躍を禁ずる能はず」と述べている［大旅行誌 3: 374］。

　「唯日本であるという此単なる事実が包み切れない私達の喜び」と歓喜しているのは第15期生・福建香港班（1917）だ［大旅行誌11: 205］。「そ

こには日本人が居る、日本の家がある、可懐しい母国の情趣にひたることができる」（本書凡例に従い原文ママ。以下同。）のである［大旅行誌11: 205］。

　台北を訪れた書院生の多くは、台湾神社（現在の圓山大飯店のある場所）と郊外の北投温泉を訪れている。この二つの観光名所はともに台北中心部から北方に位置し、台北駅から淡水線（1901年開通）・新北投線（1916年開通）を使って簡単にアクセスできた。そのため、両名所をまとめて日帰り旅行をする書院生は少なくなかった[9]。

　日本植民地下で成長した一大観光地北投温泉は「日本人による特権的な遊興空間」、「民間植民者たちによって移植された文化租界」という体をなしていた［曽山2003: 284–286］。また、宴会という会食スタイルも、台湾領有後すぐに台北の日本人飲食店が導入し各地に広まっていったことが示すように、植民地台湾において"内地"の食文化に他ならなかった［曾2011: 214］。1925年に訪れた第22期生・広東江西調査班は次のように記している[10]。

　　今春卒業の台銀室田氏の案内で、台北から電車の様な汽車で台北十万の市民の慰安の地北投温泉に向かった。台銀倶楽部に御厄介になる。先づ汗と煤煙で真黒になった身体を霊泉に浸して台湾の汗を流した。上がってから浴衣で主客十三人ビールの満を抜き、興につれて唱ひ躍る。此処は全く別天地だ。設備の完備せる熱帯常緑の参差たる俗界を離れた趣があった。　　　　　　　　　　　［大旅行誌17: 233］

　浴衣は、大陸暮らしが長い書院生にとって日本らしさを示す重要な記号であったようだ。同班は基隆から台北への移動中の光景を、「低い本島人の家の赤褐色の甍は不格好だが、汽車に昇降する日本人の浴衣姿がとても懐かしい」と感慨深げに記している［大旅行誌17: 231］。1933年訪問の第

9　帝国日本の植民地都市の特徴として神社と遊郭が挙げられることがあるが［橋谷2004］、調査日誌の中では台北・萬華が言及されるほかに、台湾の遊郭についての目立った記述はない。
10　この班名は、オンデマンド版の各日誌の表紙に記載されたものを用いている。第22期生・広東江西調査班は日誌の文中や図において「広東江西經濟調査班」という名称も用いている。

30期生・南支沿岸台湾調査班も同様に感情のこもった記述を残している。

> 夜ユカタに下駄を引っかけて日本人街をそぞろ歩きする。久しぶりに半年振りに経験するくつろいだ気持ちだ。日本人は何処へ行っても茶漬けに香の物に味噌汁が必要なのと同様、ユカタがけ下駄ばきの散歩も是非必要だ。(実に何とも云へなかったねあの基隆のそぞろ歩きだけは!)(傍点ママ)　　　　　　　　　　　　　［大旅行誌25: 463］

(2) "支那"との対比

このように満喫された日本らしさは、彼らが長期調査を行っていたという文脈の中で理解すべきである。言い換えれば、書院生の台湾経験は中国大陸での経験との比較対照の中でとらえる必要があるということだ。

中国大陸を回った大調査旅行は「まぎれもなく冒険旅行」であった［藤田2000: 14–15］。宿が見つからないことは珍しくなく、風呂に入ることもままならない。食料調達も困難で、南京虫に悩まされ、下痢や高熱の病に見舞われることも多々あった。「土匪」の襲撃に備える必要もある。調査中に命を落とす書院生さえいた。

こうした調査を切り抜けてきた若者にとって、台湾は中国大陸とは異なり安全に調査が行える"近代帝国日本"なのである。1931年に台湾を訪問した第28期生・南支沿岸遊歴班A組の言葉を借りれば「営々として行はれた治台政策の効果が今や台湾をして全くの安楽境と化せしめた、時に霧社事件の如き不祥事が起るとしても以前と現在とは全く比較にならない」［大旅行誌23: 165］。後で触れるように、たしかに台湾先住民("蕃人")との遭遇時に不安を覚えたという記述もあるが、大陸とは異なり、匪賊に備えて当局に警護を求める必要がない平穏な場所なのである。

また、衛生面の心配もいらない。これも支那やその都市部がしばしば「不潔」と形容されることと対照的である。前述の第22期生・広東江西調査班は台湾を出港し、「人相の悪い支那人」たちがアヘンを吸う「豚小屋同然」の船で厦門に移動すると、到着後に訪問した同市の「支那人町」を「天下最汚の街と聞いたが全くだ」と評している［大旅行誌17: 234］。その後同班は広西省で「土匪」の襲撃に遭い、命からがら九江にたどり着くことに

なる。

　書院生の多くが台湾訪問前後に立ち寄った厦門は、中国大陸と植民地台湾の違いを示す好例となっている。この街の"不衛生さ"は書院生の間でとくに悪名高かったようで、福州、台湾を経て同市に進んだ第20期生・広東駐在商業調査班は「此処の支那街の不潔は其の標本として、名高いが、唯汚いといふ字などでは、到底形容が出来ない」［大旅行誌15: 691］と語っている。

　この悪評の出所の一つは書院の授業にあった。前述の第30期生・南支沿岸台湾調査班の日誌には以下の記述がある。

　　廿日　朝早く厦門に着く。領事館のランチで上陸。書院一年の地理の
　　講義で馬場先生より、「支那で一番きれいな街はハルビンの傳家甸で
　　一番不潔な街は厦門だ」と、聞かされて居たが成程その言や適中して
　　居る。　　　　　　　　　　　　　　　　　　　［大旅行誌25: 463］

同班が前項の浴衣での「そぞろ歩き」を基隆で満喫したのは「廿一日」、すなわち"支那で一番不潔な厦門"に立ち寄った翌日のことであった。
　このように、書院生にとって台湾は、"辛く危険で不潔な異国・支那"とは対照的な、"楽で安全で清潔な祖国・日本"なのであった。第28期生・南支沿岸遊歴班B組の言葉を借りれば、「油脂臭い支那から脱れて」、やっとたどり着くことができる「天国」、そして戸惑ってしまうくらいの「日本的な情緒」が充満する場所だったのである［大旅行誌23: 355–356］。
　書院生が満喫した"日本"が強く衛生と関連付けられていることを看過してはならない。後述するように、植民地台湾を訪問した彼らは日本統治下でよく整備された清潔な近代都市空間に強い印象を受けている。中国大陸の"不潔さ"への非難（と同時に台湾の"清潔さ"の賞賛）が、近代化を評価する思考に支えられていたと考えるのはけっして的外れではあるまい。
　こうした位置づけのために台湾は、長く苦難に満ちた大調査旅行の打ち上げの場、あるいはそれを切り抜けた者にとって訪問自体がご褒美の意味を持つ場となる。上海から内陸に向かい南下する華南周遊ルートを進み、

第11章　大調査旅行における書院生の台湾経験

最後に基隆に寄港した第13期生・江西東線班の記述はその点正直だ。台湾上陸組と内地帰国組に別れ、上陸組は基隆で「贅沢」な旅館に泊まり、国定忠治の田舎芝居を楽しむ。そして帰国組への手紙の形をとる文章の中で、日本らしさを満喫する自分たちの行動について「苦しい旅の末にいささかの慰藉を求めんが為にこうした気分を味ふ事を許して呉れ給へ」と弁明している［大旅行誌9: 163］。帰国組が向かうのが内地であるにもかかわらず、だ。

3　本島人の描かれ方

(1) 軽視、無視、あるいは警戒

　前節では、書院生が台湾を中国大陸との対比の上で"日本"として経験していたことを述べた。しかしながら、書院生が台湾を日本と同一視していたと言えば、それは言い過ぎであろう。書院生の記述では、漢民族系の住民や先住民に対して「本島人」や「台湾人」という名称が用いられている。植民地台湾の人々が日本化したことを称える書院生は少なくないが、いくら日本化したとしてもその人は「流暢な日本語を話す本島人」であり、「我ら日本人」なのではない。台湾（人）はあくまでも日本（人）化の対象であった。また、調査日誌の中には、帝国日本の植民地支配に典型的な、近代化と日本文化への同化（以下、日本化）を区別しない記述が随所に見られる。

　さらに、台湾に関する記述全体の中で本島人に触れた箇所が限られる点も注目に値する。人口に関して言えば、本島人は植民地台湾の総人口の圧倒的多数を占めていたが[11]、こうした人口比が示す本島人のボリュームと記述面での存在感の無さには著しいギャップがある。

　書院生は本島人の経済活動やその暮らしぶりにはほとんど関心を示さない。台北における訪問場所について言えば、第27期生・南支沿岸仏領インドシナ調査班（1930）や第29期生・第21班（1932）のように萬華（艋舺）や大稲埕を訪問したわずかな例もあるが、書院生のほとんどが目を向けた

11　たとえば1927年の台湾の人口構成は内地人（日本人）4.7％・本島人92.4％・先住民 2 ％・外国人0.9％となっている［矢内原2001: 235］。

のは、日本統治下で建設された近代都市の部分、つまり植民地支配者の都市空間であった[12]。

それは調査の実施方法にも現れていた。当時の台湾の宿泊施設は、大きく分けて日本人向けの内地式と非日本人の植民地人向けの本島式の二種が存在していたが［曽山2003: 291–295］、台湾を訪れた書院生はもっぱら内地式を利用していた[13]。

書院生の記述に本島人が現れることがあったとしても、植民地化（近代化／日本化）との関わりで描写されることが多い。1912年台湾訪問の第10期生・香港北海班は台中に向かう列車の中で小学生を見て、次のように語っている。

> 弁子を垂れて居るが彼等の携へてる教科書には日本文部省の印が押してある。皇化の及ぶ処彼等は幸福平和なる世を謳歌してる、発音は一寸可笑しい所もあるが若い駅夫は叫んで居る。台中!!　台中!!
> ［大旅行誌6: 325］

翌日台北に向かう車中では、弁髪について本島人と言葉を交わした様子が簡潔に描かれている。

> 支那人は殆んど断髪をやって居るのに台湾ではまだ弁子を垂れてる者が多いのは一寸奇妙だと話せば傍らに座して居た台湾の一紳士は曰く。僕が若し台湾総督だったら強制断髪を施行するのだがと先生大気炎。
> ［大旅行誌6: 325］

本島人と遭遇した際に日本化が言及される傾向は、この約30年後の第38期生・南支班の記述にも見られるものだ。同班は霧社から花蓮港へ横断するハイキングの最中に「本島の青年」に遭遇しているが、彼を描写する言葉は「非常に流暢な国語を話す」のみであり［大旅行誌32: 322］、実

12　植民地都市台北の特徴については［橋谷2004］を参照。
13　こうした傾向は、台湾以外の調査地でも同じだった。基本的に書院生は日本旅館を好んで利用し、日本食に執着を示していた（本書第7、8章参照）。

際に彼が何を語ったのかについては一切記録されていない。

　そもそも、個々の本島人が発言する場面が調査日誌に現れるのは稀である。1939年に新高山（現在の玉山）を登頂し、途中で先住民と本島人の両方に遭遇した第36期生・福建省班の記述は、その点明瞭な対象を示している［大旅行誌31: 244-246］。先住民については「私はしばらく休憩しますからどうぞお先に」といった彼の発言が直接引用され、書院生との会話が再現されている一方で、本島人に関しては登山者宿泊所で働くコックであるといった事情説明に留まっている。本島人の存在は後景化されている。

　また、本島人を警戒する記述もしばしば見られる。第29期生・第21班は、1932年高雄に到着する船内で「（本島人に）特有の喧噪を以てごった返すやうに騒ぎたててゐる」［大旅行誌24: 433］と描写し、台中では畏れ混じりに「福建人の血を受けてゐる本島人の経済的能力」［大旅行誌24: 445］に言及している。

(2) "脱すべき旧習"
　このように植民地台湾で多数派であった本島人の存在は、関心の対象外にあったと言っていい。同じことは本島人の生活文化にも言える。
　書院生は、台湾神社や台南神社（北白川宮終焉の地）など、神社には頻繁に参拝していたが、廟の取扱いは対照的である。台湾では、廟の数は神社の数を凌駕し、廟の参拝が活発に行われていたにもかかわらず[14]、廟についての記述を調査日誌の中に見出すことは容易ではない。
　1924年に調査した第21期生・南支沿岸産業貿易班の旅行誌には台南の鄭成功廟の写真が掲載されており、彼らが台湾滞在時に訪問したことが分かるが、本文では基隆・台北・烏来での経験のみが記されており、同廟については一切記述がない。前述の第29期生・第21班（1932）は台南訪問時に孔子廟を訪問しているが、残された記述は「礼楽庫に蔵されてゐる古ぼけた楽器を参観して廟を辞す」［大旅行誌24: 437］というわずか一文で

14　1920年代は台湾人大衆層に余暇を楽しむ余裕が生まれており、1921年の旧正月には媽祖信仰の中心・北港朝天宮を参拝する客のために台北―嘉義間で臨時列車が運行されたくらいであった［曽山2003: 112-115］。

ある。

　本島人の経済活動や暮らしぶりも廟と同じように書院生の関心外であったようだ。珍しく第21期生・南支沿岸産業貿易班は草山温泉からの帰りに本島人街（台北）を訪問し、次のように記述している。

　　本島人街に来れば日本人町の清楚美麗なるに比し、上海の徐家匯であり北京路の延長である。店内に飾られてある商品は多くは日本品だが、また完全に旧習を脱することが出来ずに、福建省あたりから輸入された彼等の必需品が多くあった。　　　　　　［大旅行誌16: 446］

　ここでいう「彼等の必需品」とは「習慣上必要なる品物」［大旅行誌16: 447］すなわち信仰に関わる用具を指している。第21班の認識の中では、廟そしてそれを支える信仰は同化の障害となる旧弊（あるいは悪弊）として位置づけられていた。
　その一方で、本島人街の前に訪れた草山温泉では、「和服を着た台湾人が流暢な日本語を操り日本人と仲よく話してゐる点など植民地に稀に見る麗はしい風景」［大旅行誌16: 446］を目にしている。
　同班は、日誌の最後で「植民地建設には力と愛が必要である」と力説する。すなわち、日本人は本島人のみならず植民地住民一般に対して「侮蔑的態度」を持って臨むことがあり、いくら「同化主義」を唱えても、こうした「封建的なプライド」が保持されるかぎり、台湾を「平和な楽土郷」に変えることはできないと現状を批判している［大旅行誌16: 450-451］。けれども前述のような個々の記述を総合的に解釈すれば、むしろこうした主張は自らの行動を十分に顧みず唱えられた理想論と考えるほうが妥当であろう。
　いずれにしても、書院生にとって本島人の存在はそもそも関心の対象外であった。いわば、本島人とは彼らが中国大陸で関わってきた"支那人"の一種にすぎず、わざわざ台湾で焦点を当てる必要のない存在だった。ただし、本島人が同化の文脈に置かれた場合は別であり、その際は言及に値する存在となる。すなわち、未だ"旧習"から脱しきれていない者としてか、あるいは逆に"皇化"が及んでいる者として。

第11章　大調査旅行における書院生の台湾経験

4　近代化への関心

(1)　"原始の野に落ちた文明の斑点"

では書院生が台湾で関心を向けたものは何だったのかと言えば、台湾の近代的な事物と先住民、つまり"蕃人"が大きな位置を占めていた。本節では"近代"を、次節では"蕃人"を取り上げよう。

多くの書院生は台北という近代植民地都市に重点を置いて、台湾滞在中に、総督府をはじめとする官公庁、教育・医療・水道・港湾などのインフラ設備、製糖・製材・製茶などの産業設備を精力的に見学していた。そしてその際に鉄道という近代的な交通機関を駆使していた。

要するに書院生が台湾に求めたものは何よりもまず、帝国の日本の植民地経営によって台湾が着々と近代化している姿であった。それは東亜同文書院の実学志向からすれば当然のことであろう。

そして、日本による植民地統治を目にした彼らの多くは、日本による統治を「成功」と賞賛している。書院生のほとんどが訪問した台北の描写を見てみよう。1911年に訪れた第9期生・汕頭広州湾班は近代的な台北の街並みに感心し、次のように述べている。

> これが数年前迄汚穢なる支那街と藪沢の地だったとは想像することが出来ぬ児玉後藤二氏が此地を理想的大都市とせんとし先づ四囲城壁を毀ちて市区大改正を断行したによるのでかゝる大々的市街建設は総督府の威力にして初めてなし得る快挙である吾等はこの光景を見て台北はひとり台北の首府たるのみならず他年太平洋の我利権拡張の中心地ならんと想像して無限の快感禁ず可らざるものがあった。
> 　　　　　　　　　　　　　　　　　　　　　　［大旅行誌5: 374–375］

この後、台北の通信・水道・衛生の素晴らしさに言及し、「最新式の市街地としてその文明的設備を有する点に於て大に誇るに足るものありと云ふに躊躇しない」と感嘆している［大旅行誌5: 374–375］。さらに、表に示した台湾調査を終えた締めくくりの箇所では「これ我国民が殖民的才能あるを証明せるものに非ずして何ぞや」と最大限の賛辞を捧げている［大旅

235

行誌5: 383］。

　こうした植民地化の自画自賛は、その後各代の大調査旅行でも繰り返されていく。1918年に調査した第16期生・両広湖南班は後述するように台湾統治に批判的ではあるものの、次のように優越感に浸っている。

　　従来西洋人は吾東洋人に植民地経営の能力無きものとして早合点をしてゐる矢先、日本が東亜の代表として見事に台湾経営の歩を進め亜細亜人のために気を吐いてこの断定を裏書したのは痛快事である。

［大旅行誌12: 299］

　また、1920年調査の第18期生・南支仲立商業調査班は、台湾を「内地とは様子全く異なれど矢張り親しみ易く原始の野に文明の斑点を落せる如し」［大旅行誌13: 266］と描写している。さらに、1933年に台湾を一周した第30期生・南支沿岸台湾調査班（といっても班員1名である）は、台北を「日本の何処へ持ち出しても、恥しくないだけの体裁を充分備へて居る」と讃えている［大旅行誌25: 468］。

　しかしながら書院生たちのこうした認識はけっして大袈裟なものではなかった。たとえば1927年に台湾を調査した矢内原忠雄も、古典『帝国主義下の台湾』（1929年刊行）の中で「我が植民政策の成功として、内外の驚嘆を博したるところ」［矢内原2001: 36］と記している[15]。

(2) "田舎娘の厚化粧"

　しかしその一方で、植民地化を批判的に描く記述が少なくないのも事実だ。たしかに日本の植民地統治をほとんど手ばなしで褒め称える例もあるが、書院生の中には、たとえば製糖工場を見学し温泉を楽しんで植民地統治を満喫しつつも、植民地化をただ賞賛するのではなく、否定的に受け止める者もいた。

　植民地台湾に対する批判点は、主に官僚主義的な部分に向けられている。「内側からも外側からも制御されることのない、総督の王国」と化してい

---

[15] 矢内原の現地調査の時期と内容については、［若林2001］を参照されたい。

第11章　大調査旅行における書院生の台湾経験

た台湾の在り様が書院生たちからも疑問視されていたようだ［小熊1998: 145-146］。

　1914年に華南沿岸部を回り香港からの帰路台湾に立ち寄った第12期生・広東班は日誌の最後に短く台湾について記述しているが、そこには厳しい官僚主義批判が凝縮されている。

> 台北は帽子の都剣の都、猫も杓子も役人様だよと、金筋入の帽子に短剣姿、往来狭しと肩で風切る有様は、我国官僚政治の縮図とも見るべく候。
> 建物は俗悪なる洋館多く、田舎娘の厚化粧に似て、鼻持ならぬ気障加減に候。　　　　　　　　　　　　　　　　　　　［大旅行誌8: 364］

　1917年の第15期生・福建香港班は台北を「日本人の都市経営として是以上を要求する事は出来ない位完備した町」［大旅行誌11: 205］と絶賛した後で、次のように考察している。

> こういふと台北は完全無欠の如うに見える、が然し静に考へて見ると台北は身分不相応な服装を強制せられてゐる惨めな都市ではあるまいか、台北は商業の町ではない官吏の町である、徒らに外観の美と威容を整へる事にのみ汲汲として来た一般市民は内輪に火の車が回転してゐる（傍点ママ）　　　　　　　　　　　　　　　　［大旅行誌11: 206］

そしてその要因として彼らが挙げるのが「歴代総督の虚栄と地質に適合しない欧米文化の強制執行」だ［大旅行誌11: 206］。第12期生が言うところの「俗悪さ」、「田舎娘の厚化粧」が思い出される。

　第15期生にとって、台北は強制的に「身分不相応な服装」をまとわされている街ではあるものの、市街に建つ多数の銅像は近代都市の構成要素として「市の美観を助ける」機能を果たしていた。けれども、銅像を批判の槍玉に挙げる班も存在した。たとえば先に引用した、翌年調査実施の第16期生・両広湖南班がそうである。同班は、日本の台湾統治を自画自賛し、台北を「邦人の都市経営としては完全に近い」と讃えつつも、台湾を批判

237

的に「官吏の町」と総括している点では、第15期生の記述と基本的に変わりがない。しかしながら、全体として批判的な論調を強めており、銅像に対しても容赦がない。

> 功労者のために立てたのだろう、銅像がそこにも、かしこにも、つっ立っておる、新平蛮爵のキット威張った銅像など至る所にあった、吾人をして無用の長物に莫大の金をかけた不経済の骨頂のやうに見えた　　　　　　　　　　　　　　　　　　　　　[大旅行誌12: 299]

今日の台湾でも評価されている後藤新平の銅像に言及しつつ、「不経済」を厳しく批判している点は興味深い。植民地経営を安定させた後藤の取り組みは、植民地統治の現状が気に食わない立場からは、「総督府王国」[小熊1998]を築いた役人の親玉として当然批判すべき対象となったのであろう。

　官僚制そして不経済の象徴として銅像を持ち出す例は、第20期生・広東駐在商業調査班の記述にも見られるものだ。彼らは烏来の先住民小学校で働く女性教員に感心し、「総督府も無意味なる銅像を矢鱈に立てるよりも、此んな人々に充分の活動を与へる方法を講じたら如何であろうか」[大旅行誌15: 688]と疑問を投げかけている。

　官僚主義批判は、さらに1934年に台湾を訪問した第31期生・南支沿岸遊歴班の日誌でも繰り返されている。

> こゝは、実に官吏の天国でして、官僚臭が漲ってゐるのです。それは台湾に入った誰もが、直に感ずることだらうと思はれます。兎に角、台湾では、ハツビって云ってもわからぬかも知れませんが、学習院の制服みたいな文官服です。それを着てゐぬと幅がきかぬと云ふ話です。背広では駄目なのですね。　　　　　　　　　　　[大旅行誌26: 220]

　官僚の中でもとくに税関が批判の対象になることもある。1932年に高雄港から入国した第29期生・第21班の描写は次のようなものである。

第11章　大調査旅行における書院生の台湾経験

本島人の旅券検査や検疫等のために、とても鼻息も荒い台湾の御役人様達が、豚でも追ふ様彼等をどなりとばしてゐた。(中略)
一行は二人の私服憲兵に、薄気味悪く馴々しくも問ひたゞされ、そのあまりのしつこさと猜疑的な態度とに、台湾への第一印象ひどく害されて、非常時祖国の一端をこゝでも如実に物語ってゐると思った。(中略)
正午近くまで、例の甚だ、むかつく税関検査をうける為に、脚が棒になる程たちんぼを喰はされて、「なんと日本への第一印象の不愉快なことよ」と云ふ気持で胸が一杯になってゐた。

［大旅行誌24: 433-434］

　その3年後に台湾を訪れた第32期生・福建省広東省遊歴班も会話形式の調査日誌の中で、調査の最後に訪問地台湾での経験を「あの税関吏の私達に対するする態度。これで完全に気分をこわして終ひましたよ」「えゝ、もうすっかり内地と変りません」［大旅行誌27: 266］と記して、日誌を締めくくっている。

(3) 前提としての植民地支配
　以上、植民地化に批判的な記述の例を挙げてきたが、植民地統治そのものを否定する記述はほとんどない。植民地統治が適切に進んでいるかが問題にされるが、その一方で、植民地統治自体が問われることはない。言い換えれば、植民地主義――未開／野蛮から文明／近代への不可逆的な変化を肯定する考え方――に疑問が付されることはない。あるとすればそれは、変化が適切に進展しているかどうかなのである。
　次の嘆きは、1920年に訪れた第18期生・南方移民班によるものである。

領台以来所謂島民の利福てふ統計上の治績は向上したかも知れぬが昔しの高砂島乃至フォルモサの面影は果して何処に認められるか税関は小喧しい日本官吏に支配される。検疫の為に小半日も待たせられる。陸には醜怪な式の赤煉瓦が立ち並び其間を実用其物を体現したやうな狭軌鉄道が走って居る。凡てが木ツの寄木細工式で重み、落ち付き、

錆びが見えぬ。之で東西文明の調査だの亜細亜の盟主で候のが仲々以て片腹痛くなった。亜細亜の盟主も外に偉大な国民が出て来る迄の場続きなんだ。払露ひに過ぎぬと思った。　　　　［大旅行誌13: 208］

　この嘆きは、一見辛辣この上ないものの、植民地主義そのものを否定しているのではない。むしろそれは、日本の植民地統治が未熟で拙く、"偉大な国民の露払い"のようなレベルにあると悲嘆し、自嘲しているのにすぎない。
　さらに、同班が台湾訪問以前にフランス領インドシナを旅行し、同地でカフェのコーヒーや「マドモアゼール」との晩餐を楽しんでいることも含めて考えれば、在りし日を懐かしみ現状を嘆くという感情は、人類学者R.ロザルドがその約60年後に指摘した"帝国主義者のノスタルジア"［Rosaldo 1989］と同じ類のもの、すなわち植民地支配者層が植民地住民の文化を消滅せしめつつ、一方的にその消滅を嘆き、その在りし日の姿を懐かしむ姿勢と同一のものと思えるのである。

5　憧れの"蕃人"

(1) 著名な観光対象

　本節では、書院生が台湾で関心を向けたもう一つの対象、先住民について論じよう。先住民の村落を訪れた書院生は数多い。また、訪問が叶わなかった書院生には、列車内から見える景色を前にして「生蕃が住んで居たろうと思はれる竹藪や樹林」[16]と想いを馳せる者もいたし（第10期生・1912年）、素直に「未練」な気持ちを吐露する者もいた（第14期生・1916年）。
　台湾に"蕃人"と呼ばれる人々がいることは、当時の日本人にとってすでに常識的知識となっていた。まずは「人食い人種」というイメージの流布である。1871年の牡丹社事件に従軍した記者・岸田吟香がパイワン族を「首狩りの人食い人種」と報じた後、このステレオタイプは新聞や通俗

16　「生蕃」とは、ここでは漢化の程度が低かった山地の先住民のこととしておく。

的な読み本を通して誇張され、"蕃人＝人食い人種"という他者観は普及していった［山路2008: 25-38］また、博覧会イベントにおける植民地主義的表象に関する多くの研究が論じているように[17]、帝国日本で繰り返し開催された博覧会や類似の展覧会では、先住民などの「野蛮人」が"見世物"あるいは"展示物"として紹介されていた[18]。

博覧会イベントと深く関連する観光の領域でも、先住民の存在は重要な役割を果たしていた[19]。さらに1930年代には、阿里山やタロコ地区が国立公園化され、そのプロセスの中で先住民の存在は国立公園の「風景」の構成要素とみなされていった。蕃社の視察や歌謡・舞踏の観賞は「台湾旅行の『目玉』」となり、「『台湾らしさ』を保持する存在」というステータスを得ていた［松田2014: 230］。

このように、先住民の存在は帝国日本下でよく知られた事実であり、書院生にとっても「蕃社」は魅力的な見学対象となっていた。それと同時に、先住民がすでによく知られた観光アトラクションになっていたとしても、入山許可証を入手し、険しい山道を進み、首狩で知られた民族の村を訪ねるという行為が冒険心をくすぐるプロジェクトであったことは想像にかたくない。蕃社訪問が、台湾で「日本」に浸かる者が大陸で調査する仲間に対して自らの「冒険」を誇示する道具として機能したという読みも可能であろう。

(2) "人間"の発見

書院生の多くが台北から訪れた"蕃社"は、烏来と角板山にある集落であった。とくに烏来を訪問した書院生の記述には、険しい山を越え谷を渡

---

17 たとえば台湾に関するものとしては［松田2003］、［松田2014］、［山路2008］など。
18 1903年の第5回内国勧業博覧会で日本の博覧会史上初の植民地パビリオンとなったのは他でもない「台湾館」であり［松田2003］、そこには、台湾先住民の展示が含まれていた。1935年の台湾博覧会では、歌謡や舞踏の実演が好評を博している［松田2014: 196-199］。書院生の中では、たとえば1915年に烏来を訪問した第13期生が、同地に「一昨年の大正博覧会の台湾館に勤めた者も居る」と報告している。
19 1931年に鉄道省が、1937年に総督府交通局が台湾遊覧券をそれぞれ発売しているが［曽山2003: 109-111］、その訪問可能地域には、日月潭や阿里山、烏来など、先住民の居住区がいくつか含まれていた。1934年発行の『台湾鉄道旅行案内』には「蕃屋」や先住民の「杵歌」の写真が掲載されているし、「蕃人の話」という節では先住民の概要が3頁にわたって説明されている［台湾総督府交通局鉄道部2012: 33-35］。

241

り、やっとのことで烏来にたどり着いたというように、移動の辛さ(そして途中で見た美しい景色)を強調したものが目立つ。

そして、そうした辛さ以上に頻繁に記されたのが、恐怖の感情であり、先住民に対する恐れを吐露する書院生は少なくなかった。1939年に新高山を登った第36期生は、下山途中で先住民とすれ違う際に「ひょっとしたら命がなくなるかもしれぬ」と心配し、その遭遇を「いい経験と云ふよりも気持ちの悪い経験である」と語っている。その2年後の1941年、霧社から合歓山への移動中に先住民と出会った第38期生も同様の恐怖を記している。

> 突然「お早うございます。」とかはいい声がする。頭を上げて見れば、両ほほ、下あご、額に入墨をした、跣足のグロテスクな女である。蕃人だ。宿の主人が話してくれた、昭和五年日本人百五十名皆殺しの霧社事件を思い出してゾッとして急いで道をよける。女は悠々と去り、一行唯呆然と之を見送る。一人だったら『助けてくれ』とどなって一目散で逃げたかも分らぬ。清浄な山をけがされた様な気がする。
>
> [大旅行誌32: 311]

けれども、蕃社訪問を果たしたり、先住民との交流を果たした書院生たちは、ほとんどが先住民に対して基本的に同じパターンの記述を残している。はじめは先住民を"遅れた、汚らしい、醜い未開人"と見なして恐怖や警戒にとらわれていたとしても、実際に先住民と出会ってみて、先住民がもはや野蛮ではなく植民地統治に従っており、そのうえ、礼儀正しく、人情もあって、自分たちと同じ人間なのだと認識を一新する、というパターンである。言わば、"人間"の発見である[20]。

たとえば第15期生・福建香港班(1917)は、蕃社を訪問し実際に先住民に触れ合って、次のような感銘を受けている。

---

20 植民地台湾では植民地官吏らが先住民に対して「純真無垢」や「可愛い」というレトリックを用いたことが報告されているが[山路2004]、類似の記述は書院生の日誌の中に存在しないようだ。

第11章　大調査旅行における書院生の台湾経験

　　人の首を取る生蕃でも女はやさしい、私達が巡査の案内で宿から余り遠くない或蕃社へ蕃道といふ兎路を通って達した時そこの男は二三日前一勢に鹿狩に出た後で女許りが寂しく待ってゐた、彼の恐ろしい人喰鬼を予想してゐた私達は褌一つの蕃女から「まあお掛けなさい」といはれた時には人情の機微に打たれて暫しは言葉もなく密かに涙を呑むだ、其蕃女はこれでも生蕃の子かと思はれる程可愛らしい子供を抱いて、にこにこしてゐる、私は心の或者を奪はれた如うた気がして久しく持ち歩いた仁丹の美しい容器を呉れてやった。

[大旅行誌11: 207]

「人の首を取る」、「恐ろしい人喰鬼」というイメージと「人情の機微」という実感のギャップが鮮やかである。さらに彼らは、山の中で男性の先住民に遭遇している。

　　私達は谷川に沿った中腹の小径を辿ったバナナや蛇木の茂った山の眺めは私達をしてスタンレーやリビングストンに同化せしめた様に蕃地であるなといふ気に打たれしめた、其時遥か脚下の渓流中の岩を飛び飛び魚を漁ってゐるらしい赤鬼の如うな四個の異形な蕃人を発見した私達が吊り橋に出る坂を下り始めた時行手の木の根に腰をかけて煙草を吹いてゐる二個の生蕃に出会った意外、意外彼等は丁寧に頭を下げて巡査に敬意を表した。　　[大旅行誌11: 207]

先住民を"異形の鬼"として個で数え、その"鬼"が意外にも植民地官吏に敬意を示すというレトリック——そこに、先住民の"文明化"をドラマチックに表現したい意図を読み取ることは的外れではなかろう。警察官が先住民の「生殺与奪権を掌握し、かつ日常生活の指導者として君臨」[近藤1992: 40] していたという権力関係は、書院生には見えなかったのかもしれない。

　第16期生・両広湖南班（1918）による日誌の一節「生蕃ロオマンス」は、未開人／野蛮人に"人間性"を見出すという基本的に同じ図式に則っているが、先住民女性についての記述が含まれる点で興味深い。川に水浴に来

243

た書院生は「若い蕃女」に遭遇した経験を次のように記している。

> 彼女は十六七である、色は飽迄白く脊はすらりとして、肉の発達は非常に挑発的であった、僕もこの時だと思ふて久しく見惚れておったから彼女は恥ずかしげに顔を紅に染めた確に彼女は美人だ、諸君は人の首を取る生蕃の雌を矢張アフリカの「ホッテントット」や「ブッシマン」の醜女位想像するだらうが、生蕃でも女は優しい色も白く、器量も仲々好いのもおる　　　　　　　　　　　　［大旅行誌12: 300］

書院生の日誌の中で先住民女性の性的な魅力について述べるものはほとんどない。たとえば E. サイードが論じたように[21]、植民地表象では、"植民地支配者／男性"と"植民地住民／女性"という二項対立が大きな意味を持つことがしばしば指摘されているが、『大旅行誌』の台湾訪問に関する箇所には、ここに見るような"性的に魅力のある現地人女性"という記述は見つけるのは困難である。

　さきの「生蕃でも女は優しい」という議論につづいて、この「生蕃ロオマンス」という節では「多年蕃地に暮す巡査さん」から聞いた二つの逸話が紹介されている［大旅行誌12: 301］。一つが、日本人労働者らが「美しい妙齢の蕃女」を辱め、その報復として皆殺しにされたという話であり、もう一つが、先住民女性と日本人男性の果たせぬ恋の話である。「生蕃ロオマンス」では、この果たせぬ恋の話が中心的な役割を果たしていると言っていいので、少々長いが該当箇所を引用しよう。

> ある薬売の青年が蕃地に踏み迷ひ酋長のために捕へられ、明日愈々殺さるゝことになった、幸に酋長に一人の優しい娘があって、其青年にすっかり惚れ込んで、夜青年をしばってある荒縄をとき切って、二人手を取り合ひ、暫く逃げのびて、死を免れた、其青年は蕃女の意気に感動して己の妻にして琴瑟相和しておったが、不幸病魔のため倒れた蕃女は夫の死にはげまされ、日本語を習得し、遂に女教員に出世し、

21　たとえば彼によるフローベールの作品の分析を参照［サイード1993］。

> 生蕃が内地観光の折撰れて通訳になり、遙々夫の故国に来り、青年の埋葬せられた京都を尋ね、夫の霊前に泣き伏したと云ふ、家人も之を哀み、家族として之を取扱ひ青年の弟妹等は嫂として彼女を遇したと云ふ美しいロオマンスがある　　　　　　　　　　　［大旅行誌12: 301］

現代風に言えばさしずめ"異文化の境界を越えた純愛物語"となるのかもしれない。けれどもここで、"純愛物語"が日本語の習得や内地観光団[22]、そして宗主国男性と植民地女性という植民地主義的なシステムの上で展開していることは見落としてはならない。

「生蕃ロオマンス」の節は、次のように締めくくられる。

> 蕃女と云ふも決して愛も情もないものでない彼等には暖い愛情を有し、女としての特性を十分具へておることを忘れてはならない、生蕃だからとて色恋の沙汰は相ならぬと云ふことはない、恋に上下はないものだと、世人は云ふておるは公平な見方である。
>
> 　　　　　　　　　　　　　　　　　　　　　　［大旅行誌12: 301］

この記述は、先住民に対する偏見を再考するよう促している。"一般的なイメージ"と異なり、先住民には美しい人間もいるし、普通に愛情も持つ者もいる、つまり先住民は我々と同じ人間だ、という主張である。

(3) 理蕃政策の評価

"偏見と異なり蕃人は人間的である"という言説が、植民地台湾で進められた近代化／日本化との関わりの中で現れる傾向も確認しておきたい。たとえばそれは、先住民の人間らしさを、治安や教育における植民地統治の賜物と結びつける記述である。

1922年に烏来を訪れた第20期生の記述も、まず自動車で新店まで行った後、「誠に此の世ながらの仙境」を歩んで、烏来に向かう。

22　台湾からの内地観光団については［サンド2015］が詳しい。

> 途中数回蕃人に遇った。彼等は皆一々丁寧に叩頭して盛んに愛嬌を振りまく。やっとの思ひで烏来に到着したのが午后五時、各蕃舎から人珍らしげに沢山集って来て上手な日本語で色々と話しかける。蕃舎と云ふから定めし未開の気味の悪い所だろう位に思って多少首の心配迄して来た吾々の予想は全く当てが外れてしまった。小供の中には蕃服を着て居るものや日本服を着て居るものも居る。容貌なども本島人よりか寧ろ日本人に似通った点が多い。中には蕃人の子供には惜しい様な美少年も少なくない。暑い所を辛苦して持って来た大学目薬と「キャラメル」を分配してやる。　　　　　　　　　　　　［大旅行誌15: 525］

1932年の第29期生・第21班は、烏来と並んでよく知られていた角板山を訪問し、先住民との遭遇を次のように記している。

> 蕃童に出会えば歯切れのいい日本語で「今日は」と叮嚀に会釈して「何処へ行くの」と愛想よく聞く。多く日本服を着てゐるから内地の田舎の少年と見違へる位だった。壮年や半白の老人に会へば肩から腰にかけて赤い布ををけシイザーブルタス、カシヤスのローマ武士を偲ばす勇壮軽快な扮装をしてゐるが、清楚の感じがないから何処となく野蛮人らしい香がする、妙齢の婦人は総て鼻髭の様な太い入墨をして獰猛な感じを与える点よき内助者たるを思はせる。外貌如何にも生蕃の本領を発揮して今にも食ひつかれさうだが総督の理蕃政策とく行き届いて、全く日人には馴れ、一行を見れば言葉こそ発せぬがニコニコとして頭を下げて通り過ぎる。　　　　　　　　　　　　［大旅行誌24: 448］

牡丹社事件から60年以上経過しているにもかかわらず、先住民の"人喰い人種"イメージを持ち出している点は興味深い。そしてそうした先住民たちを"今にも食いついてきそうな野蛮状態"から脱せさせるプロセスが理蕃政策であると位置づけている。

　"人喰い"とは言わないまでも、想定以上に先住民が近代化／日本化している様子を驚く記述は、第33期生・広東省遊歴班による1936年の調査日誌にも見られるものだ。彼らは新竹近郊の竹北で蕃社を訪問し、「其の

訓練、教育の宜敷きを得て、日本語等もよく知ってゐるのに驚かされ、且つ柱時計がカチカチやってたのには再び驚い」ている［大旅行誌28: 418］。

こうしてみると、当時すでにエキゾチックな存在としてよく知られていた"蕃社"の見学の記述には一定のパターンを見出すことができる。すなわち、最初は"未開人"に会えるものと期待するが、実際に先住民に接すると、まだ"未開性"が残るものの、日本による統治によって文明化／日本化が進んでいることが分かる、というパターンである。したがって、書院生による記述において"蕃人"なる存在は、未開性の残滓と文明化の成功の両方を同時に確認させる機能を果たしており、蕃社とはそのための空間であったとまとめることができる。

おわりに

大調査旅行の調査日誌における台湾訪問の記述は30年前後にわたるものであるが、以上論じてきたように、一定のパターンが存在している。

台湾に上陸した書院生は、神社に詣で、温泉に浸かり、浴衣で散歩するというように、植民地に現出した"祖国日本"を満喫した。ただし、日本らしさの悦びは、中国大陸を歩きまわる辛い調査との対比の上に成り立っていたと解釈するのが妥当である。

その一方で、植民地台湾で多数派を占めていた本島人に対しては、支那人の一類型としてほとんど無視同然に扱っている。記述に現れることがあったとしても、植民地化（近代化／日本化）の文脈内での言及に留まることが多い。

また、都市のインフラ設備、工場、省庁、教育施設などを精力的に見学したというように、書院生の関心の大きな部分が近代的なものに向けられているが、植民地統治自体の妥当性が顧みられることはない。日本による統治に否定的な考察が加えられるとしても、論点は近代化／日本化が適切に導入されているかというレベルに留まっている。

さらに、書院生は台湾先住民に並々ならぬ関心を抱き、蕃社見学に出向いたが、そこで先住民らに見出したものは、未開と文明化の共存であった。つまり、先住民を解釈する枠組みも植民地主義的論理に基づいたものなの

であり、台湾に導入された近代化を見学したという点では蕃社訪問も工場視察も同じ行為なのである。

　日誌上に表れる書院生の台湾経験は、近代帝国日本による植民地化（近代化／日本化）をたしかめる実践として整理することができる。書院生は上海に位置する実学志向の教育機関の学生として、中国大陸との対比や近代都市の様子、あるいは先住民の"人間らしさ"を用いて、近代帝国日本を確認するという行為に自らの台湾経験を収斂させたのである。

参考文献

卞鳳奎（2013）「日本統治時代台湾における日本人エリートの海外経験について」『或問』24、pp. 117-138

曹大臣（2007）「台湾総督府の外事政策——領事関係を中心とした歴史的検討」松浦正孝編『昭和・アジア主義の実像　帝国日本と台湾・「南洋」・「南支那」』ミネルヴァ書房、pp. 236-258

藤田佳久編著（1998）『中国を越えて』（東亜同文書院　中国調査旅行記録、第3巻）大明堂

藤田佳久（2000）『東亜同文書院　中国大調査旅行の研究』大明堂

藤田佳久（2007）『東亜同文書院生が記録した近代中国』あるむ

藤田佳久（2011）『東亜同文書院生が記録した近代中国の地域像』ナカニシヤ出版

藤田佳久（2012）『日中に懸ける——東亜同文書院の群像』中日新聞社

高成鳳（1999）『植民地鉄道と民衆生活　朝鮮・台湾・中国東北』法政大学出版局

橋谷弘（2004）『帝国日本と植民地都市』吉川弘文館

片倉佳史（2010）『台湾鉄路と日本人——線路に刻まれた日本の軌跡』交通新聞社

近藤正己（1992）「台湾総督府の『理蕃』体制と霧社事件」若林正丈編『岩波講座近代日本と植民地（第2巻）帝国統治の構造』岩波書店、pp. 35-60

近藤正己（1996）『総力戦と台湾——日本植民地崩壊の研究』刀水書房

松田京子（2003）『帝国の視線——博覧会と異文化表象』吉川弘文館

水野直樹（2004）「序論——日本の植民地主義を考える」駒込武・他編『生活の中の植民地主義』人文書院

小熊英二（1998）『〈日本人〉の境界——沖縄・アイヌ・台湾・朝鮮　植民地支配から復帰運動まで』新曜社

サイード、E.（1993）『オリエンタリズム』今沢紀子訳、平凡社

サンド、J.（2015）『帝国日本の生活空間』天内大樹訳、岩波書店

曽山毅（2003）『植民地台湾と近代ツーリズム』青弓社
台湾総督府交通局鉄道部（2012）『台湾鉄道旅行案内』水谷真紀編『台湾のモダニズム』ゆまに書房、pp. 31-294
若林正丈（2001）「解説」若林正丈編『矢内原忠雄「帝国主義下の台湾」精読』岩波書店
山路勝彦（2004）『台湾の植民地統治――〈無主の野蛮人〉という言説の展開』日本図書センター
山路勝彦（2008）『近代日本の植民地博覧会』風響社
矢内原忠雄（2001）「帝国主義下の台湾」若林正丈編『矢内原忠雄「帝国主義下の台湾」精読』岩波書店
曾品滄（2011）「日本人の食生活と『シナ料亭』の構造的変化」老川慶喜・他編『植民地台湾の経済と社会』日本経済評論社、pp. 213-231

第 12 章

日本統治下の朝鮮半島へ入った大調査旅行の書院生たち

—— 彼らの意識と経験を中心に

武井義和

はじめに

　1907〜43年まで毎年実施された東亜同文書院（大学）の大調査旅行は、中国を中心に、東南アジアまでをも対象とした大規模な現地調査であった。彼らが残した調査記録である『支那調査報告書』や日誌にあたる『大旅行誌』は、当時書院生たちが調査した各地の様子を詳細に知ることができる資料である。

　しかし、本章で取り上げる朝鮮半島は1910年8月から日本の植民地であり、大旅行に参加した書院生たちが足を運んだ土地ではあるものの、大調査旅行終了後に日本へ帰国する際の経由地、大旅行班の解散地点、または大調査旅行の途次や終了後に足を延ばしたり、再び中国へ入っていくための経由地などとして捉えられていた。そのため、『支那調査報告書』では朝鮮半島を扱った調査内容がなく、また『大旅行誌』でも朝鮮半島についての記述はさほど多くない。そうした理由については、ある第28期生が記した「朝鮮は他の班の者が書かないさうだから我々が書いておかう。」、「もう我々は日本に帰った様な気になってゐるのだ。」［大旅行誌23: 195］

凡例：ソウルやピョンヤンなどの地名をはじめ、本章に登場する朝鮮半島の地名は漢字表記とした。
　　　また、中国については1912年以前を「清国」、同年以降を「中国」とし、同様にロシア・ソ連については1917年以前を「ロシア」、同年以降を「ソ連」と表記した。

という心情が端的に示しているように思われる。つまり、前者は朝鮮半島について記録する必要性を感じていないことを表し、それは後者の「日本に帰った気になっている」というような領土意識と結び付いている。このような認識が、書院生たちによって朝鮮半島は大調査旅行における調査対象や問題関心から外れた土地とみなされる背景であったと理解することができる。

したがって、『大旅行誌』に僅かながら登場する朝鮮半島関連の記述は、現地調査を踏まえない主観的なものであった。そこで本章は、書院生による朝鮮半島をめぐる移動の全体像を明らかにするとともに、彼らが主観をベースとして調査対象地外であった朝鮮半島に対して、そして当地において植民者であった日本人や植民統治を担った警察、および朝鮮半島の住民である朝鮮人に対してどのようなイメージを抱いたのかについて、大調査旅行の過程およびそれを中心とする書院生の経験も含めつつ、彼らの個別的ケーススタディとして明らかにすることを試みる。

1 書院生たちの朝鮮半島への移動

(1) 朝鮮半島へ入った書院生たち

『大旅行誌』で確認できる限りでは、1910年8月に朝鮮半島を訪れた第8期生が最初である。以降、第10期生、第14～16期生、第19～20期生、第22期生、第24～31期生、第34期生が足を運んでおり、その回数は合計37回におよぶ。しかし、このなかには地図に経路が示されていたり、経過地に地名が記載されているものの、本文には朝鮮半島について言及されないケースも多い。したがって、朝鮮半島に足を運んだ理由や具体的行動が不明な場合も目立つ（表1参照）。そのように考えると、次節以降で引用していく書院生が書き残した記述のほとんどは、経験として思い出や印象が強く残ったものであり、朝鮮半島や朝鮮人に対する書院生独自の主観が特に反映されたものであった。

こうした点を踏まえた上で、書院生たちの朝鮮半島への移動について明らかな分だけを取り上げると、大調査旅行の途中または解散後に、日本への帰国経由地として通過するか立ち寄る形で、個人もしくは2名以上での

第12章　日本統治下の朝鮮半島へ入った大調査旅行の書院生たち

移動があったほか、大旅行班解散の目的地として班員が朝鮮半島に入る形が目立つ。特に第19期生、第20期生、第22期生、第24期生、第25期生、第28期生、第29期生、第30期生、第31期生は複数の大旅行班や班員が、それぞれの期の大調査旅行でほぼ同時に足を運んでいる。なかには第28期生の南支沿岸遊歴班のように、華南を調査後に北上し満洲を訪れ、さらに朝鮮半島にまで足を運んだ珍しいケースもあるが、それ以外は華北や満洲において調査した後に、またはその途中で朝鮮半島入りしていることから、調査選定地との地理的な近さが関係していた様子が浮かび上がる。また、特に第24期生以降に朝鮮半島へ入る書院生が増加した要因として、北伐の進行や済南事件、張作霖爆殺事件などの影響により、日本の勢力圏にある満洲方面の大調査旅行が増加したこと［本書第10章］、そして特に第29期生と第30期生が多いのは、1931年に勃発した満洲事変により、その後中国国民政府からビザが2年間発給されず、大調査旅行が制約期に入るとともにビザなしで旅行が可能だった満洲に限定されたことが挙げられる［藤田2011: xi］。しかし、第31期生以降は極端に朝鮮半島へ入る書院生の数が減り、経由地として朝鮮半島の地名は確認できるものの、『大旅行誌』本文には記述が登場しなくなる。

　一方、満洲事変後の朝鮮半島北部と満洲、日本との関係に眼を転じると、交通網に大きな変化が生じた。「日本海ルート」（または「北鮮ルート」）の形成である。これは日本の新潟港や富山伏木港、敦賀港と朝鮮半島北部にある雄基港、羅津港、清津港を結ぶ日本海航路を経て、さらに満洲国成立後に完成した吉会鉄道を通じて日本と満洲国を最短距離で結ぶルートであった［田中2007: 204］。第30期生のなかには雄基、羅津、清津を訪れた者がおり、資料を参考にしたと思しき日満交通などについての記述が確認できることから、「日本海ルート」に関心を寄せた書院生もいた様子がうかがえる［大旅行誌25: 179–180, 199–202］。しかし、それは『大旅行誌』全体のごく一部を占めるに過ぎず、また第31期生以降の記述には朝鮮半島や「日本海ルート」に関する記述は登場しない。

　こうしてみると、総体的に書院生の意識として朝鮮半島はあまり調査や関心の対象として映らなかった様子が改めて理解できる。

表1　朝鮮半島へ入った書院生概観

期生	旅行年	大旅行班名	朝鮮半島への移動の目的、具体的行動
第8期生	1910年	北満班	ウラジボストックで大旅行班解散後、3名が朝鮮半島へ。1名は朝鮮半島から再び清国入り。
第10期生	1912年	青島秦王島班	大旅行班を解散後？朝鮮王宮を拝観した書院生あり。
第14期生	1916年	河南山西班	山東省済南で大旅行班解散後、班員のうち3名は北京経由で満洲、朝鮮半島を経由して帰国。
同上	同上	農工科湖南班	不明。
第15期生	1917年	政治科班	大旅行終了後、満洲、朝鮮半島へ放浪に向かった書院生あり。
第16期生	1918年	吉林奉天班	満洲からソ連へ行く時と、帰路再び満洲へ入る時に朝鮮半島を通過（1名朝鮮半島より帰国）。
第19期生	1921年	北支那特ニ満洲ニ於ケル取引所調査班	ハルビンで大旅行班解散後、帰国のため朝鮮半島を経由、京城に立ち寄った書院生あり。
同上	同上	北支汽船業調査班	不明。
第20期生	1922年	松花江水運調査班	朝鮮半島を経由して日本へ帰国した2名の書院生あり。
同上	同上	揚子江沿岸貿易事情調査班	朝鮮半島に入り、南部まで移動した書院生あり。
第22期生	1925年	北満国境調査班	平壌にある書院生の兄の留守宅で大旅行班を解散。
第24期生	1927年	北満間島経済調査班	満洲間島の龍井村で大旅行班解散、A～Cの3班に分かれ移動。いずれの班も朝鮮半島に入る。
同上	同上	北支那北満経済調査班	大旅行班解散後、1名を除く班員は朝鮮半島を経由して日本へ帰国。
同上	同上	北支経済調査班	満洲での大旅行終了後、朝鮮半島の大邱にある実家へ帰った書院生あり。
同上	同上	京津駐在班	大連で大旅行班解散後、2名が朝鮮半島経由で日本へ帰国。他の班員は奉天、安東とともに朝鮮半島を放浪。
同上	同上	江北魯燕調査班	朝鮮半島を経由して帰国する2名の書院生あり。
第25期生	1928年	北満国境経済調査班（第二）	朝鮮半島の羅南に住む書院生の兄の家で大旅行班解散。
同上	同上	吉会沿線経済調査班	京城で大旅行班解散。
第26期生	1929年	「北支那紀行」（班名なし）	京城で大旅行班解散、その後新義州、安東経由で中国に再入国の書院生あり。
第27期生	1930年	吉会沿線調査班	不明。
第28期生	1931年	露支国境遊歴班	不明。
同上	同上	十六ミリ満蒙旅行班	大旅行班解散後？平壌、京城へ赴いた書院生あり。
同上	同上	南支沿岸遊歴班	大旅行解散後に日本へ帰国するための経由地？
第29期生	1932年	第13班	不明。
同上	同上	第7班	不明。
同上	同上	第15班	大調査旅行後に京城へ赴いた書院生あり。
第30期生	1933年	錦県調査班	不明。

第12章　日本統治下の朝鮮半島へ入った大調査旅行の書院生たち

同上	同上	海龍県柳河県清原県調査班	不明。
同上	同上	延吉県和龍県調査班	満洲国での調査をひとまず打ち切り、朝鮮半島を視察。雄基、羅津、清津へ赴く。
同上	同上	汪清県琿春県調査班	満洲国より朝鮮半島へ入り、再度満洲国へ入国。
同上	同上	依蘭県樺川県調査班	不明。
同上	同上	樺川県富錦県調査班	不明。
同上	同上	克山県通北県克東県調査班	不明。
同上	同上	璦琿調査班	不明。
第31期生	1934年	寧夏甘粛省遊歴班	不明。
同上	同上	龍鎮・徳都両県調査班	不明。
第34期生	1937年	北満洲班	不明。

出典：『大旅行誌』各年版の本文および経過図をもとに筆者がまとめたもの。

(2) 朝鮮半島に至るルートと朝鮮半島内での移動ルート

　書院生たちは具体的にどこからどのように朝鮮半島に入り、移動していったのだろうか。経路不詳の大旅行班もあるが、『大旅行誌』からは主に以下の3種類が確認できる（図1、2を参照）。

　1つ目は、第8期生にみられるルートである。満洲のハルビンから東部満洲を経てロシアに入り、ウラジオストックで大旅行班の解散後、3名が朝鮮半島に渡ったが、そのうち2名による記録を手掛かりにみていくと、同地から大阪商船の咸興丸に乗船し、日本海沿いに朝鮮半島の清津、城津、元山を経由して釜山まで南下している。釜山に上陸後は鉄道に乗車し、龍山、京城、開城、平壌へと北上し、義州より鴨緑江対岸の安東へ渡

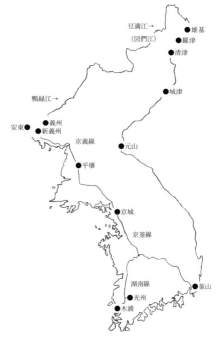

図1　朝鮮半島地図

出典：『施政二十五年史』（朝鮮総督府、1935年）の付表を参照したもの。
注1：朝鮮半島内の実線は鉄道路線を示す。
注2：地図では朝鮮半島を中心としたため、済州島をはじめとする島々は省略した。

255

り再び清国に入るというものである。この咸興丸は朝鮮航路を就航していた船である［野村徳七商店調査部1911: 72-77］。また、当時の鉄道は日本によってそれぞれ1905年と1906年に敷設された京釜線（釜山・京城間）と京義線（京城・新義州間）があった［高成鳳2006: 43-46］。このルートは第8期生しか確認できないが、海と陸ともに日本が開設した交通機関やルートを利用しての移動であったことが分かる。

2つ目は、鉄道で中国の安東より朝鮮半島に入り、平壌、京城、釜山などの地へ南下するルートである。第20期生（揚子江沿岸貿易事情調査班）、第28期生（十六ミリ満蒙旅行班）、第29期生（第15班）や、日本への帰国経由地として通過しただけであるが第24期生（江北魯燕調査班）などが挙げられる。彼らは朝鮮半島内でも鉄道で移動しており、第8期生と同様に京釜線、京義線を利用した様子が浮かび上がる。

3つ目は、ソ連や中国との国境地帯に近い朝鮮半島最北端の地域から入るケースである。中国間島の龍井村から中国と朝鮮半島の国境を流れる豆満江（中国名図們江）を渡って会寧に至り、清津、元山を経て上海に戻った第24期生A班、龍井村から軽便鉄道で豆満江を越えて朝鮮半島上三峯に入り、会寧、羅南へと移動した第25期生（北満国境経済調査班（第二））、同様に龍井村から汽車で上三峯に入り、上三峯駅から図們鉄道で会寧に行き、その後京城で大旅行班の解散を行った第25期生（吉会沿線経済調査班）、龍井村から延吉を経て汽車で上三峯に至り、その後会寧から鉄道で清

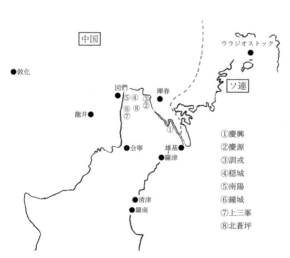

図2　朝鮮半島北部の拡大図
出典：図1に同じ。
注：点線は中国とソ連の国境線を示す。

第12章　日本統治下の朝鮮半島へ入った大調査旅行の書院生たち

津、元山を通った第27期生（吉会沿線調査班）が挙げられる。このように龍井村から移動してくるケースが目立った理由は、同村が朝鮮半島の対岸の間島に位置するという地理的関係が大きかったのではないかと考えられる。

　また、3つ目に関して特徴的なのは、朝鮮半島と満洲との間の往来や、朝鮮半島を経由しての移動がみられたことである。第16期生（吉林奉天班）の場合、龍井村から琿春、さらにソ連のポセットを訪れたが、会寧、行営、東甫、北蒼坪などを経て慶源より琿春に至るという形で朝鮮半島を経由していた。また、帰路もポセットから琿春へ戻った後、同様に朝鮮半島の黄坡鎮や穏城を経由して再び中国に入国している。第24期生B班も、龍井村から琿春へ行くため慶源を経由し、その後は琿春から再度朝鮮半島に入り、慶興より雄基へと移動している。

　やや時代が下り、満洲国での調査が予想外に進み一段落したため、視察の目的で朝鮮半島北部へ足を運んだ第30期生（延吉県和龍県調査班）は、図們から南陽に入り、慶興、雄基、羅津、清津、会寧の各地を移動後、上三峯より再び間島へ戻っている。また、同じく第30期生（汪清県琿春県調査班）の場合は、間島の延吉より南陽、慶源を経由して琿春を訪れ、その後は琿春から朝鮮半島に入り訓戎、雄基、羅津、雄基、南陽の各地を回り、再度図們より満洲国の敦化、吉林など各地へ移動している。

　ここで龍井村や延吉などの地と琿春の間の移動で朝鮮半島を経由するケースが多くみられた理由は、中国と朝鮮半島との国境を迂回するよりも地理的に近く、且つ鉄道など朝鮮側の交通機関を利用して目的地に早く着けるという利便性が大きく作用したためと考えられる。

　ここまでみてきたように、書院生たちは以上のような様々なルートで朝鮮半島に足を運び、移動したことが分かる。次節では、こうした彼らの朝鮮半島をめぐる認識について、『大旅行誌』を手掛かりとしてみていくことにする。

257

2　書院生たちによる朝鮮半島をめぐる記述

(1)「日本」としての朝鮮半島

　①日本の領土としての意識

　朝鮮半島は日本の領土であるという意識は記述に散見される。特に象徴的なのは、すでに触れた第8期生である。そのなかの1名は、釜山へ上陸した1910年8月29日に「韓国併合」の公報を新聞で知り、「他人の国土内を旅せし余等今日只今より誰れ憚る人も無き自国内の旅行、肩身も広く心も勇み…」と記している。「韓国併合」によりそれまで存在した大韓帝国が消滅し、朝鮮半島は日本の植民地となったのであるが、併合の瞬間に外国が自国の領土になったと素直に受け入れている様子がうかがえる。また、別の第8期生は朝鮮半島から再び清国に入る際の心境として、「此所（引用者注：義州）で愈々新日本を去って再び清国に入る可く鴨緑江を渡った我皇土が多年閒へて居た此鴨緑江岸迄伸長されたるを思ふて衷心喝采を禁じ得なかった。」[大旅行誌4: 330]のように、朝鮮半島が日本の領土になったことや、それによる日本の国境線が中国と接するまでに国土が拡大したことを肯定的に受け止めている。朝鮮半島を「新日本」と表現しているのもその表れである。

　このような領土意識や国境概念は、それ以降の書院生にも確認することができる。「図們江の濁流を隔てて向ふ岸は朝鮮の北端上三峯と言ふ町である。…橋の中央に粗造な門の様なものがあって、其れが日支の国境だと言ふ事である」（第24期生）[大旅行誌19: 30]、「龍井村から国境の上三峯まで五十四哩、四時間余にして着く。図們江岸駅は豆満江岸にある国際駅だ。簡単な荷物検査がある。国際鉄橋を渡れば日本だ！」（第27期生）[大旅行誌22: 466]や、自分の乗る汽車が安東から中国と朝鮮半島との境を流れる鴨緑江に差し掛かる際の心境「いよ〳〵朝鮮だ、カオリー（引用者注：高麗）だ、日本だ」（第28期生）[大旅行誌23: 196]などがそれである。

　②大調査旅行を通じての心理的側面

　一方で、大調査旅行の最中または大旅行班解散後の経験や、自分の置かれた状況などが影響して朝鮮半島において「日本らしさ」を感じるケース

もあった。

　例えば、先述の第24期生 B 班の班員は、夜明けに朝鮮半島の慶興を出発し、雄基へ向かう途中で霜降りの小倉服を着た朝鮮人の小学児童たちに出会い、丁寧に頭を下げて「今何時ですか？」と尋ねられたことで、「温いそしてまるで日本の山地を旅行して居る様な気もちになった」［大旅行誌19: 39］。この書院生は満洲の間島で大旅行班解散後、上記のように慶興を出発する前日に、もう 1 名とともに琿春から図們江岸までたどり着き、渡し船に乗って対岸の朝鮮半島に入ったのだが、その際にその 1 名が乗り遅れそうになった。そのため、野宿を覚悟しなければならないほど切迫したものの、辛うじて間に合うという経験をした。その次の日の夜明けに慶興を出発し、雄基へ向かうために静寂の山道を進んだのであるが、雑木林の坂を下りかけた頃に朝鮮人の小学児童たちに出会ったのである。したがって、前日の「アクシデント」や「静寂の山道を進む」という今現在の自分を取り巻く状況のなかで、書院生たちは朝鮮人児童たちに出会い、時間を尋ねられたことで上記のような心境に変化したと理解することができる。だが、それは単に山道で児童たちに出会ったということだけが理由ではないと思われる。文面からは、朝鮮人児童たちは日本語で尋ねたことが容易に想像される。したがって、書院生たちは朝鮮半島最北端の地域において、日本語や小倉服などの児童たちが身にまとっている「日本らしさ」に接したのである。この点が書院生たちの心理に大きな影響を与えたと考えた方が妥当である。

　一方、第25期生（吉会沿線経済調査班）は満洲を経て上三峯から朝鮮半島に入り、会寧を経由して 7 月10日京城に到着、そこで大調査旅行班を解散したが［大旅行誌20: 137, 157-158］、訪れた京城の日本人街・本町について以下のように記している。まず、「京城の銀座、本町の夕べは銀ブラの群を甘美などよめかしい世界へ汲ひ込んで行く。青い街灯のひとやかな光を浴びて街頭きらびやかに微笑んでゐる。」と、本町の様子を東京の銀座になぞらえながら華やかな印象として捉えている。さらに、「纏綿たる故国情緒の床しさ――それは遠征壮遊の客を稿ふにはさも相応しい情趣であった。すがすがしい浴衣着の粋、嬌奢な乙女の装、芳醇な脂粉の香り…」と記し、行き交う人々の格好であろうか、浴衣着や乙女の服装、脂

粉の香りなどから「故国情緒」を感じている［大旅行誌20: 158］。京城で体験し得たこのような「日本らしさ」は、一行にとっては大調査旅行の疲れをいやす存在として認識された様子も浮かび上がる。

　また、「すべては漸く二十日来の原始の殻を脱け出た遊子には得も言へぬ魅惑的な懐かしみであった、かぐはしい明るい世界であった。」［大旅行誌20: 158］と、本町を懐かしい、明るい世界と表現しているが、それは大調査旅行を行った場所と比較してのイメージでもあった。「二十日来の原始の殻を脱け出た遊子」がそれを読み解くカギとなる。一行は6月17日ハルビンを出発し、京城着までの20日余りを過ごしたわけであるが、満洲では苦難の旅行であった。まず吉林駅では北伐進展や張作霖の遭難などの排日気運の影響により警官の責問にかかり、その後吉林から吉会沿線突破の旅を行うには馬賊の巣窟地帯を抜けねばならなかった。特に吉林より敦化へは疲労と空腹の苦しい旅程であり、敦化では「アメーバ赤痢」に罹った班員の脱落などを経験したほか、7月1日の陸行では数日来の雨で膝まで没する泥海と化した粘土質の道路を進まねばならず、「行くとして行路の難たらざるはない」と書院生に言わしめるほどであった［大旅行誌20: 147-154］。

　したがって、大変な苦難を経験した大調査旅行の踏査地（原始）と対比して、書院生たちには本町は魅惑的な懐かしさを感じさせる、明るい世界に映り、また「故国情緒」を感じることができる場所と捉えられていた様子が浮かび上がる。

　一方で、書院生たちが体感した「故国情緒」は、植民地に形成されたものであった点にも注意する必要があろう。

(2) 日本人や警察へのまなざしと経験

　植民地統治下の朝鮮半島を考える上で、現地における日本人の言動や植民地統治を支えた警察は重要な部分であるが、これらは書院生の目にはどのように映り、またどのような経験をしたのだろうか。

　第8期生は汽車のなかで、日本人の紳士が朝鮮人に対して昼寝に都合が悪いから席を譲れと強制し、対する朝鮮人が先取特権を主張しているらしい様子をみて、「征服者の無理なる圧迫と云ふ事を感じた」と日本人の行

第12章　日本統治下の朝鮮半島へ入った大調査旅行の書院生たち

動に理不尽を覚える。「征服者」とは単にその日本人の紳士を指すだけでなく、「植民地を統治する側の人間である日本人」という意識も反映しているものと思われるが、第8期生の言葉を借りれば、元山港で罪なき朝鮮人（原文では韓人）を海に突き落として喜んだ日本人を罵った「自分は又此の紳士を懲したくなった」［大旅行誌4: 334-335］と、目撃してきた日本人の横暴ぶりに反発を覚えている。しかしながら、植民者である日本人による現地の人々への横暴な振る舞いや差別的な言動についての記述は、『大旅行誌』では他に見当たらない。本当に目撃しなかったのか、あるいは目撃しても書かなかったのかは不明である。

図3　朝鮮半島南部の拡大図
出典：図1に同じ。

　一方、警察については、第20期生による警察の権威や権力に対する反発が特徴的である［大旅行誌15: 641-652］。彼は中国で大旅行班が解散した後に朝鮮半島南部まで移動し、光州より馬山まで徒歩で移動する途中[1]、光陽から晋州までの間を汽船で移動しようとする際に（図3参照）、巡査に晋州までの距離を尋ねたことから不審人物として派出所に連れて行かれた。そこで派出所署長と問答することとなる。

　会話形式で再現された記述によれば、派出所署長は第20期生から「支那から来た」と聞いた途端、丁寧な口調が責問調に変化し、当時上海に置かれていた「大韓民国臨時政府」などの組織による朝鮮独立運動への関与

1　［大旅行誌15］所収の「舟水撃楫」（揚子江沿岸貿易事情調査班）に示されている経過地では、木浦より徒歩で馬山まで移動したように記されているが、本文では木浦より光州まで行き、そこから馬山を目指して徒歩で出発した様子が記されている。

を疑う[2]。一方、第20期生は警察の朝鮮人に対する威圧的な姿勢などについて批判を述べ、署長に反発する。また、次の移動先でも巡査によって派出所へ連れて行かれるが、そこでも同様に自分を朝鮮独立運動に関係していると疑い、また晋州への移動を拒否する派出所署長に対し反発する。そのなかの「圧迫と強迫があなた達の職権の内容ですか。」という発言に象徴されるように、彼の警察の権威と権力への反感が滲み出ている。

このような感情を抱いた大きな理由は、彼が大調査旅行やその後に経験してきた、巡査や税関吏から受けた数々の不快な出来事に見出すことができる。それは

> 京城の市中でお巡りさんに咎められた事、支那の未開港地上陸の際の面倒な巡捕の事、安東県で買った東亜公司製の敷島が二三本吸ひ残ってゐたのを其儘ポケットに押し込むでゐたら新義州で変装した税関吏に詰られて散々バスケットの中を雑ぜ返された揚句で気味の悪い罵言を吐かれた事　　　　　　　　　　　　　　　　　[大旅行誌15: 641-645]

というようなものであった。京城や中国ではどこから何の目的で来たか、身分は何かなどについて、巡査からいろいろ尋問されたものと想像されるが、最初の捕捉後に汽船で次の場所へ移動する船中でそうした不愉快な記憶を思い返し、「エイ今度亦そんな目に会(ママ)ったら官僚気取りの彼奴等を散々に罵倒して思ふ存分に悶ましてやれ」と怒りに似た感情を示す。ここからは、上記の経験をもとに警察への反感はすでに、彼の胸中で蓄積されていたことが分かる。

ところで、最初の捕捉で派出所へ連れて行った巡査について、第20期生は態度や口調から朝鮮人と悟ると、言葉は柔順から反抗へと変わり、また派出所内で署長に相対する際に「君は日本語がうまいね」と皮肉ったと

2　大韓民国臨時政府は1919年上海フランス租界に樹立された。また、1920年代から30年代初頭にかけて、フランス租界は独立運動家が多く集まり、朝鮮独立運動の拠点の1つとして朝鮮総督府や外務省は警戒していた。当時の様子を知る主な資料および戦後まとめられた資料集としては、外務省記録『不逞団関係　朝鮮人ノ部　在上海地方』、『不逞団関係　朝鮮人ノ部　上海仮政府』や金正明編(1967)『民族主義運動篇』(朝鮮独立運動Ⅰ、Ⅱ)原書房などが挙げられる。

第12章　日本統治下の朝鮮半島へ入った大調査旅行の書院生たち

いう言動も記される。この点だけをみれば、朝鮮人に対する日本人の優越意識と受け取れるが、自分と接するうちに巡査の態度が威厳から傲慢へ移ったという第20期生の意識もあわせて考えると、やはり警察の権威や権力に対する反感の一側面として捉えるのが妥当ではないだろうか。

(3) 朝鮮人との接触および彼らへのまなざし

　次に、書院生は朝鮮半島人口の大多数を占める朝鮮人とどのような形で接し、またどのような印象を抱いたのかについて、①②の2つの観点から述べてみたい。

①農村での異文化体験

　2 (2) で紹介した第20期生は、警察に捕捉されるその直前に、朝鮮人の農家で一泊している［大旅行誌15: 639–641］。徒歩での移動途中に夜になってしまい、宿を探さざるを得ない状況となったことによるものである。「水」、「有」、「無」の3つの単語しか朝鮮語を知らなかった彼は、言葉が通じずに身振り手振りで今晩泊めてくれと頼み、宿泊することができた。

　だが、用意された食事やオンドルといった居住空間に慣れず、戸惑った様子が記される。住人は好意をもって対応した様子が記録から浮かび上がるが、第20期生は生活習慣の違いで負担に感じた様子がうかがえる。しかし、必要に迫られた状況とはいえ、言葉が通じないながらも意思疎通を試みるとともに、自分が育ってきたものとは異なる文化に接したケースであり、朝鮮半島へ足を運んだ書院生としてはきわめて珍しい行動である。

②政治的観点による独自の朝鮮人認識

　一方、朝鮮人へのまなざしという点に関しては、政治的観点による書院生独自の認識が注目を引く。ここでは第16期生、第28期生、第29期生に示される3つのケースを挙げておきたい。

　大調査旅行中、病気により他の班員より一足先に龍井村より会寧に移動した第16期生は、朝鮮人がひく郵便馬に乗って行動したのであるが、互いに言葉が分からないにもかかわらず、この間朝鮮人馬夫の親切な対応に接した。こうした経験をもとに、彼の朝鮮人認識が導き出される［大旅行誌12: 349–350］。

263

まず朝鮮人に対する憐みの情が湧くとともに、「彼等は今や其国は亡びて日本統治下に安らかな日を送って居る」として、植民地統治が朝鮮人に恩恵をもたらすとの認識を示す。また、朝鮮人のなかには排日的思想を持つ者がいるとしつつ、「兎も角も鮮人は一般に優しく極めて温和であって治め易い人民である」との認識も示す。「温和であって治め易い」とは朝鮮人馬夫の親切な対応から導き出した朝鮮人認識と推察される。続けて朝鮮人を「亡国の民」、「怠惰な人民」と捉えるが、彼らの怠惰の原因は「韓国政府の罪」にあり、それは社会制度の不備であるとする。そのため日本統治下で安全に暮らすことができ、今日に至っても依然として怠惰の名残をとどめていると「斯う自分は感じた時にそゞろに彼等の怠惰であるといふことに対して同情をした」という気持ちを示す。日本統治以前の「韓国政府」（大韓帝国）時代が良くなかったため、怠惰な性格になったという理解のもとで朝鮮人に同情の念を示している。最後に、朝鮮人に接して深く感じた感想として「優しい温和な而して怠惰な、哀れな人民」という結論を出す。「優しい温和な」朝鮮人とは朝鮮人馬夫の親切な対応による影響が強く、「怠惰」のイメージは日清戦争後日本人の間で広まった朝鮮人観の1つであるが［木村1998: 113; 趙2008: 37-42］、朝鮮人にじかに接したことで生まれた朝鮮人認識と、それまで自分が抱いていた朝鮮人認識が融合したイメージであったと捉えることができる。

やや時代が下り、平壌を訪れた第28期生の場合［大旅行誌23: 197-198］、乙密台を訪れて絵はがきや土産物を売る朝鮮人老婆に出会い、彼女の家へ行きその夫と話すとともに、家の2階に上がり朝鮮式家屋の構造をみせてもらうなど、地元の人と会話したり生活の一部を垣間見た様子が確認できる。

こうした接触がある一方で、次第に暗くなる大通りで涼を取る白衣の朝鮮人の表情をみて、彼らの日本への反感を意識し、そこから独自の朝鮮人認識を作り上げている。

まず、「僕等を凝視する眼は確かに凄い。而かも毒づいてゐる様に見える。矢っ張り友達の一人が常に云ってゐる様に彼等には日本人全般に対する耐へ難き反感が燃え立ってゐるのだろう。」と記し、朝鮮人たちの表情から日本人に対する反感を推測する。しかし、第28期生は実際に反日的言動

を受けたわけではなく、「友達の一人が常に云ってゐる」言葉を根拠としている。その友達とはだれを指すのかについては定かではない。しかし、友達の話と実際に自分が目にしている朝鮮人の表情から、「気の毒ではあるが不気味である」との意識を導き出す。「気の毒」とは日本の植民地統治下に置かれていることを、「不気味である」とは無言ながら表情に滲み出る日本への反感を指していることが想像されるが、一見すると矛盾するこの2つの意識が合わさり朝鮮人に対するイメージが築かれている。

　また続けて、中国人と比較して「朝鮮人の方が支那人より性急であり、底力あり、獰猛である様にさへ思はれて来たのである。朝鮮が運動を起すのもさう遠くはあるまいと思はれる。」とも記す。朝鮮人は「性急であり、底力あり、獰猛である」というイメージも導き出され、最終的に「運動を起す」ことの可能性を推察している。「運動」とは大規模な反日運動または朝鮮独立運動を指していると考えられるが、ここで示される朝鮮人認識は、友達から常に聞かされてきた朝鮮人の日本に対する反感という知識が大きな要因となり、それをベースに目の前にいる朝鮮人の表情をみて、自分なりのイメージを作り出したものである。

　一方、第29期生の場合は京城でTという人物の家に滞在中、新聞・総督府統計などの現地の情報や伝聞とともに、実際に朝鮮人をみて接することで、植民地統治下における彼らの置かれた境遇に思いを馳せ、また彼らの朝鮮独立運動への参加や日本人に対する襲撃の可能性などにも想像をめぐらしている［大旅行誌24: 390–396］。総督府統計は第29期生がTとともに当局者のWという人物の家を訪ねていることから、その時にWから入手したものと推察される。

　第29期生は朝鮮人街の鐘路において、通りを行く朝鮮人の姿や朝鮮料理屋の赤い提灯などの街の風景に対して、朝鮮らしさとともに親しみを感じている。これは本町への「近代文明の生んだインテリともろ〳〵のプチブル達の遊宴地だ。誠に不生産的な、非衛生的な遊宴地ではあるが。」［大旅行誌24: 391］という批判と対比される。彼の意識のなかで、植民地における近代的なものへの批判と朝鮮人の伝統的な生活風景への親しみは表裏一体をなしていたと理解できる。しかし、鐘路を歩きつつ朝鮮人を取り巻く現実にも意識を向け、周期的に襲う恐慌のために朝鮮半島を出て中国

に移住せざるを得ない朝鮮人に対し「父祖の地を追はれて流浪の旅に上った多くの朝鮮人の男と女達が、上海や奉天、特に青島等で営んでゐる亡国的な、悲惨な生活を思び出〈ママ〉」すとして、彼らの困難な境遇に想いを寄せる。

　また、反日的意識を有する朝鮮人学生、および労働者や農民へも意識は向けられる。朝鮮人学生については、銭湯の脱衣所で愛想の良い朝鮮人学生に「日本語が好く話せますね」と話しかけて、恐ろしい苦笑の表情をされるという失敗とともに、反日的意識を有する学生たちについての伝聞や、現地の新聞が学生事件を頻繁に報道している様子も記す。そして、総督府統計に示される同盟休校事件や退学・停学者、検挙者などの数値を誤りなかろうと判断して、「之等がやがて、身を以て独立運動史を綴る人と成るのであろうか？」と、独立運動に参加する者が生み出される可能性について想像をめぐらす。

　労働者や農民に対しては、滞在先の宿に帰るために坂を上ったところで、下の開地で夕涼みをする労働者など安い賃金で働く朝鮮人たちに恐怖感を覚える。第29期生は、こうした人々が1931年に発生した万宝山事件の際に、付近の中国人理髪店に殺到したという伝聞も知識として有していることから、それと目の前にいる彼らの姿が合わさって、何か事が起れば日本人を襲撃する可能性を感じている。こうした恐怖感は、社宅に帰る高等官夫人の「何かの動機で、此の群れは社宅を襲ふかも知れない」という怯えに通じるものであった。なお、そのような日本人に対する襲撃の可能性に関連して、「最近、威嚇的な姿を取って来た朝鮮の労働者、農民運動を思い起」こすとともに、宿で目を通した総督府統計に示される朝鮮農民の困窮する実態に目を通し、フランス革命前夜のフランス農民の置かれた状況と重ねて捉えている。

　以上からは、植民地統治下において朝鮮人学生や労働者・農民は抑圧された、または困窮化する状況に置かれている存在であることをまず認識し、そしてやがて彼らが日本に対する反感を伴って動き出すことへの可能性にも意識がおよんでいることが分かる。

　さて、ここまでみてきた第16期生、第28期生、29期生の朝鮮人認識の特徴について検討を加えておきたい。朝鮮人との直接的な接触による認識か、朝鮮人を目の前にして知識や情報をもとに湧いてきた認識かなどの違

いはあるが、いずれも自分なりの朝鮮人認識を形成していたことが分かる。しかし、第16期生と第28・29期生との間には大きな違いがある。第16期生は「怠惰」等の当時の日本人の間で広まっていた朝鮮人認識も示すが、日本による植民地統治については朝鮮人にも良い影響を与えると肯定的である。一方、第28・29期生は朝鮮人が日本への反抗や独立運動を起こす可能性について、ともに思いを巡らせている。ここに書院生の朝鮮人認識における時代的な差異がある。それが生じた大きな要素として1919年に勃発した「三一運動」と、それを契機として日本人が抱くようになった朝鮮人に対する「恐れ」が挙げられる。「三一運動」は朝鮮人が日本の植民地統治を快く思っていないことを日本人に知らしめることとなったが、そうして日本人の間で広まっていった朝鮮人への「恐れ」の感情が、第28・29期生の朝鮮人認識にも映し出されていたと考えられる［木村1998: 113-117］。

　また、第16期生と比較して朝鮮人認識で共通するようにみえる第28期生と第29期生についてみていくと、ともに目の前の朝鮮人をみるとともに有している知識などをもとにイメージを形成している点では共通する。だが、第28期生は友達から常に聞かされてきた、朝鮮人の「日本人全般に対する耐へ難き反感」という知識をベースとして、目の前の朝鮮人からイメージを作っていったのに対し、第29期生は朝鮮人街の鐘路を訪れた記述から浮かび上がるように、朝鮮人や朝鮮らしさに対する親しみが基本にあったと考えられる。その上で、朝鮮人の困難な境遇に思いを馳せるとともに、反日的意識の学生や安い賃金の労働者たちが日本に対して反抗する可能性について、植民地統治による彼らの置かれた状況を踏まえて理解しようとしている点が、相違点であったといえる。

おわりに

　以上、本章では朝鮮半島へ入った書院生について、その全体像を明らかにするとともに、彼らが『大旅行誌』で記した朝鮮半島に関する記述のなかから主なものを取り上げ、朝鮮半島や朝鮮人をめぐる認識を明らかにした。

朝鮮半島は書院生たちにとって大調査旅行の対象外であり、また日本本土への帰国経由地や大旅行班解散地、または途中立ち寄る場所などとみなされることが多かった。しかし具体的な理由や目的が見出せないケースも間々あるが、朝鮮半島へ入った書院生は第8期生と比較的早い時期の大調査旅行から存在が確認できるとともに、特に第24期生から第32期生の間に多かったことを明らかにした。その理由としては、中国の政治情勢や日中関係の対立化などにより、満洲方面へ大調査旅行を行う書院生が増えたことを可能性として指摘した。

　また、『大旅行誌』に登場する朝鮮半島や日本人、朝鮮人に対する認識については、例えば朝鮮半島を日本の領土と捉えるナショナルな意識だけでなく、書院生の大調査旅行の最中またはその終了後に経験した出来事が、自分なりの認識を形成する大きな要因の1つとなったことを明らかにした。また、特に朝鮮人に対する認識の場合、政治的観点によるものが目立つことを指摘するとともに独自のイメージが形成される様子も確認した。

　繰り返しになるが、朝鮮半島は調査対象地ではなく、また関連記述が少ないこともあり、これまで扱われることがなかった。だが、調査対象地とならなかった地域への認識やまなざしは、どのようなプロセスを経て形成され、文字化されたのかという点を考える時、そしてそれを書院生による近代東アジア地域認識の一側面として理解しようとする時、朝鮮半島の関連記述は大きな示唆を我々に与えてくれるのではないだろうか。

参考文献

趙景達（2008）『植民地朝鮮の知識人と民衆』有志舎
朝鮮総督府（1935）『施政二十五年史』
藤田佳久編著（2011）『満州を駆ける』（東亜同文書院　中国調査旅行記録、第5巻）不二出版
金正明編（1967）『民族主義運動篇』（朝鮮独立運動Ⅰ、Ⅱ）原書房
木村幹（1998）「「不潔」と「恐れ」――文学者に見る日本人の韓国イメージ」岡本幸治編著『近代日本のアジア観』ミネルヴァ書房
高成鳳（2006）『植民地の鉄道』（近代日本の社会と交通9）日本経済評論社
野村徳七商店調査部（1911）『大阪商船』国立国会図書館デジタルコレクション
田中隆一（2007）『満洲国と日本の帝国支配』有志舎

あとがき

　本書は、愛知大学東亜同文書院大学記念センター研究プロジェクト「東亜同文書院を軸とした近代日中関係史の新たな構築」の一環として組織された研究チーム「「大旅行調査」からみる近代中国像」による研究成果である。このプロジェクトは、2012年度から2016年度にわたって、文部科学省私立大学戦略的研究基盤形成事業の選定を受けて進められた。また、第7章から第9章と第11章については、科学研究費補助金・基盤研究（C）「近代日本青年の「南方」体験：中国人コミュニティーとの接触の実像」（2015-2017年度、課題番号15K01896）による調査成果の一部と、愛知大学人文社会学研究所「南方における近代日本青年の足跡」研究会による調査成果の一部が含まれている。

　このような助成をいただいて、さまざまなフィールドとディシプリンを背景にした研究者が、協同して東亜同文書院の大調査旅行に関する研究に多角的に取り組めたことは、各執筆者自身の研究を深め、広げることに繋がった。記して関係機関に御礼申し上げるものである。

　また、2012年度から愛知大学東亜同文書院大学記念センターの主催で毎年開催した国際シンポジウムは、東亜同文書院に関心を持つ多くの熱心な来聴者に支えられて、常に活気あるものとなった。シンポジウムにおけるフロアからの御意見等が、本書所収の各論文にも活かされている。さらに2017年2月には愛知大学国際コミュニケーション学会主催のシンポジウム「100年前のアジア旅行：東亜同文書院「大旅行」と近代日本青年」では、多数の愛知大学学生の参加があり、シンポジウムの雰囲気が一気に若返って、東亜同文書院や大調査旅行に対する関心が広がりつつあること

を実感することができた。各シンポジウムに御参加いただいた方々にも御礼申し上げたい。

　本書の刊行にあたっては、上述の諸機関や方々にあわせて多くの方々にお世話になった。とくに愛知大学東亜同文書院大学記念センターの研究プロジェクトを常に背後からバックアップし応援して下さった田辺勝巳愛知大学豊橋研究支援課長をはじめとするスタッフの方々、また本書の出版を快く引き受けてくださった株式会社あるむの関係各位に、この場を借りて御礼申し上げる。

　東亜同文書院の大調査旅行に関する研究は、着実にその裾野を広げてきているといえる。今後も、専門や調査地、世代や立場を越えて手を携えながら、さまざまな視点から立体的に大調査旅行を浮かび上がらせる研究を進めていきたいし、本書がそうした研究の進展に少しでも寄与できれば幸いである。

　　　2017年2月22日

　　　　　　　　　　　　　　　　　　　　　　　　　　　　加納　寛

執筆者紹介

《編者》

加納 寛（かのう ひろし）
1970年愛知県生まれ。愛知大学国際コミュニケーション学部 教授。
名古屋大学大学院文学研究科博士課程修了。博士(歴史学)。愛知大学国際コミュニケーション学部講師等を経て現職。
専門領域：東南アジア史
主要著書・論文：「1941年タイにおける服飾政策の展開と国民の反応」(『名古屋大学東洋史研究報告』36、2012)、「戦時期バンコクにおける日本側活動の空間的特性──1942〜43年の宣伝活動を中心に」(『日タイ言語文化研究』2、2014)、「「大東亜」戦争期日本はタイに何をアピールしたかったのか──タイ語プロパガンダ誌『カウパアプ・タワンオーク』を中心に」(『年報タイ研究』16、2016)。

《執筆者》

藤田佳久（ふじた よしひさ）
1940年愛知県生まれ。愛知大学東亜同文書院大学記念センター フェロー。
名古屋大学大学院博士課程中退。理学博士。奈良大学助教授を経て愛知大学教授、同名誉教授。
専門領域：地理学、東亜同文書院研究、中国の地域研究
主要著書・論文：『東亜同文書院 中国大調査旅行の研究』(大明堂、2000)、『東亜同文書院生が描いた近代中国の地域像』(ナカニシヤ出版、2011)、『東亜同文書院 中国大調査旅行記録』1〜5 (大明堂、不二出版、1994〜2011)。

荒武達朗（あらたけ たつろう）
1970年大阪府生まれ。徳島大学総合科学部 准教授。
名古屋大学大学院文学研究科博士課程修了。博士（歴史学）。徳島大学総合科学部講師等を経て現職。
専門領域：中国近現代史
主要著書・論文：『近代満洲の開発と移民──渤海を渡った人びと』(汲古書院、2008)。

烏力吉陶格套（うりじとくとふ）
1972年赤峰市生まれ。内蒙古大学蒙古歴史学系 副教授。

内蒙古大学博士課程修了、1997年から現職。
専門領域：蒙古近代史
主要著書・論文：『清至民国時期蒙古法制研究』（内蒙古大学出版社、2007）。

暁　敏（しょう　みん）
1977年中国内モンゴル自治区生まれ。中国内蒙古大学経済管理学院　講師。愛知大学大学院中国研究科博士課程修了。博士（中国研究）。愛知大学東亜同文書院大学記念センター研究員等を経て現職。
専門領域：中国・モンゴル経済史
主要著書・論文：「近代におけるダフール人の政治活動──そのアイデンティティに関する一考察」（『中国研究月報』62-2、2008）、「満洲国成立前のフルンボイル青年党の動き」（愛知大学現代中国学会編『中国21』31、2009）、「書院生のフルンボイル調査を中心に」（『愛知大学東亜同文書院大学記念センター　オープン・リサーチ・センター年報』5、2011）。

高木秀和（たかぎ　ひでかず）
1983年愛知県生まれ。愛知大学東亜同文書院大学記念センター　客員研究員。愛知大学大学院文学研究科博士課程満期退学。修士（地域社会システム）。愛知大学非常勤講師等。
専門領域：地理学
主要著書・論文：「内蒙古で日本人学生は何を見たか──東亜同文書院第6期生が記録した内蒙古と現代の一日本人学生が見聞した内モンゴル自治区について」（『愛知大学東亜同文書院大学記念センター　オープン・リサーチ・センター年報』1、2007）、「『大旅行』記録からみた20世紀前半期の内蒙古の地域像」（『愛知大学東亜同文書院大学記念センター　オープン・リサーチ・センター年報』5、2011）、「水産伝習所に入学した山田良政──明治初期のわが国水産政策に着目して」（『同文書院記念報』20、2012）。

松岡正子（まつおか　まさこ）
1953年長崎県生まれ。愛知大学現代中国学部　教授。
早稲田大学大学院博士後期課程単位取得退学。博士（文学）。早稲田大学第一文学部非常勤講師、愛知大学現代中国学部助教授等を経て現職。
専門領域：中国文化人類学
主要著書・論文：『中国青藏高原東部の少数民族　チャン族と四川チベット族』（ゆまに書房、2000）、『四川のチャン族──汶川大地震をのりこえて〔1950-2009〕』（共著、風響社、2010）、「羌年の刊行資源化をめぐるポリティクス──四川省阿壩蔵族羌族自治州汶川県の直台村と阿爾村の羌年を事例として」『民族文化資源とポリティクス──中国南部の分析から』（風響社、2016）。

須川妙子（すがわ たえこ）
1966年兵庫県生まれ。愛知大学短期大学部 教授。
同志社女子大学大学院家政学研究科修士課程修了。修士（家政学）。追手門学院大手前中学高等学校講師、愛知大学短期大学部講師等を経て現職。
専門領域：日本食文化・思想
主要著書・論文：「『はな橘』にみる明治期の菓子業界――一九〇〇年巴里万国博覧会への出品から学んだこと」（『風俗と民俗』19、2009）、「明治期以降の日本における女子教養としての料理――お稽古事としてのお料理教室のはじまりとその変容」（『文学論叢』153、2016）。

塩山正純（しおやま まさずみ）
1972年和歌山県生まれ。愛知大学国際コミュニケーション学部 教授。
関西大学大学院文学研究科博士課程修了。博士（文学）。愛知大学国際コミュニケーション学部講師等を経て現職。
専門領域：中国語学
主要著書・論文：『初期中国語訳聖書の系譜に関する研究』（白帝社、2013）

岩田晋典（いわた しんすけ）
1970年東京都生まれ。愛知大学国際コミュニケーション学部 准教授。
立教大学文学研究科修了。博士（文学）。立教大学観光学部助教等を経て現職。
専門領域：文化人類学
主要著書・論文：「昭和期台湾への大旅行調査と観光――第29期生第21班の『南華・台湾への旅』の例」（『同文書院記念報』24、2016）、「旅行メディアに見る植民地時代――『地球の歩き方ガイドブック』シリーズ・台湾編を中心に」（『文明21』27、2011）

武井義和（たけい よしかず）
1972年埼玉県生まれ。愛知大学東亜同文書院大学記念センター　研究員。
愛知大学大学院中国研究科博士課程修了。博士（中国研究）。愛知大学や東京福祉大学名古屋キャンパスで非常勤講師も務める。
専門領域：近代日中関係史、近代日朝関係史
主要著書・論文：『孫文を支えた日本人――山田良政・純三郎兄弟』（あるむ、2011、増補改訂版2014）、「戦前上海における朝鮮人の国籍問題」（『中国研究月報』60(1)、2006）、「東亜同文書院で学んだ台湾人学生について」（馬場毅・許雪姫・謝国興・黄英哲編『近代台湾の経済社会の変遷』東方書店、2013）。

愛知大学東亜同文書院大学記念センター叢書

書院生、アジアを行く
―― 東亜同文書院生が見た20世紀前半のアジア

2017年3月15日　第1刷発行

編　者　加納　寛
発　行　株式会社あるむ
〒460-0012　名古屋市中区千代田3-1-12
TEL (052)332-0861　FAX (052)332-0862
http://www.arm-p.co.jp　E-mail: arm@a.email.ne.jp
印刷／興和印刷　製本／渋谷文泉閣

ISBN 978-4-86333-121-1　C3022